인성 오디세이

신태수
영남대 교양학부 교수, 문학사상 전공

이동기
영남대 교양학부 교수, 전통교육 전공

김원준
영남대 교양학부 교수, 한문학 전공

인성 오디세이

2016년 2월 20일 초판 인쇄
2016년 2월 25일 초판 발행

지은이 │ 신태수 · 이동기 · 김원준
교정교열 │ 정난진
펴낸이 │ 이찬규
펴낸곳 │ 북코리아
등록번호 │ 제03-01240호
주소 │ 13209 경기도 성남시 중원구 사기막골로 45번길 14
　　　　우림2차 A동 1007호
전화 │ 02-704-7840
팩스 │ 02-704-7848
이메일 │ sunhaksa@korea.com
홈페이지 │ www.북코리아.kr
ISBN │ 978-89-6324-470-9(03370)

값 17,000원

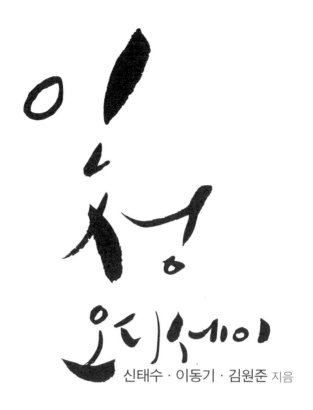

인성
에세이

신태수 · 이동기 · 김원준 지음

북코리아

'나'와 '세계'의 관계, 그 인성론적 접근

요즈음 포털사이트나 언론매체에 자주 오르내리는 용어가 하나 있다. '세계시민교육'이 바로 그것이다. 왜 세계시민교육이 거론되는가? 2015년 5월 인천 송도에서 개최된 세계교육포럼이 그 진원지인데, 세계교육포럼에서는 세계시민교육을 글로벌 교육 의제로 채택했다. '세계시민교육'이란 세계인이 하나의 시각으로 국제관계를 이해하고 공동의 문제 해결 능력을 기르고자 하는 교육을 가리킨다. 지구촌의 빈곤, 인권, 평화, 환경 등의 문제는 어느 한 나라에서 해결하기 어렵기 때문에 세계시민교육을 통해 인식을 공유하지 않으면 안 된다. 명분과 좌표가 분명하기 때문에 세계시민교육이라는 글로벌 의제는 향후 지구촌의 거대 담론으로 자리 잡을 전망이다.

거대 담론의 이면에 맹점이 없지는 않다. '세계시민교육'이라는 글로벌 의제가 화려하기는 하나, 실행하기가 어렵기 때문이다. 여러 교육 목표 중의 하나인 '글로벌 문제에 대한 지식과 이해 추구'만을 보더라도 무엇이 문제인지가 드러난다. 교육 목표가 너무나 거창하다. 교육의 가이드라인이 없는 상태인지라 추상적일 뿐 아니라 모호해 보이기조차 한다. 해법은 무엇인가? '나' 없이 '세계'가 없고 '세계' 없이 '나' 또한 존재하기 어렵다는 '융통성 있고 유연한 사고 활동'을 통해 '나'와 '세계', 그리고 '세계'와 '나'의 관계를 수시로 치환할 수 있어야 한다. 한마디로 실천 가능한 세계시민교육의 가이드라인을 설정하고, 성찰과 비판과 치환의 교육을 시행해야 한다. 거대 담론의 맹점을 제거하기 위해서는 이와 같은 숙제를 해결하지 않으면 안 된다.

거대한 숙제일수록 단계가 필요하다. 『중용中庸』에 나오는 '등고자비登高自卑'와 '행원자이行遠自邇'가 그 좋은 지침이 된다. '등고자비'란 높은 곳에 오르려면 낮은 곳에서부터 출발해야 한다는 뜻을 담고 있고, '행원자이'란 먼 곳을 가려면 가까운 곳에서 시작해야 한다는 뜻을 담고 있다. 압축하면, "천릿길도 한 걸음부터"가 된다. 2015년 7월 21일, 대한민국은 그 한 걸음을 내디뎠다. 「인성교육진흥법」이 바로 그 한 걸음에 해당한다. 시행령에서는 "건전하고 올바른 인성人性을 갖춘 국민을 육성하여 타인·공동체·자연과 더불어 살아가는 데 필요한 인간다운 성품과 역량을 길러야" 한다고 하며, 인성의 8대 덕목을 제시했다. 인성의 8대 덕목은 실현 가능한 도덕규범을 망라하고 있기 때문에 '천릿길'에 해당하는 세계시민교육의 가이드라인으로서 부족함이 없다.

속담에 "보고자 하는 것만큼 보고, 알고자 하는 것만큼 안다."고 했다. 「인성교육진흥법」을 가이드라인으로 삼아 인성교육에 임하고자 하면 「인성교육진흥법」의 8대 덕목에 대한 이해가 앞서야 한다. 인성의 8대 덕목은 동양의 인성론에 바탕을 두고 있다. 몇몇 덕목은 서구적인 용어인 듯 보이기도 하나, 동양의 인성론에서 이미 오래전부터 다루어왔던 덕목이기 때문에 굳이 서구의 덕목이라고 비정할 필요가 없다. 주지하다시피 동양 유학에서는 공자 이래 수많은 사상가들이 인성론을 철학의 제일 과제로 여겼고, 개념과 방법과 실천에 대한 논의를 풍성하게 일구어 왔다. 「인성교육진흥법」의 뿌리가 동양 유학인 이상 동양적 관점에서 인성의 8대 덕목을 밝혀내지 않을 수 없다. '더 크게 보고 더 많이 알게 되는' 계기는 여기서 확보된다.

　우리 집필진은 '더 크게 보고 더 많이 알게 되는' 일에 앞장서고자 한다. 다시 말해, 인성의 8대 덕목을 밝히기 위해 최선을 다할 예정이다. 주된 작업은 두 가지다. 고전을 뒤져 8대 덕목의 출처와 개념, 의의를 파헤치는 작업이 그 첫 번째이고, 토론 문제와 실천 요목을 통해 이해와 접근 방법을 제시하는 작업이 그 두 번째이다. 두 가지 작업의 지향점이 '나'와 '세계'의 관계를 성찰하고 비판하며 치환하는 데 있음은 두말할 필요가 없다. 집필진이 작업을 수행하는 데 여러분의 도움이 있었다. 류우현 선생께서는 긴요한 자료를 제공하셨고, 박찬석·강현국 전 총장께서는 기꺼이 자문에 응하셨고, 북코리아 이찬규 대표께서는 물심양면으로 지원해주셨다. 크나큰 도움에 머리 숙여 감사드리며 인성교육에 일로매진하리라 다짐해본다.

2016년 2월
압량벌 양지 바른 연구실에서
신태수·이동기·김원준

CONTENTS

CONTENTS

제 **1** 부

인성교육,
어떻게 해야 하는가?

거의 모든 사상가가 인성이 생득적으로 완벽하게 갖추어지지는 않았다고 한다. 인성에 선한 단서가 있다고 하거나, 인성이 선하지도 악하지도 않다고 하거나, 인성이 악하기만 하다고 하는 데서 이 점이 드러난다. 논점을 어떻게 설정하더라도 후천적인 노력, 즉 교육의 중요성은 누구나 강조한다. 교육을 하기만 하면 인성이 긍정적인 방향으로 개선된다고 하는 인식이 공통적으로 담겼다고 할 수 있다. 이런 정황을 고려할 때 인성교육은 참으로 중요하다. 인성교육이 인성의 선기善幾를 확장시키거나 악기惡幾를 바꾸고, 인성의 신비한 힘을 삼라만상에까지 두루 미치게 하기 때문이다. 인성교육이 하나의 작은 씨앗을 엄청나게 큰 우주목宇宙木으로 만드는 형국이므로 어째서 그럴 수 있는지를 확인해보기로 한다.

1.
인성교육의 필요성

　　선진국을 중심으로 교육 패러다임을 바꾸자는 목소리가 높아지고 있다. 지금까지 선진국에서는 인성보다는 지식을 더 중시하고 화합보다는 경쟁을 더 선호했다. 지식을 쌓아야 과학기술이 발달하고 경쟁을 해야 능력을 극대화할 수 있다고 여겼기 때문이다. 그 역할은 교육기관에서 맡았다. 초·중등학교와 대학교에서는 교육수준의 단계를 높이고 지식 습득의 범주를 무한대로까지 넓혔다. 그 결과, 체계와 논리는 눈부시게 발전했고 각종 지식과 정보는 홍수처럼 쏟아졌다. 문제는 교육의 목표가 너무 높다는 데 있다. 각 기관에서 요구하는 지식의 습득량은 엄청나고, 앞만 보고 달리게 하는 각종 행정은 학생들을 늘 긴장시킨다. 도달 지점이 멀고 아득해서 우수한 학생이거나 열등한 학생이거나 숨 가쁘기는 매한가지다.

■ 현대사회의 어두운 그늘

　학업에 치여 숨 가쁘게 달려가는 학생들을 보면, 루이스 캐럴의 소설 『이상한 나라의 앨리스』의 '붉은 여왕의 나라'가 떠오른다. '붉은 여왕의 나라'에서는 개체와 주변 경치가 함께 움직인다. 개체와 주변 경치가 함께 움직이므로 제자리에 머무르기 위해서는 있는 힘을 다해 달리지 않으면 안 된다. 한 개체의 움직임이 포착되려면 다른 개체에 비해 더 빨리 달려야 한다. 개체는 더 나은 미래를 위해 진화하려 하지 않는다. 다만 도태되지 않으려고 안간힘을 쓰다 보니 그 결과가 진화로 나타났을 뿐이다. 한 개체가 다른 개체에게 뒤지지 않기 위해 어쩔 수 없이 진화해야 하는 모습이 오늘날의 학생·시민의 모습과 상당히 유사하다. 학생들과 시민이 언제나 앞만 보고 달려야 하고 경쟁의 대열에서 이탈하지 않기 위해 노력한다는 점에서 '붉은 여왕의 나라'에 있는 개체와 무엇이 그리 다르다고 하겠는가!

　무엇엔가 쫓기듯이 앞만 보고 달려 나가므로 마땅히 신경 써야 함에도 신경 쓰지 못하는 경우가 생기게 된다. '비약적 발전'의 이면에 드리운 어두운 그늘이 바로 그런 예가 된다. 교육 공간의 안이든 밖이든 어디서나 어두운 그늘이 짙다. 교육 공간 안에서는 왕따 현상, 집단적 괴롭힘, 사기 및 절도 그리고 폭력행위 등을 들 수 있고, 교육 공간 밖에서는 환경오염, 생태계 파괴, 자원의 고갈 등을 들 수 있다. 어두운 그늘은 사회의 구조적 문제로 인해 발생하므로 어느 한 개인이 나서서 걷어내기 어렵다. 걱정하는 목소리는 높아져도 실행하기 어려운 까닭이 여기에 있다. 우물쭈물하는 사이 어두운 그늘은 자꾸만 넓어지고 학생과 시민의 시야를 점점 어둡게 만든다. 구조적 차원에서 어두운 그늘을 걷어낼 길은 교육 이외에는 달리 없다. 세계관과 가치관을 바꾸어야 구조적 문제에 접근할 수 있기 때문이다.

■ 해결의 실마리, 세계시민교육과 인성교육진흥법

어두운 그늘은 세계 어디에서나 드리워져 있으니 어느 한 나라에서만 매달릴 일이 아니다. 2015년 5월, 인천에서 개최된 세계교육포럼은 세계인의 눈길을 끌기에 충분했다. '세계시민교육'이라는 범세계적 교육 목표를 공시했기 때문이다. 세계시민교육이란 글로벌 문제의 발견, 비판적 사고, 소통과 공감, 문제 해결 능력 등을 배양하여 지구촌 문제에 대처하고자 하는 교육 활동이다. 이런 취지에 걸맞게 "지식에서 인성으로, 경쟁 · 갈등에서 화합 · 공존으로!"라는 대원칙이 마련되었으니 선진 문명세계에 드리워진 그늘을 걷어낼 수 있는 계기를 확보했다고 할 만하다. 물론, 이러한 대원칙이 능사가 아니다. 세계시민교육은 어디까지나 글로벌 과제를 확인한 데 불과하므로 나라마다 국내 실정에 맞는 세칙을 제정할 필요가 있다. 이 점에서 2015년 7월 21일자로 발효된 「인성교육진흥법」은 주목할 만하다.

제2조(정의)

이 법에서 사용하는 용어의 뜻은 다음과 같다.

1. '인성교육'이란 자신의 내면을 바르고 건전하게 가꾸고 타인 · 공동체 · 자연과 더불어 살아가는 데 필요한 인간다운 성품과 역량을 기

르는 것을 목적으로 하는 교육을 말한다.

2. '핵심 가치 · 덕목'이란 인성교육의 목표가 되는 것으로 예禮, 효孝, 정직, 책임, 존중, 배려, 소통, 협동 등의 마음가짐이나 사람됨과 관련되는 핵심적인 가치 또는 덕목을 말한다.

인성교육의 범위와 목적이 나타난 부분을 인용해보았다. 인성교육의 범위는 예禮, 효孝, 정직, 책임, 존중, 배려, 소통, 협동의 8대 덕목이다. 8대 덕목은 네 가지 유형으로 구분이 가능하다. 예와 효의 기본적 가치, 정직과 책임의 성찰적 가치, 존중과 배려의 의리적 가치, 소통과 협동의 상생적 가치가 그것이다. 한편, 인성교육의 목적은 상당히 광범위하다. 한 개체가 타인 · 공동체 · 자연과 더불어 살아가기 위함이라고 했으니 자기 자신과 삼라만상의 조화로운 관계 형성이 인성교육의 목적이된다. 다시 말해, 인성교육을 하는 목적이 자기 자신의 심성을 확충하여 타인에게 미치고, 더 나아가 국가와 타국에게까지 미치며, 마침내는 우주로까지 미치도록 하는 데 있다. 결국, 인성의 8대 덕목을 교육하면 심성이 확충되고 우주에까지 미친다는 의미이니 「인성교육진흥법」은 낙관적 전망을 내포한다고 할 수 있다.

「인성교육진흥법」은 동양의 인성론을 토대로 하여 글로벌 과제를 해결하고자 한다. 동양의 인성론을 토대로 했다는 근거는 두 가지다. 우선, 맹자孟子의 '선단설善端說'과 순자荀子의 '화성기위설化性起僞說'을 원용했다. 인성의 선한 단서가 교육으로 확충된다고 하거나 인성이 악하다고해도 교육으로 선해진다는 취지를 담았다고 한 데서 잘 드러난다. 그다음으로, 공자孔子의 '능근취비론能近取譬論'과 주자朱子의 '추기급인론推己及人論'을 원용했다. 자기 자신의 심성을 확충하여 타인, 공동체, 우주에까지 미친다고 한 데서 이 점이 드러난다. 한편, 글로벌 과제에 접근했다는 근거는 8대 덕목의 용어에서 나타난다. 존중, 배려, 소통, 협동의 덕목이 세계교육포럼에서도 글로벌 과제로 제시되었기 때문에 이렇게 볼 수 있다. 동양의 인성론에서 개념과 가치를 취해 글로벌 과제에 접근했기 때문에 「인성교육진흥법」은 동양적이면서 전 지구적이라는 이중성을 지닌다.

■ 절실한 인식이 해결의 지름길!

세계시민교육의 구체적 실천 방법이 「인성교육진흥법」이라고 볼 때, 「인성교육진흥법」을 잘 시행하면 세계시민교육을 잘 수행한다는 의미가 된다. 문제는 「인성교육진흥법」 시행의 필요성을 얼마나 절감하느냐 하는 데 달려 있다. 아무리 제도와 법안에 잘 만들어졌다고 해도 학생과 시민이 마지못해 끌려간다면 도로(徒勞)이다. 만약 학생과 시민이 절감하지 못한다면 절감하게 할 방도를 찾아야 한다. 지구촌의 어두운 그늘이 심각하고 광범위한 이상, 이런 과제는 늦추려야 늦출 수 없다. 유일한 처방은 인성교육뿐이다. 세계관과 가치관을 변화시켜야 지구촌의 어두운 그늘을 절감한다고 할 때, '세계관과 가치관 바꾸기'를 인성교육 이외에 또 무엇이 감당한다는 말인가! 그래서 인성교육 담당자의 책무가 무겁다. 인성교육을 통해 자기 자신이 누구인지를 알도록 하고 지구촌의 문제를 절감하도록 해야 하기 때문이다.

인성교육은 동양의 인성론을 살펴서 오늘날의 전 지구적 문제를 절감하는 데까지 나아가도록 해야 한다. 그러기 위해서는 동양의 인성론과 오늘날의 전 지구적 문제의 연관성을 확보하지 않으면 안 된다. 이 둘은 내적으로 깊은 연관성이 있지만, 외적으로는 별개처럼 보이기 때문에 작업이 쉽지 않다. 해법은 '감지 시스템의 발견'이다. 다시 말해, 인성교육 담당자는 동양의 인성론으로부터 오늘날의 전 지구적 문제를 감지하는 시스템을 추출해야 한다. 이른바 감지 시스템이 동양의 인성론에 통째로 담기지는 않았으므로 제자백가의 논설을 파헤치고 인성론의 시대적 배경을 헤아려 과거와 현대를 관통하는 패러다임을 끄집어내야 한다. 인성교육 담당자가 이런 과업을 절감하면 할수록 학생과 시민의 인식 또한 절실해진다고 믿고, 해묵은 좌우명 하나를 손질해서 새롭게 제시하기로 한다. "필요는 창조의 어머니!"

2.
인성교육의 방법과 방향

      교육의 당위성에 대해 공감하지 않는 사람은 없다. 사람이 사람답게 살기 위해서는 교육을 통하지 않고서는 다른 방법이 없기 때문이다. 인성교육도 마찬가지이다. 「인성교육진흥법」이라는 법제화에 회의감을 품을 수는 있지만, 「인성교육진흥법」에 실린 덕목에 대해서는 누구나 공감할 성싶다. 공동의 경험과 인식을 통해 얻은 규범적 가치를 덕목으로 설정해놓았기 때문이다. 인성 덕목을 교육으로 구현하기 위해서는 어떻게 해야 하는가? 두 가지 과제를 떠올려볼 수 있다. 우선, 규범적 가치가 무엇이고 그런 규범적 가치를 어떻게 체득할 것인가 하는 문제이다. 그다음으로, 인성교육의 방법과 추진 방향을 어떻게 설정할 것인가 하는 문제이다. 두 과제 중 전자가 중요하다. 전자가 해결되기만 하면 후자는 저절로 해결되기 때문이다.

■ 규범적 가치에 관한 쟁점

규범적 가치는 한 세대가 공통적으로 추구해온 문화 요소와 연관이 깊다. 문화는 사회 구성원이 갈고 닦아온 공통의 유산으로서, 한 사회에서 서로 합의하고 인정한 도덕적 형식과 내용을 가리킨다. 도덕적 형식은 관습과 같고, 도덕적 내용은 우리가 소중하다고 여기고 공유하는 가치들이다. 이 점에서 볼 때, 개인이나 특정 권력계층이 향유하거나 누리고자 하는 요구는 규범적 가치가 아니다. 「인성교육진흥법」에 의거하면, 규범적 가치는 예, 효, 정직, 책임, 존중, 배려, 소통, 협동의 덕목이다. 이와 같은 덕목은 사회와 시대에 따라 무게감이 달라지기는 해도 우리 사회가 소중하게 여기거나 여겨야 하기 때문에 규범적 가치로서의 위상을 지닌다.

물론, 아무리 소중한 가치라고 하더라도 한 번에 다 먹여주거나 채워줄 수 없다. 가령, 쌀은 중요한 영양원이기는 하지만 어린아이에게는 이유식의 형태로 제공되어야 하고, 어른에게는 밥의 형태로 제공되어야 한다. 가치의 분절 내지 분별이 필요하다는 뜻이다. 어떻게 가치를 분절 또는 분별할 것인지가 관건이다. 분절 또는 분별에 대한 시각이 논자에 따라 일정하지 않고 논쟁의 형태를 띠기 때문에 쟁점을 찾아보지 않을 수 없다. 쟁점을 정리하면 대략 세 가지 정도이다. '원리인가 경험인가?', '지식인가 실천인가?', '교육인가 훈육인가?'가 그것이다. 세 가지 쟁점을 면밀히 파헤치고 분별한 다음 인성교육의 방법과 방향을 설정해보기로 한다.

■ 원리인가 경험인가?

　　인성교육에서 규범적 가치를 가르치자고 한다고 해서 논의가 마무리되는 것은 아니다. 자칫하면 규범적 가치를 절대화하거나 미화하는 문제가 발생하기 때문이다. 서구에서는 규범적 가치를 원리나 본질과 거의 대등한 개념으로 사용하곤 한다. 엄밀히 따지면 원리는 모든 현상이나 경험에서도 추출할 수 있는 개념이므로 본질과는 다르다고 할 수 있다. 원리를 강조하는 사람들은 전통적으로 플라톤, 데카르트, 헤겔로 이어지는 관념론에서 나타난다. 관념론에서는 인간의 감각이나 경험과 달리 결코 변하지 않는 진리와 가치가 있다고 하면서 그러한 진리와 가치를 삶의 준거로 삼아야 한다고 주장한다. 이와 대조적인 위치에 실용론이 있다. 실용론이란 고대 소피스트, 베이컨, 듀이의 계보에서 내세우는 논리로서, 절대적인 가치는 존재하지 않으며 사람들에게 유익하고 의미 있어야 가치가 있다고 한다.

　　인간사회에 적용해보면, 원리를 강조하는 관념론과 경험을 강조하는 실용론 그 어느 것이 옳다고 단정하기 어렵다. 왜냐하면 그 어느 쪽도 인간사회의 모든 것을 설명해주지 않으며, 각기 한 측면만을 설명해줄 따름이다. 만약 극단적으로 흐르기라도 한다면 관념론은 절대론에 빠질 우려가 있고, 경험론은 회의론에 빠질 우려가 있다. 인간은 이러한 양면을 모두 가진 존재이다. 인간은 경험에 따라 원리를 만들고, 원리를 추구하면서 고상한 인격을 형성해나갈 수 있다. 이렇게 볼 때, 규범적 가치는 원리이기도 하고 경험이기도 하다. 규범적 가치에 대해 원리니 경험이니 하면서 어느 한쪽으로 몰아가지 말고, 원리와 경험을 고루 지닌 개념이라고 생각할 필요가 있다.

■ 지식인가 실천인가?

동양에서는 서양의 경우와 달리 지식과 실천의 문제에서 논란이 있어왔다. 성리학에서는 격물치지格物致知를 통해 단계적인 인격의 완성을 추구하고자 하고, 양명학에서는 앎과 행동을 동시적으로 추구하고자 한다. 성리학과 양명학 그 어느 쪽도 완전해 보이지는 않는다. 양자 모두에게 가해진 비판이 그런 점을 말해준다. 성리학에 가해진 비판은 "지식 추구를 하다 보면 실천은 언제 할 수 있는가?"이고, 양명학에 가해진 비판은 "직관적 앎을 강조하다 보면 감각적인 삶이 우리에게 일상적으로 나타날 수 있겠는가?"이다. 결국, 성리학의 경우는 실천의 측면에서 어려움을 겪어왔고, 양명학의 경우는 지식의 측면에서 어려움을 겪어온 셈이다.

지식과 실천의 바람직한 관계는 무엇인지 생각해볼 필요가 있다. 역대 사상가들은 지식과 실천의 관계를 놓고 논란을 거듭했다. 지행병진知行竝進이니 선지후행先知後行이니, 선행후지先行後知니 지행합일知行合一이니, 지행호진知行互進이니 지행상수知行相須니 하는 논란이 그것이다. 지식과 실천은 서로 다른 것이 아닌데도 그것을 분리해서 생각해온 것이 문제이다. 지식과 실천을 시차 개념으로 받아들인다면 선후 관계가 생겨날 뿐 아니라 지식만 있고 실천이 따르지 않을 우려가 있다. 실천 없는 지식은 별 의미가 없다고 볼 때, 지식과 실천이 동시에 서로를 필요로 한다고 해야 적절하리라 본다. 다시 말해, 지식과 실천이 나란히 나아간다고 하는 '지행호진'과 지식과 실천이 서로를 필요로 한다고 하는 '지행상수'가 가장 적절하다.

■ 교육인가, 훈육인가?

오늘날 "가정에 자녀의 친구는 있어도 어버이는 없다."는 말이 회자된다. 자녀가 한둘만 있으니 부모는 자연스럽게 귀한 자식에게 고통을 주기보다는 사랑을 주려는 쪽을 택하는 경향이 있다. 인간의 삶에서 사랑과 규범은 모두 필요하다. 사랑만 있다면 버릇이 없어지고, 규범만 있다면 유연성이나 융통성이 없어진다. 세간에서 "요즘 아이들이 버릇이 없다."고 할 때, 가정에서 문제가 생겼다는 의미가 된다. 가정의 문제는 일파만파 밖으로 퍼져나간다. 교실이 무너지고, 공동체가 와해되고, 사회가 흔들리고, 나라가 어두워진다.

문제의 해법은 여럿이다. 크게 보아 교육이 좋다고 하는 경우와 훈육이 좋다고 하는 경우로 나누어진다. 교육은 내면의 자질을 끌어내는 데 유용하다. 타인이 내면의 자질을 끌어내기도 하지만, 본인 스스로 외부 규칙들을 검토하고 자기 자신을 수정하면서 내면의 자질을 끌어내야 효과가 커진다. 한편, 훈육은 특정 기능을 학습하도록 하는 데 유용하다. 아동에게 예의범절을 가르치거나, 도덕적 내면을 강화하거나, 자신만의 규범을 확립하도록 하거나 할 때가 그런 예이다. 교육은 전반적으로 필요하고 훈육은 부분적으로 필요하다. 혹자는 훈육이 강압적이라고 하여 부정적으로 보기도 하나, 그렇게만 볼 것이 아니다. 좋은 환경에서 이루어지는 훈육은 체험 같은 효과를 주기도 하기 때문이다. 결국, 문제를 해결하기 위해서는 '주교육 부훈육'이 바람직하다.

■ 통합 방식으로서의 인성교육

규범적 가치에 대해 논의한 내용을 정리하면 다음과 같다. 규범적 가치는 원리이면서 경험이고, 지식과 실천을 동시에 필요로 하고, 교육을 주된 과정으로 하고 훈육을 보조 수단으로 한다는 점이 그것이다. 인성이 규범적 가치 영역에 속하는 이상 규범적 가치의 내용은 곧 인성교육의 가이드라인이다. 즉, 규범적 가치의 내용은 인성교육이 지향해야 할 방법과 방향이 된다. 좀 더 구체적으로 풀이하면, 인성을 원리이면서 경험으로 보고, 지식과 실천을 동시에 필요로 한다고 여기고, '주교육 부훈육'으로 접근해야 한다. 이런 가이드라인에 의거하여 인성교육의 방법과 방향을 다음과 같이 설정해본다.

1. 「인성교육진흥법」에서 제시한 인성의 8대 덕목에 주안점을 둔다. 예, 효, 정직, 책임, 존중, 배려, 소통, 협동이 그것이다.
2. 인성의 8대 덕목에 입각하여 전통사회의 인성교육 방법을 추출하기로 한다. 전통사회의 교육 분야에서 인성교육과 연관된 요목을 찾아내면 된다.
3. 세계시민교육의 차원에서 인성교육을 해야 한다. 현대인은 글로벌 시대에 살고 있으므로 인성교육이 글로벌 문제를 해결하는 방향으로 나아가지 않으면 안 된다.
4. 지식도 중요하지만, 실천도 중요하다. 현대사회의 적지 않은 문제들이 도덕규범을 실천하지 않기 때문에 발생하므로 지식과 실천을 '호진互進'이나 '상수相須' 관계로 설정하고자 한다.
5. 인성교육의 원리들을 실천적 경험과 사례에 연결시켜 이해하고 체

득할 수 있도록 전개한다. 경전이나 여러 전적에서 대표적 사례를 확보하고, 인성과의 관련성을 찾아내며, 토론 문제를 통해 계승 방안을 모색한다면 소기의 목적을 거둘 수 있으리라 본다.

6. 인성교육에 활기를 불어넣을 방안을 찾아야 한다. 자칫 인성교육이 무겁고 딱딱한 방향으로 흐를 가능성이 많기 때문이다. 현대사회에서 부딪히는 도덕적 딜레마 상황을 예시하고 인성 덕목에 입각하여 타개 방안을 강구한다면, 독자들의 호기심을 유발할 수 있지 않을까 생각해본다.

제**2**부

전통사회의
인성교육 방법

인성에 대한 논의는 매우 유구하다. 공자孔子가 등장하면서부터 인성론이 시작되었으므로 유학의 역사는 곧 인성론의 역사라고 해도 무방하다. 인성론의 역사가 이처럼 유구한 까닭은 논자 간에 인성에 대한 시각이 일치되기도 하고 일치되지 않기도 하기 때문이다. 어느 시대의 학자이건 간에 도덕성을 인성론의 핵심 가치로 삼는 데서는 일치하지만, 인성의 개념이나 선악 여부, 작용 범위 등에서는 일치하지 않았다. 논자도 많고 논점도 다양하여 인성에 대한 지식과 정보를 포착하기가 어려울 것 같으나, 방향만 잘 잡는다면 어려울 것은 없다. 어느 시대 어느 논자이건 간에 인성의 개념과 함양 방법을 놓고 논의를 거듭한 것이므로 이 문제에 정면으로 접근한다면 인성교육에 대한 지식과 정보를 확보할 수 있다.

1.
인성교육에 대한 기본 관점

　어느 유학자이든 간에 인성교육이 필요하다고 한다. 공자 이래 명망 있는 유학자들이 인성의 개념을 통해 인성교육이 왜 필요한지를 밝혔으므로 그런 유학자들을 대상으로 하여 인성론의 역사적 추이를 검토해 볼 필요가 있다. 인성론을 검토할 때 두 가지 사항에 유의해야 한다. 인성론이 종종 논쟁의 형태로 나타난다는 점과 시기별로 그 논점이 구획되는 경향을 보인다는 점이 그것이다. 두 가지 유의사항을 고려하여 인성론의 역사적 추이를 살핀다면 논점 가운데서 인성교육이 필요한 이유가 드러나리라 본다. 물론, 인성교육의 필요성을 오늘날의 시각에서 재단해서는 안 된다. 의도가 실상을 왜곡시킬 수 있기 때문이다. 인성론 그 자체의 내용에 천착하되 객관적 거리를 충분히 확보하면서 인성교육의 필요성을 추출해보기로 한다.

1) 인성론의 역사적 추이

인간의 존재방식을 거론하는 자는 다음과 같은 의문을 던지곤 한다. "인성은 선한가 악한가, 선하기도 하고 악하기도 한가?"가 그것이다. 공자와 맹자孟子가 이런 의문에 답하는 방식으로 인성을 거론했기 때문에 후대의 여러 논자도 공자와 맹자의 전례를 따랐다. 즉 의문을 던지는 자에게 답하는 방식으로 인성을 거론했으니, 인성론이야말로 문답 방식의 거대 담론이라고 해도 과언이 아니다. 여러 논자가 논쟁에 참여했다면 인성에 대한 의문을 다양하게 제기할 법도 한데, 의외로 공자와 맹자가 던진 최초의 의문에서 그다지 벗어나지 않는다. 정황이 이러하므로 인성에 대한 지식과 정보를 확보하기 위해서는 공자와 맹자가 던진 의문을 재차 되새길 필요가 있다. 인간의 본성은 선한가 악한가, 선하기도 하고 악하기도 한가?

공자는 인성에 대해 단 한 차례 거론했다. "본성은 서로 비슷하나, 습관에 따라 서로 멀어진다(性相近 習相遠 · 『論語』 陽貨)."가 그것이다. '본성'은 생득적 성품을 의미하고 '습관'은 환경 · 교육 · 학습을 의미할 터이지만, 그 이외에는 판단하기가 쉽지 않다. "본성은 서로 비슷하다."가 판단하기 쉽지 않은 사례이다. 너무나 소략하게 언급했기 때문에 본성이 선하다고 해야 할지 악하다고 해야 할지, 아니면 선하기도 하고 악하기도 하다고 해야 할지를 알기 어렵다. 물론, 인성을 소략하게 언급했다고 해서 공자의 인성관을 추론할 수 없는 것은 아니다. 자공子貢이 "선생께서 성性과 천도天道를 말씀하시는 것을 들을 수 없다(夫子之言性與天道 不可得而聞也 · 『論語』 公冶長)."고 했지만, 인성을 직접적으로 언급하지 않았다는 의미일 뿐 인성론을 소홀히 했다는 의미는 아니다. 공자는 인성을 거론하지 않았으면서도 인성에 많은 관심을 보였다.

인성을 간접적으로 나타내는 용어가 인仁이다. 인은 『논어論語』에서 100여 차례나 거론되므로 그 비중이 만만치 않다. 어디에서도 인 그 자체의 개념을 밝히지는 않았기 때문에 인성과의 연관성을 모두 확인하기는 어려우나, 다음과 같은 표현만큼은 인성과 아주 관련이 깊다. "인하다고 하는 것은 자기에게서 비롯된다爲仁由己 · 『論語』顔淵)."고 한 것과 "내가 인을 하고자 하면 그 인이 내게 이른다我欲仁 斯仁至矣 · 『論語』述而)."고 한 표현이 그것이다. 인이 '자기' 또는 '나'의 내부에 있다고 했으니, 인은 사물이 인간의 내부에 침투한 결과가 아니라 인성이 본래부터 갖춘 고유한 덕목이라 할 수 있다. 주자가 "인은 마음의 덕이다仁者 心之德也 · 『論語』雍也註)."라고 한 까닭은 바로 이런 의미다. 인이 인성의 고유한 덕목이라 볼 때, 인을 많이 거론한 공자야말로 인성에 대한 관심이 각별했다고 할 수 있다.

공자가 인성론을 제기한 이래 맹자, 고자, 순자가 등장하여 인성론을 풍성하게 꽃피웠다. 맹자는 "인간의 본성은 선하다人性之善也 · 『孟子』告子上)."고 했고, 고자는 "타고난 것이 성이다生之謂性 · 『孟子』告子 上)."라고 했으며, 순자는 "인간의 본성은 악하며, 그 선함은 작위적인 것이다人之性惡 其善者 偽也 · 『荀子』)."라고 했다. 세 명의 논자는 본성이 선善과 연관된다는 전제를 공통적으로 받아들이면서도 본성의 재질에 대해서는 견해를 달리한다. 맹자는 사람의 마음이 같은 바가 있다(所同然)고 하며 본성이 원래부터 선하다고 했고, 고자는 인간이 식食과 색色의 생리적 욕구를 지녔다고 하며 본성은 선하지도 않고 악하지도 않다고 했으며, 순자는 인간은 누구나 자연 그대로의 감각과 정서를 지녔다고 하며 본성이 악하다고 했다. 입각점에 따라 선악 여부가 달라지므로 구체적으로 확인할 필요가 있다.

맹자와 고자의 인성론은 같기도 하고 다르기도 하다. 생리적 본성을 인식했다는 점에서는 같고, 맹자는 생리적 본성을 벗어나 의리적 본성에 주목하고자 했고, 고자는 의리적 본성을 설정하지 않고 생리적 본성만을 주목했다는 점에서는 서로 다르다. 맹자와 고자의 견해 차이는 '버들가지와 버드나무 그릇[杞柳·栢棬]'이라는 일화에서 잘 드러난다. 고자가 "버들가지가 곧 버드나무 그릇이 될 수 없듯이 본성에서 곧 인의가 나올 수 없다."고 하자, 맹자는 "버들가지로 버드나무 그릇을 만드느라 무리를 가하듯이 본성에 무리를 가해 인의를 행한다는 말인가?" 하며 맞받아쳤다. 고자는 본성에서 인의가 나오지 않는다고 하고 맹자는 본성에서 인의가 나온다고 보기 때문에 서로 논점이 엇갈리기만 한다. 일화에 나타난 견해 차이는 피차 독자적인 근거를 갖추고 있기 때문에 결판이 나기 어렵다.

맹자와 고자의 논쟁에 순자가 가세했다. 순자는 맹자가 본성을 완전 무결한 상태로 이해했다고 여기고, "본성이 무엇인지를 확실히 모르고 있고, 사람의 본성과 인위를 잘 구별하지 못한다(是不及知人之性 而不察乎人之性 僞之分者也 · 『荀子』性惡)."고 비판했다. 순자가 맹자를 비판한 까닭은 의리적 본성을 인정하지 않았기 때문이다. 즉 인간에게 의리적 본성은 없고 생리적 본성만 있다고 했으니 인간을 악하다고 하게 마련이고, 예악형정禮樂刑政만이 유일한 해법이라고 할 터이다. 한마디로 압축하면, '화성기위化性起僞'이다. 화성기위란 본성을 바꾸어 인위를 일으킨다는 뜻이므로 후천적 작위만이 본성을 바꿀 수 있다는 취지가 된다. 순자의 비판이 가혹하고 격렬하다. 순자가 고자를 돕기 위해 맹자를 비판하지는 않았지만, 결과적으로 고자 측에 힘을 보탠 셈이 되었다.

공자, 맹자, 고자, 순자에 의해 제기된 인성론은 북송 대에 접어들면서 새로운 전기를 마련한다. 유학자들이 시대적 사명을 각성하고 현실과 우주를 아우르는 거시적 시각을 내놓았기 때문에 이렇게 볼 수 있다. 유학자들은 원시유학의 여러 관점을 우주론적인 차원에서 재해석하고 새로운 체계를 확립하는 데 주력했다. 인성론 또한 예외가 될 수 없었다. 이른바 성性 이원론二元論과 성즉리설性即理說과 심통성정설心統性情說이 그 구체적 근거가 된다. 성 이원론이란 장재張載가 언급한 천지지성天地之性과 기질지성氣質之性, 그리고 정이程頤가 언급한 의리지성義理之性과 기질지성을 가리키고, 성즉리설이란 정이가 언급한 '인성의 우주적 성격'을 가리키며, 심통성정설이란 장재가 언급한 '심心 안에 들어 있는 본성'을 가리킨다. 장재와 정이가 나서서 이기론을 인성론에 접목시킴으로써 인성론은 드디어 우주론으로 발돋움하게 되었다.

주자는 기존 논자의 견해를 바탕으로 인성론을 인간학적 측면에서 체계화했다. 체계적 인성론에는 본성이 단독으로 거론되지 않는다. 다시 말해, 성性을 이理, 기氣, 심心, 정情, 의意라는 개념과 결부시켜 거대 체계를 구축했기 때문에 여럿이면서 하나인 양상을 보인다. 여러 개념과 성性의 접점을 확인하면 그런 정황을 알 수 있다. 이理는 사물에 내재한 순선한 성性으로서 우주만물의 근원을 가리키고, 기氣는 성性이 청탁淸濁의 양면성을 지니도록 하는 원인자로서 존재 형성의 질료를 가리키고, 심心은 성性과 정情과 의意를 품고 있는 집으로서 기氣의 정상精爽을 가리키고, 정情은 성발性發의 경지로서 체體인 성性에 대비되는 용用의 상태를 가리키고, 의意는 심心의 주체적인 발용으로서 성性 이후의 정情을 장악하려는 심心의 작용을 가리킨다. 모든 개념을 성性 하나로 녹이고 연결시켰다는 점에서 주자야말로 인성을 용광로로 삼기도 하고 노끈으로 삼기도 했다고 할 수 있다.

주자가 모든 개념을 하나로 녹이거나 폐기만 한 것은 아니다. 버리거나 새롭게 만들어내기도 했다. 정이의 성즉리설을 계승하되 악의 발생 문제를 해결하고자 한 시도가 그 좋은 예이다. 성즉리설은 "인성은 다만 천리이다(性只是理而已 · 『朱子語類』 卷20, 論語 2)."라는 뜻으로, 선한 본성을 설명하는 데는 효과가 있으나 인간사회의 악惡을 설명하는 데는 한계가 있다. 주자는 본성으로 사회 현상을 담아내기 위해서는 선한 본성뿐만 아니라 악한 본성도 상정해야 한다고 여기고 본연지성 외에 기질지성의 개념을 설정한 다음 본연지성과 짝을 맞추었다. 그 효과는 실로 대단했다. 기질지성을 통해 생리적 욕구를 강조하는 순자와 장자張子의 인성론을 포섭하는 한편 공자 이래 제기된 성2품설이나 성3품설을 되살려내는 쾌거를 이룩했다.

주자의 인성론이 이 땅에 전래된 시기는 성리학의 전래 시기와 맥을 같이한다. 충렬왕 16년(1290년)에 안향安珦이 연경燕京에 다녀온 이후 성리학이 전파되었으므로 고려 말엽에 주자의 인성론이 전파되었다고 할 수 있다. 성리학이 원대元代 학문의 대세는 아니었으므로 주자의 인성론도 고려조에서는 주목받지 못했다. 하지만 16세기에 접어들면서 사정이 달라졌다. 송대 성리학의 아류에 머물던 조선의 성리학이 주체적 인성론을 전개하기 시작했기 때문이다. 주체적 인성론을 전개하게 된 동기는 주자의 인성론에 내재한 불명료성에서 기인한다. 주자는 스스로 본성을 본연지성과 기질지성으로 나누어놓고도 정작 실제 논변에서는 일성一性을 고집하는 경향이 있었다. 그 연유를 놓고 구구한 해석이 가해졌으며, 일성一性으로 보아야 하느냐 이성二性으로 보아야 하느냐를 놓고 논란이 거듭되었다. 논란의 한복판에 바로 퇴계와 율곡이 있다.

퇴계와 율곡의 인성론은 판이하다. 퇴계는 이성二性을 주장한다. 기

대승과 나눈 사칠논변四七論辨에서 그런 점이 드러난다. 본성에는 기氣가 섞이지 않은 본연지성과 기氣가 섞인 기질지성이 있다고 보고, 본연지성은 순선무악하지만 기질지성은 선하기도 하고 악하기도 하다고 한다. 순선무악한 본성을 확립하려는 노력이 이와 같은 논설을 가능하게 했다. 한편, 율곡은 일성一性을 주장한다. "기질지성은 본연지성이 기질 가운데에 타재한 것(氣質之性 只是此性 墮在氣質之中 ·『栗谷全書』卷10, 答成浩原)"이라는 주자의 논설을 거론하며 기질지성 안에서 본연지성이 표출된다고 한 점이 그 근거이다. 성性의 분설分說은 주자에게서 나왔지만, 일성一性이 옳은가 이성二性이 옳은가 하는 문제는 주자에게서 나오지 않았다. 퇴계와 율곡은 주자에게서 나오지 않은 문제를 놓고 엇갈린 주장을 내놓았으니 주자가 고민해야 할 문제를 서로 떠맡은 셈이 되었다.

인성론의 역사적 추이를 검토해보니 크게 세 시기로 나누어진다. 선진시대 원시유학자인 공자, 맹자, 고자, 순자의 인성론이 대두한 시기, 송대 성리학자인 장자, 정자, 주자의 인성론이 대두한 시기, 그리고 16세기 조선 성리학자인 퇴계와 율곡의 인성론이 대두한 시기가 그것이다. 첫 번째 시기에는 논자들이 본성 그 자체의 선악 여부를 쟁점으로 삼았고, 두 번째 시기에는 논자들이 우주론적 관점에서 본성의 선악 여부를 쟁점으로 삼았으며, 세 번째 시기에는 논자들이 우주론적 관점에 주체적 시각을 가미한 상태에서 본성의 선악 여부를 쟁점으로 삼았다. 본성의 선악 여부를 따지는 학풍은 어느 시기에나 동일했고, 판단의 기준이나 방법은 시기가 바뀔수록 더욱 정교해지고 복잡해졌다. 어느 시기에나 공통 쟁점을 보유한 채 인성론의 꽃을 피웠다는 점에서 인성론이야말로 동아시아의 거대 담론이었다고 할 수 있다.

2) 인성교육의 근거와 요건

어느 시기의 어떤 논자라도 본성이 악해질 가능성이 많다고 주장한다. 본성의 선한 측면은 흔들리기 쉽고 세상은 갈수록 복잡해진다는 점을 그 근거로 내세운다. 요임금이 우임금에게 한 발언이 매우 시의적절하다. "인심은 위태롭고 도심은 은미하니, 정精하게 하고 한결같이 해야 진실로 그 중도를 잡을 것이다(人心惟危 道心惟微 惟精惟一 允執厥中 · 『書經』 虞書 大禹謨)."가 그것이다. 인심은 사사롭고 도심은 은미해서 밝히기가 어렵다는 취지이니, 요임금의 발언은 예전 상황보다 오늘날의 상황에 훨씬 더 적합한 측면이 있다. 학교에서나 사회에서나 하루가 멀다고 참혹한 사건들이 발생하므로 과거 어느 시기보다 인성의 선한 측면이 위협받기 때문이다. 인성이 잘못되었다면 고쳐야 하고 위협을 받는다면 더 강하게 만들어야 옳다.

오늘날의 인성 문제를 해결하기 위해서는 전통시대의 인성론을 파고들 필요가 있다. 과거에 바로 답이 있기 때문이다. 여러 논자가 2,000년 이상 동아시아의 거대 담론을 형성하며 인성론을 전개한 바이므로 여러 인성론 안에는 존재론적 차원에서 제기될 만한 문제와 그 해법이 모두 갖추어졌다고 해야 타당하다. 전통시대의 인성론이 과연 문명시대에 발생하는 인성 문제에 어느 정도 답을 줄 수 있겠는가 하고 의구심을 표명할 수도 있을 것이다. 하지만 문명시대가 도래했다고 해서 인간존재의 근원이나 지향가치까지 달라지지는 않으므로 존재론적 차원에서 접근하면 얼마든지 소기의 목적을 거둘 수 있다. 이런 점을 염두에 두고 접근 방법을 제시하면 다음과 같다. 시기별로 악惡의 발생론을 유형화한다는 점, 그리고 전통적 인성론에서 제기하거나 내포한 문제와 그 해법을 확인하고 제시한다는 점이 그것이다.

■ 악惡의 발생 동인

〈선진시대 원시유학〉

공자: 후천적 노력 여하에 따라 본성이 악해질 수 있다.

맹자: 선단善端을 확충하지 않으면 선한 본성을 유지할 수 없다.

고자: 외부의 힘이 작용하지 않으면 본성이 악해지게 된다.

순자: 인위적 노력이 없으면 생리적 욕망이 분출된다.

〈송대 성리학〉

장자: 기질지성으로 인해 본연지성이 잘 드러나지 않는다.

정자: 기氣의 재질才質로 인해 선한 본성이 선하지 않게 된다.

주자: 기질지성을 억누르지 않으면 악한 행동을 하게 된다.

〈16세기 조선 성리학〉

퇴계: 기질지성에서 인욕이 나오고 인욕에서 악이 나온다.

율곡: 인간이 품수한 형기形氣로 인해 본성에 선악이 공재共在한다.

악의 발생 동인은 본성관에 따라 달라진다. 공자 · 맹자 · 장자 · 정자 · 주자 · 퇴계 · 율곡은 본성을 선하다고 보고, 순자는 본성을 악하다고 보고, 고자는 선하지도 악하지도 않다고 보므로 악의 소종래가 같을 수 없다. 악의 소종래를 정리하면 다음과 같다. 본성이 선하다는 쪽에서는 심心에 있는 어떤 요소가 악惡의 소종래라 한다. '어떤 요소'를 송대 성리학자들에게 기대면 '기氣가 바탕이 된 성性, 즉 기질지성'이다. 심心에는 본연지성과 기질지성이 있어서 본연지성이 약해지면 기질지성이 심心을 지배한다고 한다. 한편, 본성이 악하다는 쪽에서는 심心의 생리적 욕구가 악惡의 소종래라 하고, 본성이 선하지도 악하지도 않다는 쪽에서는 본성의 외부에서 유입된 그 무엇이 악惡의 소종래라 한다. '그 무엇'을 순자에게 기대면 생리적 욕구이다. 이렇게 보니, 악惡에 대한 견해가 다양하다. 각 견해가 나름대로 일리를 지니기 때문에 어느 쪽이 더 옳다고 하기 어렵다.

제가가 악에 대해 거론하고 있으니 악이 왜 생기는지를 따져보지 않을 수 없다. 악에 대해서는 성리학자들이 많이 언급해놓았으므로 참조해볼 만하다. 성리학자라면 누구나 악의 발생을 심心의 이기理氣와 연관시킨다. 다시 말해, 심心 속에서 기氣가 이理에 순응하면 선善이 되고 기氣가 이理를 가려버리면 악이 된다고 한다. 심心에 기氣가 들어오지 못하게 하면 악을 막을 수 있다고 할 법도 하나, 인간으로서는 그럴 수 없다. 하늘이 심心에 순선무악한 이理를 부여했듯이 하늘이 심心에 유선유악有善有惡한 기氣도 부여했다. 존재론적으로 이理는 인성이 되고 기氣는 기질을 형성하는 이상, 기氣를 금지하고 이理만 허용할 수는 없다. 방법은 외길이다. 오로지 심心에서 기氣가 작용하지 못하게 하여 이理가 가려지지 않도록 하는 길밖에는 없다. 제가는 어떻게 악을 제거해야 한다고 하는가? 제가 중에서 악의 제거 방법을 역설한 경우만 인용해보면 다음과 같다.

■ 악惡의 제거 방법

맹자: 사단을 넓혀 채워나간다(善端擴充 · 『孟子』公孫丑 上)

순자: 본성을 바꾸고 인위를 일으킨다(化性起僞 · 『荀子』性惡)

장자: 동작을 예禮에 맞게 하면 기질이 바뀐다(動作中禮 · 『張子全書』經學理窟)

정자: 마음을 바로잡고 그 본성을 기른다(正心養性 · 『河南程氏文集』卷8)

주자: 천리를 밝히고 인욕을 없앤다(明天理滅人欲 · 『朱子語類』卷1)

퇴계: 천리와 융화하여 흔적이 없도록 한다(天理融和 · 『退溪全書』卷28)

율곡: 조화생육의 공효로 선을 키운다(化育之功 · 『栗谷全書』〈聖學輯要〉卷2)

악의 제거 방법은 세 가지다. 첫째, 선단善端을 넓혀 악이 들어설 자리를 없애는 방법이다. 맹자, 정자, 율곡의 인성론에서 이 방법이 나타난다. 선단을 넓힐 때 악이 들어서지 못한다고 여기기 때문에 상당히 낙관적이다. 둘째, 천리天理를 밝혀 악을 없애는 방법이다. 장자, 주자, 퇴계의 인성론에서 이 방법이 나타난다. 악을 찾아내고 천리로 공격해야 한다고 여기기 때문에 상당히 적극적이다. 셋째, 악한 본성을 바꾸고 인위를 가해 악을 없애는 방법이다. 순자의 인성론에서 이 방법이 나타난다. 본성을 바꾸고 인위를 도모해야 한다고 여기기 때문에 악의 속성에 대해 매우 부정적이다. 악이 사납고 끈질기다고 하는 경험적 인식이 배어 있다. 악의 제거 방법을 검토해보니 경험적 인식이 강할수록 악의 제거 노력도 적극적이다. 셋째, 둘째, 첫째 방법 순으로 경험적 인식이 강하고 악의 제거 노력도 적극적이다.

악의 제거 노력이란 "수양과 학습을 통해 악을 제거한다."는 의미다. 셋째, 둘째, 첫째 방법의 순서대로 악의 제거 노력이 적극적이므로 수양과 학습에 대한 강도 또한 이 순서에 준한다고 보면 된다. 즉 셋째 방법에서 수양과 학습을 가장 많이 강조하고, 첫째 방법에서 수양과 학습을 가장 적게 강조하고, 둘째 방법에서는 그 중간 어름이라 할 수 있다. 첫째 방법이 악을 제거하는 데 무관심하지 않느냐는 의구심을 가질 법도 하나, 이런 생각은 금물이다. 셋째 방법과는 달리, 첫째 방법은 인간 스스로 악을 정화시킬 수 있다는 믿음에 토대를 두기 때문에 악을 제거하려는 노력을 가장 적게 강조했을 따름이다. 맹자나 정자나 율곡이 인간 내면에 지녔다고 하는 덕성이나 천리가 그 증거이다. 인간의 도덕성을 신뢰할 것인가 불신할 것인가에 따라 악의 제거 노력에 대한 강도가 달라진다고 정의할 수 있다.

악의 제거 노력을 볼 때, 제가의 인성론은 고민과 성찰의 산물이다. 수양과 학습을 인성교육의 지표로 삼았다는 점이 그 근거이다. 인간의 도덕성을 신뢰하느냐 불신하느냐에 따라 악의 제거 방법이 달라졌음을 감안하면, 인간의 도덕성 여부를 먼저 판단한 다음 인성교육을 기획했으리라 여겨진다. 논자마다 모두 자기 시대가 타락했다고 입을 모으지만, 순자 외에는 인간 내면에 도덕성이 없다고 하지 않았다. 흉포한 범죄가 있기는 해도 대중의 심금을 울리는 선행 또한 있었을 터이니 그런 선행을 근거로 인간 내면에 도덕성이 있다고 판단했으리라 본다. 물론, 도덕성만을 근거로 하여 수양과 학습 방법을 편성하지는 않았다. 사회에서 악행이 나타나는 이상, 도덕성의 반대편에 있는 현실성도 고려하지 않을 수 없었기 때문이다. 이런 관점을 토대로 하여 제가들은 다음과 같이 인성교육의 요건을 주장하곤 했다.

첫째, 쉼 없는 수양과 학습이 필요하다고 한다. 성선론자와 성악론자나 간에 한 목소리로 수양과 학습을 외친 것이 이채롭다. 인간의 부조리 상황에 공감하기 때문이 아닌가 한다. 대부분의 인간존재는 현실을 벗어나지 못한 채 수양과 학습을 해야 하기 때문에 부조리 상황에 처해 있다. 인욕이 발생하면 수양과 학습으로 쓸어내야 한다. 그대로 두면 인욕이 쌓여 악이 되고 그 악이 본성을 갉아먹기 때문이다. 인욕은 쌓이게 마련이고 수양과 학습은 언제나 빗자루 구실을 해야 하니 늘 제자리걸음이다. 제자리걸음이라 해서 쓸어내지 않을 수 없고, 부조리 상황이라 해서 한탄만 할 수도 없다. 부조리 상황을 극복하기 위해서는 수양과 학습의 정도를 더욱더 높여야 한다. 수양과 학습을 강조하는 이면에는 바로 이런 생각이 깔려 있다.

둘째, '마음을 하나로 모으는 정신 작용'이 필요하다고 한다. 성리학자들은 마음을 하나로 모으는 정신 작용을 '경敬'이라 부른다. '경敬'은 심心의 주재자이기도 하고 사려私慮 혹은 사려邪慮를 제거하는 특효약이기도 하다. 사려思慮를 방치하면 사려私慮가 되고 더 나아가서는 사려邪慮가 된다. 사려私慮 혹은 사려邪慮는 본성을 악하게 만드는 주범이기 때문에 그대로 둘 수 없다. 경敬을 무기로 삼아 사려私慮 혹은 사려邪慮의 싹을 즉시 잘라내야 하고, 잘라낸 곳에서 사려私慮 혹은 사려邪慮가 봄풀 돋듯이 돋아나면 혈전을 벌이듯이 맹렬하게 싸워야 한다. 이런 정황을 감안할 때, 퇴계의 다음 언급은 마치 우렁찬 응원가와도 같다. "아침이나 저녁이나 간에 변함없이 애써야 하고, 오늘과 내일도 계속적으로 이어져야 한다(朝焉夕焉有常 今日明日而相續 ·『退溪全書』卷7, 聖學十圖箚)."

셋째, 도덕을 최고 가치로 여겨야 한다고 한다. 도덕이란 개인과 개인, 개인과 사회, 개인과 삼라만상 간에 '있거나 있어야 할 규범'을 가리킨다. 맹자의 '인의예지仁義禮智', 순자의 '위僞', 장자의 '중례中禮', 정자의 '정심正心', 주자의 '멸인욕滅人欲', 퇴계의 '천리융화天理融和'가 그 좋은 예이다. 도덕이 왜 최고 가치가 되어야 하는지가 관심사이다. 인간이 의리적 본성을 지닌 고차원의 존재임을 밝히려 한다는 점이 그 첫 번째 이유이고, 개인이 사회적 위상을 성찰하고 각자에게 부여된 의무와 역할을 능동적으로 수행하도록 한다는 점이 그 두 번째 이유이다. 첫 번째 이유도 중요하지만, 두 번째 이유는 더 중요하다. 『대학大學』의 '수신제가치국평천하修身齊家治國平天下'라는 구절에 합치하기 때문이다. 이렇게 보니 도덕은 본성을 높이고 본성은 인간존재를 높인다고 할 수 있다.

2.
인성교육 방법의 대표 사례

　　인간이 선한 본성을 지니고 태어났다면 세상에서 악惡이 사라져야할 터인데, 그렇지가 않았다. 사회가 발달할수록 선한 본성은 미약해지고 인욕은 강고해지기 때문에 악惡이 사라질 수 없었다. 반작용도 거셌다. 여러 인성론자들이 등장해서 본성의 선단을 확충해야 한다고 목소리를 높였으며, 인성교육의 방안까지 내놓았다. 인성교육의 방안을 사회적차원에서 마련한 시기는 중세 후기이다. 중국의 경우에는 북송 대 이후부터이고, 우리나라의 경우에는 고려 말엽부터이다. 위정자들이 관학과사학을 열고 인성교육을 실시했다는 점이 그 근거이다. 인성교육 방법은무엇이었던가? 크게 보아 궁리窮理 영역, 수양修養 영역, 청유淸遊 영역에서인성교육이 광범위하게 실시되었으므로 그런 인성교육을 점검하면서 인성교육 방법을 도출해보기로 한다.

1) 궁리窮理 영역: 독서讀書와 격물格物

궁리 영역의 인성교육으로는 독서, 격물, 치지, 궁리 등의 활동을 들수 있다. 독서, 격물, 치지, 궁리 활동은 인성교육의 일환으로서, 의미 범주나 그 의의가 상당히 겹쳐진다. 예컨대 독서는 궁리 방법으로서 격물의 영역에 속하고, 격물은 치지의 선행 개념으로서 궁리를 내포하며, 치지는 독서 목적 중의 하나로서 궁리를 내포한다. 이처럼 개념상으로 중첩되기는 해도 별도의 특징이나 의의가 뚜렷한 편이다. 독서와 격물은특징이나 의의가 가장 뚜렷하다. 예전부터 독서와 격물은 독자적인 인성교육의 활동으로 지칭되어 왔으므로 궁리 영역의 인성교육을 대표한다고 해도 좋을 것 같다. 두 개념을 다루면서 여타 개념과의 관계도 고려해 보기로 한다.

■ 독서讀書

독서의 '서書'는 성현의 글을 가리킨다. 성인과 현인이 전술한 글을각기 '경經'과 '전傳'이라 하므로 '서'란 '경과 전'이고, 독서란 '경과 전 읽기'가 된다. 주지하다시피 경과 전에는 인간이 지향해야 할 도덕적 가치가 담겨 있다. 선한 본성의 공능功能과 우주론적 성격, 하늘의 사덕四德인 원元·형亨·이利·정貞의 섭리와 선의지善意志, 하나로 이어지는 인간의 마음과 천지의 마음 등이 그것이다. 도덕적 가치가 있다고 한다면 도덕적 가치를 습득하는 방법도 제시하게 마련이다. 존양存養, 구방심求放心, 거경居敬, 박문약례博文約禮 등이 바로 성현이 제시한 수양 방법이다. 이 모든 가치와 방법이 경과 전에 실려 있으므로 경전이야말로 선한 본성을 보존하고 확충하는 데 반드시 필요하다고 하지 않을 수 없다. 한마니로 말해, 독서는 선한 본성을 강하게 다듬는 담금질이다.

그렇다면 어떻게 독서해야 할 것인지가 관건이다. 잘못된 독서는 오히려 인성을 해친다. 성현들은 올바른 독서법을 마련하여 독서가 인성을 해치지 않도록 했다. 성현 중 퇴계 이황이 단연 돋보인다. 『주자어류朱子語類』〈독서법讀書法〉의 영향을 받았으면서도 주체적으로 활간독서법活看讀書法과 독서병통讀書病痛 치료법까지 창안해냈기 때문이다. 활간독서법이란 '전후 맥락에 의거하여 글의 뜻을 융통성 있게 파악하는 방법'으로서 강구소의講究所疑, 근고난숙勤苦爛熟, 이택상자麗澤相資 등 20가지 독서법을 가리키고, 독서병통이란 '독서 과정에서 나타나는 그릇된 습관·가치관·태도'로서 알묘조장揠苗助長, 사려분요思慮紛擾, 무각불철無覺不輟, 반섭사의反涉私意, 골륜탄조鶻圇吞棗를 가리킨다. 주자의 이기론적 구도를 가져오되 사유의 중심에 인성을 두었기 때문에 독자적인 경지를 확보할 수 있었다. 퇴계의 활간독서법은 시사하는 바가 크다. 독서 행위가 형이상학보다는 인간학을 지향해야 한다는 점이 그것이다.

과거 성현들은 독서를 인간학적 행위로 여겼다. 도道를 숭배하기보다 체인體認하고자 했기 때문에 이렇게 볼 수 있다. 공자의 "사람이 도를 넓힐 뿐이지 도가 사람을 넓히지는 않는다(人能弘道 非道弘人·『論語』衛靈公)."는 언급은 이런 경향을 뒷받침한다. 만약 지식과 정보를 얻기 위해 독서한다면, 진정한 독서 행위가 아니라는 평가가 나올 터이다. 경전을 활물活物의 언어로 보고 우주의 역동적 이치를 체인하여 인성과 결부시킬 수 있어야 진정한 독서 행위로 평가받는다. 진정한 독서 행위로 평가받기 위해서는 여기서 그쳐서는 안 된다. 오늘 경전을 읽었다면 내일 또 경전을 읽어야 하고, 더 나아가 일평생 경전을 읽어야 한다. 인성은 선단을 갖추었을 뿐이어서 인욕에 휘둘리기 쉽기 때문이다. 독서와 인성의 관계를 고려하여 표어를 만든다면 다음과 같은 문구를 생각할 수 있다. "독서는 인성의 비료, 인성은 독서의 열매."

[핵심 내용]

- **개념**: 1) 독서의 '서'는 경전이고, 독서는 경전을 읽는 행위이다.
  2) 독서는 인간학적 행위이자 우주론적 차원의 수양이다.
- **역사**: 주자가 최초로 독서법을 마련했고, 퇴계는 주자의 독서법을 수용하되 주체적 차원에서 활간독서법을 창안했다.
- **요령**: 우주의 이치를 체인하기 위해서는 많은 분량을 읽어서는 안 된다. 조금씩 읽되 깊이 사유해야 한다. 한마디로 말해, '숙독정사熟讀精思'이다.
- **지향**: 경전의 도道를 체인하여 인성을 확충하고, 주체인 아我가 우주의 공능에 참여하도록 하는 계기를 포착한다.
- **효능**: 인성의 선단을 확충하고 강고하게 만들어 인욕에 휘둘리지 않게 한다. 인욕에 휘둘리지 않는다면 인성이 악해지지 않는다.

[주요 논점]

● **올바른 독서법**

觀書且不宜急迫了 意思則都不見須是大體上求之
관 서 차 불 의 급 박 료 의 사 즉 도 불 견 수 시 대 체 상 구 지

(『張子全書』 經學理窟, 義理 條目50)

책을 읽을 때는 서두르지 않아야 한다. 뜻이란 것은 문자로 다 드러나지 않기 때문에 반드시 대체大體 위에서 그 의미를 탐구해야 한다.

● 도리가 살아 움직이는 비결

不活 則受用不得 須是玩味反覆 到得熟後 方始會活 方始會動
불 활 즉 수 용 부 득 수 시 완 미 반 복 도 득 숙 후 방 시 회 활 방 시 회 동

方有得受用處 若只恁生記去 這道理便死了
방 유 득 수 용 처 약 지 임 생 기 거 저 도 리 변 사 료

(『朱子語類』卷11, 學5, 條目17)

 이해된 도리가 살아 움직이지 않는다면 마음에 수용되지 않는다. 모름지기 글을 반복적으로 이리저리 음미하여 글이 익숙해진 뒤에 비로소 이해된 도리가 살아 움직일 수 있고, 살아 움직일 수 있어야 비로소 마음에 수용될 수 있다. 만약 단지 이처럼 억지로 기억하려고 한다면 저 도리는 바로 죽어버린다.

● 독서를 하는 이유

書傳千古心　　讀書知不易
서 전 천 고 심　　독 서 지 불 이

卷中對聖賢　　所言皆吾事
권 중 대 성 현　　소 언 개 오 사

(『退溪全書』續內集, 卷5, 詩, 金愼仲抱淸亭十二詠 其伍, 讀書)

 옛 성인의 글이 천고의 마음을 전했으니 / 글을 읽는다는 것이 쉽지 않음을 알았노라. // 누런 책권 가운데서 성현을 대했으니 / 허다한 그 말씀이 모두 나의 행할 일일세.

● 선한 인성의 우주론적 공능

狀出仁體 因以破有我之私 廓無我之公 使其頑然如石之心
상 출 인 체 인 이 파 유 아 지 사 확 무 아 지 공 사 기 완 연 여 석 지 심

김홍도 「서당」

融化洞徹 物我無間 一毫私意無所容於其間 可以見天地爲一家
융 화 통 철 물 아 무 간 일 호 사 의 무 소 용 어 기 간 가 이 견 천 지 위 일 가

中國爲一人 痒痾疾痛 眞切吾身 而仁道得矣
중 국 위 일 인 양 아 질 통 진 절 오 신 이 인 도 득 의

(『退溪全書』卷7, 經筵講義, 西銘考證講義)

 〔장재張載의 「서명西銘」에서〕 인仁의 체體를 드러내어 유아지사有我之私를 깨뜨리
고 무아지공無我之公을 크게 열어주어 그 완고하기가 돌과 같은 마음으로 하여금
융화하여 환히 트이게 하고, 사물과 나 사이에 간격이 없게 하여 조그만 사의私意
도 그사이에 용납함이 없게 했으니 천지만물이 한 집안이 되고 온 나라가 한 사
람처럼 되어 남의 괴로움과 아픔을 내 몸에 절실히 느끼게 되면 인도仁道를 얻을
수 있다.

● 실천을 전제로 하는 독서 활동

彼讀書者 格致中一事耳 讀書而無實踐有 何異於鸚鵡之能言耶
피 독 서 자 격 치 중 일 사 이   독 서 이 무 실 천 유   하 이 어 앵 무 지 능 언 야

(『栗谷全書』卷15, 雜著, 東湖問答, 論君臣相得之難)

 독서는 격치 중의 한 가지에 지나지 않는다. 독서만 하고 실천이 없으면 앵무새
가 말을 잘하는 것과 무엇이 다르겠는가?

[토론 문제]

1. 전통사회의 독서 경향에 비추어 현대사회의 독서 경향을 반성해보시오.

2. '인성'과 '천리'라는 용어를 활용하여 아래와 같이 언급하는 이유를 설명해보시오.

> "책은 마땅히 조금씩 보아야 하고 지극히 깊게 읽어야 한다(書宜少看 要
> 極熟 · 『朱子語類』卷10, 學4, 條目37)."

3. 두 가지 이상의 논거를 동원하여 '독서가 인성함양에 미치는 영향'을 설명해보
시오.

_____

_____

_____

_____

■ 격물格物

'격물'은 『대학大學』의 8조목 중 첫 번째 조목이다. 일반적으로 두 번째 조목인 '치지'와 한데 묶어 '격물치지'라 한다. '격물'과 '치지'는 선후先後가 애매하다. 여타 조목인 '성의', '정심', '수신', '제가', '치국', '평천하'는 선후관계로 서술하면서도 '격물'과 '치지'에 대해서는 '치지재격물致知在格物'이라고 했다. 풀이하면 '치지가 격물에 있다'가 되므로 '치지'가 먼저인지 '격물'이 먼저인지를 알기 어렵다. 주자는 「격물보전格物補傳」에서 '격물'이 '치지'보다 먼저라고 보아 '격물'의 개념부터 설명하고 있다. '격물'에 대해서는 '사물에 나아가 그 이理를 궁구하는 것'이라 했고, '치지'에 대해서는 '나의 앎을 지극히 하는 것'이라고 했다. '앎의 극대화'가 '선善의 확충'과 동일하다는 점에서 '격물'은 '치지'와 함께 인성함양, 즉 '양성養性'의 기능을 한다고 할 수 있다.

'격물'이 어떻게 '양성'의 기능을 감당하는지가 의문이다. 해명이 그리 간단치는 않다. 해결의 열쇠는 성리학의 핵심 명제인 성즉리설性卽理說

과 이일분수설理一分殊說이다. 주지하다시피 성즉리설에서는 인성이 곧 천리라고 하고 이일분수설에서는 '개별적 이理인 성性'이 '보편적 이理인 태극太極'의 분수라고 하므로 인성과 삼라만상의 이理는 서로 같다고 할 수 있다. 문제는 양자가 서로 같다고 느끼는 주체가 누구인가 하는 점이다. 인성과 삼라만상의 이理는 한낱 이치에 지나지 않으니 인식의 주체일 수 없다. 주자는 인식의 주체를 심心이라고 밝힌다. 움직이는 곳은 마음이고 움직이는 것은 성이다(動處是心 動底是性 · 『朱子語類』 卷5. 性理2)."라는 언급이 그것이다. 이 언급에 의하면, 심心의 작용에 의해 인성이 고양되고 함양된다. 격물하여 인성과 삼라만상의 이理가 동일하게 선의지善意志를 지녔다고 느낄 때 비로소 인성이 선의지로 충만해지기 때문이다.

심心, 격물, 양성의 관계를 알고 있다고 해도 실천하지 않으면 도로徒勞이다. 이론과 행동은 별개이기 때문이다. 대부분의 성리학자들은 이론과 행동을 합치시키기 위해 갖은 노력을 했다. 처사處士이고자 했던 성리학자들이 그 좋은 사례이다. 출사出仕를 하면 격물을 할 수 없고, 격물을 할 수 없다면 양성도 불가능하다. 출사와 양성의 갈림길에 서면 거개 출사 쪽을 택할 것 같지만, 그 반대인 경우도 적지 않았다. 그 반대의 사례로는 퇴계를 들 수 있다. 퇴계는 인욕으로부터의 자유를 갈망하면서 자기 자신을 스스로 '산새〔山禽〕'라고 불렀다. 남들은 비웃기 위해 '산새'라고 했지만, 퇴계는 흔쾌하게 자기 자신의 별칭으로 삼았다. 심心, 격물, 양성에 매달리고자 하는 마음을 '산새'에 투영했을 성싶다. 퇴계는 격물로써 양성에 성공한 인물인데, 시종일관 실천하고 성공까지 한 경우는 그다지 흔치 않았다. 그만큼 양성은 어려운 과제였다.

- **개념**: 1) 사물에 나아가 그 이理를 궁구하는 행위이다.

   2) 사물의 이理를 궁구하면 지식이 확장된다는 점에서 '치지'와 떼어놓을 수 없는 관계이다.

- **구현**: 심心의 작용에 의해 격물이 되고, 그 결과로 인해 인성이 함양된다. 인성과 '삼라만상의 이理가 지닌 선의지'가 동일하다고 느낄 때 인성은 선의지로 충만해진다. '인성의 선의지가 충만해지는 상태'가 곧 '양성'이다.

- **지향**: '치지'의 과정을 거쳐 '양성'으로 나아간다.

- **효능**: 인욕으로부터 자유로운 상태가 된다.

- **의의**: '격물'은 '양성'의 전제이자 조건이다.

● **격물의 정의**

格猶窮也 物猶理也 猶曰窮其理而已也
격 유 궁 야 물 유 리 야 유 왈 궁 기 리 이 이 야

(『二程遺書』卷25)

 '격格'은 '궁窮'과 같고 '물物'은 '이理'와 같으니, 격물은 물物에 있는 이理를 궁구하는 것이다.

● **격물이 되었을 때의 상태**

格物 外物也 外其物則心無蔽 無蔽則虛靜
격 물 외 물 야 외 기 물 즉 심 무 폐 무 폐 즉 허 정

虛靜故思慮精明而致知也
허 정 고 사 려 정 명 이 치 지 야

(魏了翁, 『禮記集說』 소재 張載의 언급)

 '격물'은 '물物에서 벗어나다'라는 뜻을 지닌다. 외물에서 벗어나면 마음은 가려짐이 없어지고 가려짐이 없어지면 허虛하고 고요해진다. 허虛하고 고요하기 때문에 사려가 정밀하고 밝아져 앎이 지극해진다.

● '격물'과 '치지'의 관계 그리고 격물의 효능

所謂致知在格物者 言欲致吾之知 在卽物而窮其理也
소 위 치 지 재 격 물 자 언 욕 치 오 지 지 재 즉 물 이 궁 기 리 야

蓋人心之靈 莫不有知 而天下之物 莫不有理 惟於理有未窮
개 인 심 지 령 막 불 유 지 이 천 하 지 물 막 불 유 리 유 어 리 유 미 궁

故其知有不盡也 是以大學始敎 必使學者 卽凡天下之物
고 기 지 유 부 진 야 시 이 대 학 시 교 필 사 학 자 즉 범 천 하 지 물

莫不因其已知之理 而益窮之 以求至乎其極 至於用力之久
막 불 인 기 이 지 지 리 이 익 궁 지 이 구 지 호 기 극 지 어 용 력 지 구

而一旦豁然貫通焉 則衆物之表裏精粗無不到 而吾心之全體大用
이 일 단 활 연 관 통 언 즉 중 물 지 표 리 정 조 무 부 도 이 오 심 지 전 체 대 용

無不明矣 此謂物格 此謂知之至也
무 불 명 의 차 위 물 격 차 위 지 지 지 야

(朱子, 『大學章句』 格物致知補亡章)

 "치지가 격물에 있다."고 함은 내 앎을 추구하는 일이 사물에 나아가 그 이理를 궁구하는 데 달렸다는 말이다. 사람의 마음은 영명하여 모든 지知가 갖추어져 있고, 천하의 모든 사물마다 이理가 내재해 있다. 다만 이理에 대해 제대로 궁구하지 못했기 때문에 내 앎에 극진하지 못한 구석이 있는 것이다. 그렇기 때문에 『대학』은 첫 가르침에서 반드시 공부하는 이들로 하여금 천하의 사물에 나아가 항상 이미 알고 있는 이理를 바탕으로 그 이理를 더욱 궁구하여 극한에까지 도달할 것을 추구하도록 가르친다. 그리하여 오랫동안 노력해서 어느 시기에 그 이理들을 활연관통하게 되면 사물의 표리정조 등 그전 모습이 파악되고, 내 마음의 전체대용도 전부 밝혀지게 된다. 이것이 바로 격물이며, 바로 앎의 정점이다.

● 격물이 지극할 때 자도自到하는 이理

前此滉所以堅執誤說者 只知守朱子理無情意無計度無造作之說
전 차 황 소 이 견 집 오 설 자 지 지 수 주 자 리 무 정 의 무 계 탁 무 조 작 지 설

以爲我可以窮到物理之極處 理豈能自至於極處 故硬把物格之格
이 위 아 가 이 궁 도 물 리 지 극 처 리 기 능 자 지 어 극 처 고 경 파 물 격 지 격

無不到之到 皆作己格己到看 …… 然而又曰 理必有用
무 부 도 지 도 개 작 기 격 기 도 간   연 이 우 왈 리 필 유 용

何必又說是心之用乎 則其用雖不外乎人心 而其所以爲用之妙
하 필 우 설 시 심 지 용 호 즉 기 용 수 불 외 호 인 심 이 기 소 이 위 용 지 묘

實是理之發見者 隨人心所至 而無所不到 無所不盡
실 시 리 지 발 견 자 수 인 심 소 지 이 무 소 부 도 무 소 부 진

但恐吾之格物有未至 不患理不能自到也
단 공 오 지 격 물 유 미 지 불 환 리 불 능 자 도 아

(『退溪全書』 卷18, 書, 答奇明彦別紙)

 이전에 내가 잘못된 설說을 바꿀 줄 몰랐던 까닭은 주자가 이理는 정의情意도 없고 계탁計度도 없고 조작造作도 없다고 한 설說만 지켜 내가 물리物理의 극極에 궁도窮到할 수 있지 이理가 어찌 극처에 스스로 이를 수 있겠는가 하고 생각했기 때문입니다. 그리하여 격물格物의 '격格'이나 무부도無不到의 '도到'를 모두 내가 '격格'하고 '도到'하는 것으로 보았습니다. …… 그러나 주자는 또 말하기를 "이理에는 반드시 용用이 있으니 어찌 또 심心의 용用을 말할 필요가 있겠는가?"라고 했습니다. 그 용用이 비록 인심人心을 벗어나는 것은 아니지만, 그 용用의 묘妙를 이루는 까닭은 실로 이理의 발현發現 때문이니 이理는 마음이 이르는 데 따라 이르지 않음이 없게 됩니다. 그러므로 나의 격물格物이 이르지 못함을 걱정할 뿐 이理가 자도自到하지 못할까 걱정할 것은 없습니다.

● 사람의 마음에 들어와 있는 만리萬理

蓋萬事萬物 莫不有理 而人之一心
개 만 사 만 물 막 불 유 리 이 인 지 일 심

管攝萬理 是以無不可窮之理也
관 섭 만 리 시 이 무 불 가 궁 지 리 야

(『栗谷全書』 卷20, 〈聖學輯要〉 窮理)

대개 만사만물은 이理가 있지 아니함이 없고, 사람의 일심은 만 가지 이理를 간섭하고 있다. 그러므로 궁구하지 못할 이理는 없다.

[토론 문제]

1. '격물'은 '치지'와 더불어 인식론의 영역에 속한다. 아래 글을 참조하여 '격물'이 인식론의 영역에 속하는 이유를 설명해보시오.

> 인식론은 본질, 인식의 형성 과정이나 한계 따위를 탐구하는 철학이다. 흔히 인식이 지식을 가리킨다고 보아 인식론과 지식론이 연관성이 깊다고 한다.

2. 성리학에서는 격물의 대상을 물物의 이理로 본다. 물物의 이理를 살펴야 하는 이유를 인성론에 입각하여 설명하시오.

3. 아래 글을 참조하여 A교사가 학생들에게 부여했음직한 과제의 내용을
   〈조건〉에 맞추어 추론해보시오.

> A교사는 고등학교 윤리교사로서 학생들을 데리고 야외로 나갔다.
> 전통사회의 격물 방법에 입각하여 인성을 함양시키기 위함이었다. A
> 교사는 학생들을 모아놓고 격물 요령을 몇 가지로 설명한 다음 과제를
> 부여했다.

〈조건〉1. 격물의 대상을 풀과 나무로 한정한다.
　　　　2. 과제의 요구사항을 세 가지 정도로 생각한다.

_____

_____

_____

_____

2) 수양修養 영역: 존양存養과 성찰省察

　　수양 영역의 인성교육에서는 존양과 성찰을 논의한다. 전통유학에
서 존양과 성찰은 심성을 다스리는 공부였다. 그렇기 때문에 전통유학의
교육목적은 사람됨의 올바른 정신을 함양하고, 그 정신을 일상생활에서
실천하려는 데 있다. 따라서 유학교육은 우주론적 탐색이나 진리에 대한
개념적 인식이나 전수傳授보다는 인간 자신의 주체적 성찰과 실천적 가치
를 중시했다. 즉, '어떻게 알 수 있는가?'의 문제보다는 '어떻게 행동할

수 있는가?'라는 실천적 가치가 중요한 과제였다. 이러한 실천적 가치를 인식하기 위한 수양 방법으로 존양과 성찰이 강조되었다.

■ 존양_{存養}

존양은 존심양성存心養性에서 유래한 말이다. 즉, 맹자는 "본마음을 보존하여 본성을 기르는 것이 하늘을 섬기는 것이다(存其心 養其性 所以事天也 · 『孟子』公孫丑 上)."라고 언급했다. 존양은 인간이 천부적으로 부여받은 본연 지성을 잃어버리지 말고 그대로 잘 간직하여 본성을 키워나가라는 의미 이다. 그래서 맹자는 "학문하는 길은 특별한 방법이 있는 것이 아니라 흐 트러진 마음을 되찾는 것일 뿐이다(學問之道 無他 求其放心而已矣 · 『孟子』告子 上)." 라고 했다. 또한 주자는 존양의 방법을 경敬으로 설명했다. "경자는 진실 로 성인의 도道에 들어가는 강령이고, 마음을 간직하여 길러가는 중요한 방법이다. 일단 이것을 주로 하면 더 이상 안과 밖, 정밀한 것과 거친 것 사이에 틈이 없을 것이다(敬之一字 眞聖門之綱領 存養之要法 一主乎此 更無內外精粗之間 · 『朱子語類』卷12, 學6 持守)."라고 주장했다. 주자에 의하면, 공부하는 사람은 경을 통해 인간본성을 유지할 수 있다고 했다.

한편, 퇴계는 천인합일天人合一에 근거하여 인간을 이해했다. 그래서 퇴계는 수양의 목적을 모든 인간이 성인의 경지에까지 도달하는 데 두었 다. 퇴계는 "성인이란 그 덕성이 천지와 합치하며, 그 밝음이 일월과 합 치하며, 그 질서가 네 계절과 합치하며, 그 길흉이 귀신과 합치한다(聖人與 天地合其德 日月合其明 四時合其序 鬼神合其吉凶 · 『聖學十圖』太極圖)."고 주장했다. 이는 "성인이란 그 덕이 천지와 합치되는 사람이다(聖人與天地合其德 · 『周易』)."라는 데서 유래했다. 따라서 퇴계가 지향하는 수양 방법은 천리와 합치되는 구인성성求仁成聖의 인간완성이라고 볼 수 있다. 퇴계는 성인의 인격완성을 위한 출발점으로 존양을 주장했다. 결국 퇴계는 선천적 도덕원리를 잃지 않은 상태에서 존양의 공부를 통해 사람됨의 인성교육을 강조했다. 이것이 바로 퇴계 수양론의 핵심이며 정수精髓이다.

전통유학에서는 마음이 작용하기 전의 정시靜時에는 마음을 보존하여 기르는 존양存養을, 마음이 작용하고 난 뒤의 동시動時에는 마음을 주시하여 살피는 성찰省察을 마음공부의 핵심으로 생각했다. 존양과 성찰은 마음공부에 가장 긴요한 방법이며, 인성교육의 수양원리였다. 그러므로 인성교육은 사람됨의 길을 인식하고 실천하려는 데 있다. 즉 인간의 마

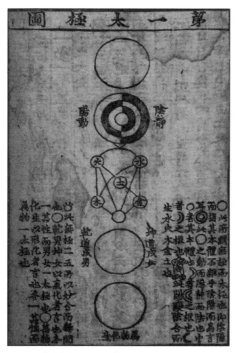

『성학십도聖學十圖』「제1태극도第一太極圖」

음을 올바르게 함양하는 것이며, 인간으로서 바람직하고 보편타당한 가치를 추구하여 그 가치를 완성하는 것이다. 존양의 수양 방법은 인간이 타고난 본연지성을 잃지 않고 잘 간직하여 그 본성을 철두철미하게 함양하려는 데 있다.

[핵심 내용]

- **개념**: 1) 존양은 존심양성에서 유래되었다.
  2) 존양은 본마음을 잘 보존하여 본성을 함양하는 것이다.
- **역사**: 맹자가 존양을 주장했고, 주자는 존양의 방법으로 경을 주장했으며, 퇴계는 존양의 목적을 구인성성求仁成聖이라 설명했다.
- **요령**: 선천적 도덕원리를 잃지 않는 상태에서 존양의 공부를 통해 사람됨의 인성교육을 실천해야 한다.
- **지향**: 유학의 수양 방법은 미발未發 시에는 존양을 통해 본연지성을 유지하고, 이발已發 시에는 성찰을 통해 구방심求放心하는 데 있다.
- **효능**: 존양은 인간으로서 사람됨의 길을 인식하고 실천하려는 인성교육의 수양 방법이다. 이를 통해 도덕적 인간형성을 추구하며, 인격적 자아를 완성하려 한다.

[주요 논점]

● **인간 본연의 덕성을 보존하여 항상 깨어 있는 상태 유지**

無事時 存養惺惺而已 到講習應接時 方思量義理 固當如此
무 사 시 존 양 성 성 이 이 도 강 습 응 접 시 방 사 량 의 리 고 당 여 차

蓋才思義理 心已動了 已不屬靜時界分故也 然此意分明
개 재 사 의 리 심 이 동 료 이 불 속 정 시 계 분 고 야 연 차 의 분 명

似不難知 而人鮮能眞知
사 불 난 지 이 인 선 능 진 지

(『退溪全書』自省錄, 答李叔獻)

 일이 없을 때에는 존양하여 성성惺惺할 따름이다. 강습하고 응접할 때에 이르러
서는 바야흐로 의리를 생각하는 것이니, 본디 마땅히 이와 같은 것이다. 대체로
의리를 생각한다면, 마음이 이미 움직인 것이어서 이미 고요한 때의 경계에 속
하지 않은 것이다. 그러나 이 뜻은 분명하여 알기 쉽지 않은 것 같고, 사람이 참
으로 아는 이가 드물다.

● 지경持敬을 통한 존양 공부

學者誠能一於持敬 不昧理欲而尤致謹於此 未發而存養之功深
학 자 성 능 일 어 지 경 불 매 리 욕 이 우 치 근 어 차 미 발 이 존 양 지 공 심

已發而省察之習熟 眞積力久而不已焉 則所謂精一執中之聖學
이 발 이 성 찰 지 습 숙 진 적 력 구 이 불 이 언 즉 소 위 정 일 집 중 지 성 학

存體應用之心法 皆不可待外求 而得之於此矣
존 체 응 용 지 심 법 개 불 가 대 외 구 이 득 지 어 차 의

(『退溪全書』聖學十圖, 心通性情圖)

 배우는 사람이 진실로 지경에 전념하여 이치와 욕망을 가리는 데 어둡지 않게
하고, 이렇게 되도록 더욱 조심하여 본성이 발현되지 아니했을 때에는 존양하
는 공부를 충실히 할 것이며, 본성이 이미 발현되었을 때에는 반성하고 살펴보
는 습성에 익숙해야 할 것이다. 이러한 의미를 참되게 쌓아 올리고 오래도록 계
속 노력하기를 거듭하게 되면, 이른바 정일집중精一執中의 성학과 존체응용存體應
用의 심법心法이 모두 다른 곳에서 구하려고 하지 않아도 여기에서 얻을 수 있을
것이다.

 정일집중은 "사람의 마음은 위태롭고 도덕적인 마음은 미묘하니 오직 정밀하고
하나로 집중하여 그 중정中正을 진실로 잡아야 한다(人心惟危 道心惟微 惟精惟一 允
執厥中 ·『書經』大禹謨)."고 한 데서 나온 말이다.

● 율곡 이이가 지은 『학교모범學校模範』에 나타난 존심

五曰存心 謂學者欲身之修 必須內正其心 不爲物誘
오 왈 존 심 위 학 자 욕 신 지 수 필 수 내 정 기 심 불 위 불 유

然後天君泰然 百邪退伏 方進實德 故學者先務 當靜坐存心
연 후 천 군 태 연 백 사 퇴 복 방 진 실 덕 고 학 자 선 무 당 정 좌 존 심

寂然之中 不散亂 不昏昧 以立大本 而若一念之發
적 연 지 중 불 산 란 불 혼 매 이 립 대 본 이 약 일 념 지 발

則必審善惡之幾 善則窮其義理 惡則絶其萌芽 存養省察
즉 필 심 선 악 지 기 선 즉 궁 기 의 리 악 즉 절 기 맹 아 존 양 성 찰

勉勉之已 則動靜云爲 無不合乎義理當然之則矣
면 면 지 이 즉 동 정 운 위 무 불 합 호 의 리 당 연 지 칙 의

 다섯째는 본마음을 간직함이니, 배우는 자가 몸을 닦으려면 안으로 마음을 바로잡아 외물外物의 유혹을 받지 않아야 한다. 그런 뒤에야 마음이 태연하여 온갖 사특함이 물러나 진실한 덕에 나아갈 수 있게 된다. 그러므로 배우는 자가 먼저할 일은 마땅히 마음을 가라앉히고 가만히 앉아서 본마음을 간직하여 조용한 가운데서 흐트러지지도 않고 사리에 어둡지도 않음으로써 근본을 세우는 것이다. 이를테면 일념一念이 생길 때에는 반드시 선악의 기미를 살펴 그것이 선善일 때에는 그 의리를 궁구하고, 그것이 악일 때에는 그 싹을 근절하여 본마음을 간직하고, 본성을 기르고 성찰하여 노력이 끊이지 않으면 모든 언동이 의리의 당연한 법칙에 부합하지 않음이 없을 것이다.

 『학교모범』은 율곡이 선조에게 지어 올린 16조의 학교 준칙으로, 입지立志, 검신檢身, 독서讀書, 신언愼言, 존심存心, 사친事親 등에 관한 내용을 포함하고 있다.

[토론 문제]

1. 전통사회의 인간 본성론인 성선설과 성악설에 대해 각자의 입장을 나타내보시오.

2. 맹자가 말한 구방심求放心을 실천할 수 있는 방안을 일상생활에서 찾아보시오.

3. 퇴계의 설명에 의하면, 인간의 차별성은 천기天氣의 청탁淸濁과 지질地質의 수박粹駁을 어떻게 품부 받느냐에 따라 상지上智 · 중인中人 · 하우下愚로 결정된다고 보았다. 이를 표로 나타내면 다음과 같다. 그렇다면 상지 · 중인 · 하우는 고정불변한 것인가? 그렇지 않으면 변화 가능한 것인가? 퇴계의 주장을 통해 설명해보시오.

〈퇴계의 차별적 인간관〉

구 분	천지기天之氣 (淸濁有無)	지지질地之質 (粹駁有無)
상 지	청 순	순 수
중 인	청 순	잡 박
	혼 탁	순 수
하 우	혼 탁	잡 박

■ 성찰省察

성찰은 조존성찰操存省察이나 반성관찰反省觀察에서 나온 말이다. 맹자에 의하면, 인간은 사단四端의 덕목인 인의예지仁義體智를 선천적으로 지니고 태어나기 때문에 개인의 덕성함양은 자신의 마음을 성찰하는 데 달려 있다. 즉, 자신의 마음을 최대한으로 성찰하면 누구든 요순堯舜 같은 성인이 될 수 있다. 만약 본성을 성찰하는 노력에 매진하지 않으면, 방심放心에 빠져 본성을 잃어버린다. 이 같은 방심에 빠지지 않기 위해 끊임없이 자신을 반성하고 관찰해야 한다. 주자도 조존함양을 통해 성찰을 설명한 바 있다. "마음을 붙잡아 간직하는 것과 함양하는 것은 바짝 긴장하지 않을 수 없고, 학문을 증진시키는 것과 앎을 이루는 것은 느긋하게 하지 않을 수 없다(操存涵養 則不可不緊 進學致知 則不可不寬 · 『朱子語類』卷9, 學3 論知行)."고 한 점이 그것이다. 또한 "마음을 간직할 때는 드물고, 잃어버릴 때가 많다. 마음을 간직하여 기르는 것이 익숙해지면, 일에 임하여 성찰할 때 힘이 들지 않는다(心存時少 亡時多 存養得熟後 臨事省察不費力 · 『朱子語類』卷12, 學6 持守)."라고 하여 존양에 익숙해지면 성찰하는 데 노력을 낭비할 필요가 없다고 주장했다.

한편, 퇴계는 "마음이 이미 발용했을 때에는 경敬에 입각하여 성찰 공부를 해야 한다(當此心已發之際 亦心主敬而省察工夫 · 『退溪全書』天命圖說)."고 말했다. 이는 경에 바탕을 두고 무사시無事時에는 천리의 본연을 함양하는 것이며, 유사시有事時에는 자신의 본성과 마음을 성찰하는 것이다. 유학자는 항상 자신의 말과 행동을 매일같이 점검해야 하고, 마음을 수양하는 공부를 게을리 해서는 안 된다. 그러므로 성찰은 이발시已發時의 기미를 살피는 공부이며, 수양 방법이다.

공자 　　　　　　맹자 　　　　　　주자

　　유학에서 말하는 성찰은 마음이 발용하고 난 뒤에 그 발용한 마음
의 움직임을 주시하는 정신작용이다. 즉, 움직인 마음이 어떤 결과를 낳
기 전에 그 기미를 살펴 악에 빠지지 않도록 하는 반성과 성찰을 가리킨
다. 이는『논어』에 나오는 안회顔回가 실천한 극기복례克己復禮와 같은 의미
이다. 또한『중용』에서는 수양 방법으로 존덕성尊德性과 도문학道問學을 제
시하고 있다. 존덕성은 심성을 수양해 덕성을 드높이는 것이고, 도문학
은 묻고 배우는 것을 통해 성찰하려는 것이다. 존덕성이 존양의 수양 방
법이라 한다면, 도문학은 성찰의 수양 방법이라 할 수 있다. 따라서 학문
하는 사람은 이런 수양 방법을 통해 진리를 탐구하고 발견해야 한다.

[핵심 내용]

• **개념**: 1) 성찰은 조존성찰操存省察이나 반성관찰反省觀察에서 유래한다.

　　　　2) 성찰은 본연지성이 방심에 빠지지 않도록 자신을 반성하고 관찰하는
　　　　　　것이다.

• **역사**: 맹자가 조존을 강조했고, 주자는 조존과 함양을 강조했으며, 퇴계는 경

에 입각한 성찰공부를 강조했다.

- **요령**: 유학자는 항상 자신의 말과 행동을 매일같이 점검하고, 마음을 수양하는 공부를 통해 착한 본성을 유지하도록 노력해야 한다.
- **지향**: 성찰은 마음이 발용하고 난 뒤에 그 발용한 마음의 움직임을 주시하는 공부이므로 마음이 어떤 결과를 낳기 전에 그 기미를 살펴 악에 빠지지 않도록 반성하고 관찰해야 한다.
- **효능**: 성찰은 공부하는 사람에게 진리를 탐구하고 발견하도록 한다.

[주요 논점]

● **성찰은 점진적인 방법을 통해 달성**

心氣之患 正緣察理味透 而鑿空以强探 操心昧方 而揠苗以助長
심 기 지 환 정 록 찰 리 미 투 이 착 공 이 강 탐 조 심 매 방 이 알 묘 이 조 장

不覺勞心極力以至此 此亦初學之通患
불 각 노 심 극 력 이 지 차 차 역 초 학 지 통 환

(『退溪全書』自省錄, 答南時甫)

 심기의 근심은 바로 이치를 살핌에 철저하지 못하여 부질없이 캐며 억지로 찾고, 마음을 조존操存하는 방법이 어두워 싹을 뽑아 올려 자라기를 돕듯이 했다. 그러나 마음을 쓰고 노력을 다한 것을 깨닫지 못함으로써 여기에 이르게 된 것이다. 이것 역시 초학자의 공통된 병통이다. 여기서 '알묘조장揠苗助長'은 점진적인 노력을 하지 않고 일시에 깨닫거나 단번에 이루려고 하는 것을 경계한 말이다.

● **증자**曾子**의 삼성**三省**을 성찰의 기회로 삼은 목은**牧隱 **이색**李穡

病翁身世兩悠悠　　訪友城南得勝遊
병 옹 신 세 양 유 유　　방 우 성 남 득 승 유

黃菊滿籬方爛熳　　碧松當檻更颼飀
황 국 만 리 방 난 만　　벽 송 당 함 갱 수 류

烹茶靜坐追三省　　對酒高談散百憂
팽 다 정 좌 추 삼 성　　대 주 고 담 산 백 우

薄晩歸來眞似畫　　倦僮疲馬雪渾頭
박 만 귀 래 진 사 화　　권 동 피 마 설 혼 두

 병든 노인 몸과 세상 모두 다 한가하여

성 남쪽으로 벗을 찾아 명승유람했네.

노란 국화 울타리에 가득하여 한창 피어 있고,

푸른 솔은 난간에서 바람 소리 울리네.

차 끓이고 정좌하니 삼성三省을 떠올리고,

술을 두고 고담준론하니 온갖 근심 사라지네.

초저녁 귀가길은 진정 그림 같구나,

피곤한 종 지친 말에 머리 허연 노인.

 삼성三省: 자기반성과 수양을 뜻하는 말로, 증자曾子의 "나는 하루에 세 가지 일
로 자신을 반성한다. 그것은 즉 남을 위해 꾀해줄 때 불충하지는 않았는가, 벗과
사귈 때 신의를 잃지는 않았는가, 전수받은 것을 익히지 않은 것은 없는가이다
(吾日三省吾身 爲人謀而不忠乎 與朋友交而不信乎 傳不習乎·『論語』學而)."라는 말에서
유래한 것이다.

●존양과 성찰의 겸수兼修

人之受命于天也 具四德之理 以爲一身之主宰者 心也
인 지 수 명 우 천 아 구 사 덕 지 리 이 위 일 신 지 주 재 자 심 야

事物之感於中也 隨其善惡之幾 以爲一心之用者 情意也
사 물 지 감 어 중 아 수 기 선 악 지 기 이 위 일 심 지 용 자 정 의 아

故君子 於此心之正也 必存養而保其體 於情意之發也
고 군 자 어 차 심 지 정 아 필 존 양 이 보 기 체 어 정 의 지 발 야

必省察而正其用
필 성 찰 이 징 기 용

(『退溪全書』天命圖說)

 사람이 하늘로부터 네 가지 덕의 천리를 구비하여 우리 몸의 주재로 삼는 것이

심이다. 사물이 마음에 감응할 때 선악의 기틀에 따라 마음이 작용하는 것은 정

의情意이다. 그러므로 군자는 이 마음이 고요할 때는 반드시 존양해서 그 본체를 보존하고, 정의가 발할 때에는 반드시 성찰해서 그 작용을 바로잡아야 한다.

[토론 문제]

1. 맹자의 주장에 의하면, 인간은 선천적으로 사단四端을 타고난다고 했다. 이 사단을 잘 함양하면 최고의 덕인 인의예지가 된다. 인의예지의 단서가 무엇인지를 언급하고, 일상생활에서 사단의 구체적 경험을 각자의 입장에서 설명해보시오.

_____

_____

_____

2. 증자의 삼성三省을 각자의 입장에서 생각해보고, 인성교육의 측면에서 반성할 점이 무엇인지에 대해 토의해보시오.

_____

_____

_____

3. 아래의 글은 주자의 성찰 방법론이다. 여기서 논의하는 천리와 인욕은 구체적으로 무엇을 말하는지 인성교육의 관점에서 설명해보시오.

> 정밀하게 생각하고 분명하게 변별하여 올바른 도리를 세세하게 밝히며, 마음을 붙잡아 간직하고 함양하는 공부를 한순간도 그만두지 않는다면, 천리는 항상 간직되고 인욕은 사라져서 아마도 도에 가까워질

것이다(要在精思明辨 使理明義精 而操存涵養無須臾離 無毫髮間 則天理常存 人欲消去 其庶幾矣哉 · 『朱子語類』 卷12, 學6 持守).

3) 청유淸遊 영역: 유락遊樂과 유예遊藝

　　전통사회의 인성교육 방법을 논할 때 거경居敬과 궁리窮理를 그 밑바탕에 두고 있다. 인성교육이 인식론과 실천론을 병행한다는 점에서 거경과 궁리는 그 시발점이 된다. 특히 유가의 경우 도덕적 수양을 학문의 최고 목표로 삼음으로써 거경궁리가 수양 방법의 핵심으로 자리 잡게 된 것이다. 궁리가 인간과 사물의 이치를 터득하는 외적 성찰이라면, 거경은 도덕적 본성을 온전히 지키고 북돋는 내적 수양으로 궁리에 임할 때 가지는 마음 자세가 된다. 거경과 궁리가 내외로 갖추어질 때 비로소 인仁을 실현할 수 있어 거경궁리의 실천은 인성교육의 시작이자 완성이 될 수 있다. 특히 경敬이 유가사상에서 강조하는 도덕적 정신이란 점을 고려한다면 경공부가 바로 인성교육이 되는 것이다.

　　인성교육 방법으로 청유淸遊 영역을 논하는 데 있어 거경과 궁리를 먼저 제시한 것은 청유 영역이 거경궁리의 실천과정이기 때문이다. 전통사회에서 보여주는 청유 영역은 애초부터 우리 시대의 퇴폐적·감각적 유희와는 시작을 달리하고 있다. 전통사회의 청유는 산수 간의 유락遊樂이며 삶 속에서의 유예遊藝로, 수양적 놀이 활동이라는 점에서 인성교육의 중요한 활용 방법이 된다. 특히 산수 간에서 이루어지는 유락은 도道, 즉 천도天道, 천리天理를 이해하고 좋아하며 즐기는 것을 말한다. 『논어論語』 옹야편雍也篇의 "그것을 아는 사람은 그것을 좋아하는 사람만 못하고, 그것을 좋아하는 사람은 그것을 즐기는 사람만 못하다知之者 不如好之者 好之者 不如樂之者)."라는 말은 즐김의 의미가 무엇인지를 구체적으로 보여주는 예이다. 천리를 즐길 수 있는 사람은 천리를 알고 좋아할 수 있어야 가능하다. 그런 점에서 전통사회에서의 청유는 인성의 실현과정이자 완성태完成態로 나아갈 수 있는 중요한 방법론적 장이 되는 것이다.

■유락遊樂

선비에게 있어 산수자연의 노닒(遊樂)은 아름다운 경물 완상에 따른 홍취를 펼쳐내는 데 그치지 않는다. 외면의 진경眞景은 내면의 청징淸澄함으로 이어져 인욕이 배제되고 자연과 조화 유행하게 된다. 산수에서의 유락은 자연이 품고 있는 도의道義를 찾아 즐기게 되어 자연스럽게 인성을 도야陶冶할 수 있다. 즉, 자신과 산수를 이원적 상대성으로 보지 않고 저와 나의 일체를 통해 천리天理의 유행으로 나아갈 때 인욕을 넘어선 진락眞樂에 이를 수 있다. 공자와 증점曾點의 대화는 이를 단적으로 보여주는 예이다. 증점이 "늦은 봄날 봄옷을 지어 입고 기수에서 목욕하고 무우에서 바람을 쐬고 노래하면서 돌아오겠다(暮春者 春服既成 冠者五六人 童子六七人 浴乎沂 風乎舞雩 咏而歸·『論語』先進)."는 말에 스승인 공자는 "나도 증점과 함께하겠다(吾與點也)."고 공감을 표했다. 공자가 제자인 증점과 함께하겠다는 것은 인욕을 떨치고 천리가 유행하는 곳을 따라 천지만물과 더불어 그 떳떳함을 즐기고자 한 것이다.

선현들이 인성도야를 위한 공간으로 산수를 주목한 이유가 어디에 있을까? 그 단서를 "지자요수知者樂水 인자요산仁者樂山"에서 찾을 수 있다. 주자는 공자의 요산요수樂山樂水에 대해 설명하기를 "지자는 사리에 통달하여 사방으로 흘러 막힘이 없는 물과 같아 물을 좋아하고, 인자는 의리에 편안하고 중후하여 옮기지 않는 것이 산과 비슷하기에 산을 좋아한다(知者 達於事理而周流無滯 有似於水 故樂水 仁者 安於義理而厚重不遷 有似於山 故樂山)."고 했다. 산수가 갖추고 있는 본연의 속성을 들어 지자와 인자에 비유한 것이다. 요산요수에는 사리의 깨침을 통해 인간 본성의 회복을 의리로써 완성하려는 선현들의 의도가 집약되었다고 할 수 있다. 도덕적 인간의 완성을 위해 선현들은 주야로 쉬지 않고 막힘없이 흘러가는 물을 보며 간단間斷 없는 정진을 배웠고, 사사로움을 떨치고 천지간에 화합하여 만물을 완성하는 산을 통해 진덕수업進德修業에 힘썼다. 그런 점에서 산수에서 이루어지는 노닒은 자연의 순수성과 회통하고 자아를 성찰하면서 심성수양으로 나아가게 되는 것이다.

[핵심 내용]

• **개념**: 유락遊樂은 산자수명山紫水明한 자연을 찾아 화락和樂하고 자연의 이理를 체인하여 인성을 함양하기 위함이다.

- **역사**: 유가儒家에서 그 시원을 찾으면『논어』선진편先進篇의 "욕호기浴乎沂 풍호
  무우風乎舞雩"에서 찾을 수 있다.
- **요령**: 1) 유락은 진경眞景의 즐거움을 함께하고 내면의 청징淸澄을 통해 인욕을
  물리칠 수 있는 놀이로 가야 한다.
  2) 산수 본연의 속성을 찾아 인간 본성을 회복하여 도덕적 인간으로 완
  성할 수 있는 산수의 노닒이 되어야 한다.
- **지향**: 유락을 통해 자연의 순수성과 회통하고, 자아성찰을 통해 자기완성을
  이루는 데 있다.
- **효능**: 유락은 자연이 품고 있는 도의道義를 찾아 즐김으로써 자연스럽게 인성
  을 도야할 수 있다.

[주요 논점]

● **인자요산**仁者樂山**의 이유**

夫仁者何以樂山也 曰 夫山龍嵸累嶵 萬民之所觀仰 草木生焉
부 인 자 하 이 요 산 야 왈 부 산 롱 종 루 죄 만 민 지 소 관 앙 초 목 생 언

衆木立焉 飛禽萃焉 走獸休焉 寶藏殖焉 奇夫息焉
중 목 립 언 비 금 췌 언 주 수 휴 언 보 장 식 언 기 부 식 언

育群物而不倦焉 四方並取而不限焉 出雲風通氣於天地之間
육 군 물 이 불 권 언 사 방 병 취 이 불 한 언 출 운 풍 통 기 어 천 지 지 간

國家以成 是仁者所以樂山也
국 가 이 성 시 인 자 소 이 요 산 야

『說苑』雜言

 (子貢) "어진 사람은 왜 산을 좋아합니까?" (孔子) "산이란 우뚝하게 높으며, 산에
는 초목이 자라고 금수가 번식하여 재물을 산출함에 사사로운 작위를 꾸미지 않
으니 사방에서 베어가더라도 사사롭게 베풀지 않는다. 구름과 비를 내리어 천지
간을 화통시켜 음양을 화합시키니 비와 이슬의 혜택으로 말미암아 만물이 완성
되고 백성을 먹여 살린다. 이 때문에 어진 사람은 산을 좋아한다."

●산행山行과 선악善惡의 관계

初登上面 一步更難一步 及趨下面 徒自擧足 而身自流下
초 등 상 면 일 보 갱 난 일 보 급 추 하 면 도 자 거 족 이 신 자 류 하

豈非從善如登 從惡如崩者乎
기 비 종 선 여 등 종 악 여 붕 자 호

(『南冥先生集』遊頭流錄)

 당초 위쪽으로 오를 적에는 한 발자국을 내디디면 다시 한 발자국을 내딛기가 어
렵더니, 아래쪽으로 달려 내려올 때에는 단지 발만 들어도 몸이 저절로 흘러내려
가는 형세였다. 이것이 어찌 선을 좇는 것은 산을 오르는 것과 같고 악을 좇는 것
은 무너져 내리는 것과 같은 일이 아니겠는가?

●산山과 군자君子의 유사점

余於此山 又有所感者焉 高峯疊嶂 壁立千仞者 此非君子之氣像乎
여 어 차 산 우 유 소 감 자 언 고 봉 첩 장 벽 립 천 인 자 차 비 군 자 지 기 상 호

孤松特立 亭亭四時者 此非君子之節義乎 靑山綠樹 雨歇雲消
고 송 특 립 정 정 사 시 자 차 비 군 자 지 절 의 호 청 산 록 수 우 헐 운 소

청량산 도립공원

光風霽月 浮無雰埃者 此非君子之襟懷乎
광 풍 제 월 부 무 분 애 자 차 비 군 자 지 금 회 호

(『平庵先生文集』淸凉遊南錄)

 나는 이 산(청량산)에 대해 느낀 바가 있다. 높고 첩첩 쌓인 봉우리가 천 길로 우
뚝 서 있으니 이는 군자의 기상이 아니겠는가? 외로운 소나무가 우뚝 서서 꼿꼿
하게 푸른 것은 군자의 절의가 아니겠는가? 푸른 산과 푸른 나무에 비가 개이고
구름이 걷혀 바람과 달이 맑고 깨끗하여 티끌 한 점 먼지가 없는 것은 군자의 회
포가 아니겠는가?

●지자요수知者樂水의 이유

夫智者何以樂水也 曰泉源潰潰 不釋晝夜 其似力者 循理而行
부 지 자 하 이 요 수 아 왈 천 원 궤 궤 불 석 주 야 기 사 력 자 순 리 이 행

不遺小間 其似持平者 動而之下 其似有禮者 赴千仞之壑而不疑
불 유 소 간 기 사 지 평 자 동 이 지 하 기 사 유 례 자 부 천 인 지 학 이 불 의

其似勇者 障防而淸 其似知命者 不淸以入 鮮潔以出 其似善化者
기 사 용 자 장 방 이 청 기 사 지 명 자 불 청 이 입 선 결 이 출 기 사 선 화 자

衆人取平品類以正 萬物得之則生 失之則死 其似有德者
중 인 취 평 품 류 이 정 만 물 득 지 즉 생 실 지 즉 사 기 사 유 덕 자

淑淑淵淵 深不可測 其似聖者 通潤天地之間 國家以成
숙 숙 연 연 심 불 가 측 기 사 성 자 통 윤 천 지 지 간 국 가 이 성

是知之所以樂水也
시 지 지 소 이 요 수 아

(『說苑』雜言)

 (자공) "지혜로운 자는 왜 물을 좋아합니까? (공자) "물이란 이치에 따라 흘러가는
데 조그만 틈새도 비워두지 않는 것은 지혜 있는 사람과 비슷하고, 움직일 때 아
래에 처하는 것은 예 있는 사람과 비슷하고, 깊이 떨어지며 의심을 두지 않는 것
은 용기 있는 사람과 비슷하고, 고요하게 담아두면 맑아지는 것은 명을 아는 사
람과 비슷하고, 고난을 겪고 멀리까지 나아가면서 끝내 성취하여 훼손되지 않는
것은 덕이 있는 사람과 비슷하다. 물에 의해 천지는 완성되고 온갖 만물은 생장
하며 국가는 안정되고 만사는 화평케 되어 만 가지 것들이 바르게 된다. 이 때문
에 지혜로운 사람은 물을 좋아한다."

● 유수流水와 도체道體의 관계

子在川上曰 逝者如斯夫 不舍晝夜
자 재 천 상 왈 서 자 여 사 부 불 사 주 야

(集注: 天地之化 往者過 來者續 無一息之停 乃道體之本然也)
집 주 천 지 지 화 왕 자 과 래 자 속 무 일 식 지 정 내 도 체 지 본 연 야

『論語』子罕

 공자께서 냇가에 계시면서 말씀하시길, "가는 것이 이와 같구나, 밤낮을 쉬지 않
는구나."라 했다.
(집주) 천지의 조화는 가는 것은 지나가고 오는 것이 이어져 잠시라도 쉼이 없으
니 도체의 본연이다.

● 청산유수靑山流水의 가르침

청산靑山은 엇뎨ᄒᆞ야 만고萬古애 프르르며,

유수流水는 엇뎨ᄒᆞ야 주야晝夜애 긋디 아니ᄂᆞ고

우리도 그치디 마라 만고상청萬古常靑 ᄒᆞ리라

『退溪全書』陶山十二曲 言學5

 푸른 산은 어찌하여 항상 푸르며, 흐르는 물은 어찌하여 밤낮으로 그치지 아니하
는가? 우리도 저 물 같이 그치는 일 없이 저 산 같이 언제나 푸르게 살리라.

● 진락眞樂이란?

嗚呼 外物之可樂者 皆非眞樂也 君子之所樂 在內而不在外
오 호 외 물 지 가 락 자 개 비 진 락 야 군 자 지 소 락 재 내 이 불 재 외

則彼之峙且流者 無與於我 而古之聖賢 尙有樂之者 其故何耶
즉 피 지 치 차 류 자 무 여 어 아 이 고 지 성 현 상 유 락 지 자 기 고 하 야

蓋分內外而二之者 非知眞樂者也 必也一內外無彼此者 其知眞樂乎
개 분 내 외 이 이 지 자 비 지 진 락 자 야 필 야 일 내 외 무 피 차 자 기 지 진 락 호

天理本無內外之間 彼有內有外 必有人欲間之也 苟無人欲之間
천 리 본 무 내 외 지 한 피 유 내 유 외 필 유 인 욕 한 지 야 구 무 인 욕 지 한

강세황 「산수도」

則浩然自得 焉往而不樂哉
즉 호 연 자 득 언 왕 이 불 락 재

(『栗谷全書』 松崖記)

 아, 외물로 즐거울 수 있는 것은 모두 진정한 즐거움이 아니다. 군자가 즐기는
바는 안에 있지 밖에 있지 않다. 저 솟은 봉우리와 흐르는 물은 다 나와 관계가
없는 것인데, 옛 성현이 오히려 이를 즐거워한 것은 무슨 까닭인가? 대개 내외
를 나누어 둘로 보는 것은 참다운 즐거움을 아는 이가 아니다. 반드시 내외를 하
나로 하여 피차가 없는 이라야 참다운 즐거움을 아는 것이다. 천리는 본래 내외
의 간극이 없는 것인데, 저 안이 있고 밖이 있는 것은 반드시 인욕이 벌인 것이
다. 실로 인욕의 틈이 없다면 크게 자득하리니 어디를 간들 즐겁지 않겠는가.

1. 다음 글을 읽고 산山과 수水의 본질적 의미를 인성과 연관하여 말해보시오.

〈가〉

또 사람들에게 경계하여 말하기를, "명산에 들어온 자치고 누군들 그 마음을 씻지 않겠으며, 누군들 스스로 소인이라 말하려고 하겠는가? 그러나 끝내 군자는 군자가 되고 소인은 소인이 된다. 한 번 햇볕을 쬐는 정도로는 유익함이 없다는 것을 알 수 있다."고 했다(『南冥先生文集』遊頭流錄).

〈나〉

물이 고요하면 수염이나 눈썹까지 밝게 비치고, 그 평평함은 기준에 들어맞아 큰 장인도 법으로써 본뜨게 된다. 물이 고요함은 밝음과 같거늘 하물며 성인의 마음의 고요함이란 천지의 거울이고, 만물의 거울이니라(『莊子』天道篇).

2. 다음 글은 퇴계의 「도산잡영기陶山雜詠記」에 수록된 글이다. 퇴계는 산림山林을 즐기는 자를 두 부류로 나누어 말하고 있다. 양자가 바라보는 산림의 관점을 정리하고, 인성의 관점에서 바람직한 산림의 즐거움을 설명해보시오.

옛 산림山林을 즐긴 자를 보면 거기에는 두 부류가 있다. 첫째는 헌허玄虛를 그리워하고 고상高尙을 섬겨 즐기는 사람이요, 둘째는 도의를 기뻐하고 심성을 길러서 즐기는 사람이다. 전자를 따른다면 결신난륜潔身亂倫에 흘러 심한즉 짐승과 무리 지어도 그릇되다고 여기지 않음이 두렵고, 후자를 따른다면 좋아하는 바는 찌꺼기뿐이요, 그 전할 수 없는 묘妙에 이르러서는 구하면 구할수록 얻을 수 없으니 어찌 즐거움이 있으리요. 그러나 차라리 후자를 위해 힘쓸지언정 전자를 위해 스스로 속이지는 않겠다.

3. 아래 시구는 율곡의 「우음偶吟 (우연히 읊다)」이란 시의 일부이다. 율곡이 바라보는 산수가 왜 인성도야와 연관되는지 논의한 후 각자의 생각을 정리하여 서술하시오.

非探山水興	산수의 흥취만을 찾아서가 아니요.
聊以全吾眞	그저 나의 참됨을 온전히 보전하기 위함이라네.
物我合一體	물과 내가 합하여 하나의 체가 되니,
誰主誰爲賓	누가 주인이고 누가 손님인가.

■ 유예遊藝

전통사회에서 말하는 유희(놀이)는 현대사회에서 통용하는 것과는 일정한 거리를 두고 있다. 특히 인성교육과 관련해서 볼 때 전통사회에서의 유희는 경敬을 근간에 두고 있다. 유희가 단순히 일차적인 욕망 충족에 따른 쾌락으로 인식하는 현대적 의미와 달리, 전통사회의 유희는 건전한 사유에 바탕을 두기 때문에 인식 자체부터 범상치 않다. 인성교육에서의 유희는 그리스 철학자 에피쿠로스(Epikuros)의 쾌락과 일맥상통하는 것으로 선善의 척도에 해당한다. 에피쿠로스는 쾌락을 "정신이 매우 혼란할 때 생기는 잘못된 의견을 떨쳐버리는 건전한 사유로 보아야 한다."고 했다. 즉, 쾌락은 이성적 인식에 입각하여 평정되고 자율적인 정신적 안정 상태(ataraxia)를 의미하는 것이다. 그런 점에서 볼 때 전통사회의 유희는 인성교육을 위한 하나의 방편이라고 할 수 있다.

인성을 논할 때 전통사회에서의 유희는 심신수양과 직접적인 연관을 맺고 있다. 마음을 맑게 하고 기운을 안정되게 하는 활동으로서의 유희를 말한다. 즉 전통사회에서의 유희는 마음을 맑게 하여 감정이나 욕망의 지배에서 벗어나 도덕적 정신을 배양하는 것이 되며, 한편으로는 정신적 이완을 통해 신체와 정신에 창조적 활력을 불어넣는 활동이라는 점에서 유희는 인성함양의 한 과정이 된다. 헤르만 헤세의 말처럼 문화의 전체 내용과 가치를 가지는 유희이며, 인류가 학문과 예술의 각 분야에서 획득한 일체의 가치를 내포한 유희라고 할 수 있다. 따라서 전통사회의 유희는 현대사회에서 인식하고 있는 반사회적 행동의 향락 추구나 쾌락을 동반한 유희와는 근본적으로 다른 관점을 취하고 있다.

율곡은 『학교모범學校模範』에서 유희가 인성함양의 한 방법임을 제시하고 있다. 율곡은 "글 읽는 여가에 간혹 기예를 즐기되 거문고 타기, 활쏘기, 투호 등은 좋으나 모두 각자의 법도가 있으니 때가 아니거든 유희하지 말고, 장기나 바둑 등의 잡된 놀이에 눈을 돌려 실제의 공부에 방해가 되게 해서는 안 된다(讀書之暇 時或遊藝 如彈琴習射投壺等事 各有儀矩 非時勿弄 若博弈等雜戲 則不可寓目以妨實功)."고 했다. 율곡은 이 글에서 즐길 수 있는 놀이와 즐겨서는 안 되는 놀이를 구분하고 있다. 즐길 수 있는 놀이로는 거문고 타기, 활쏘기, 투호 등을 들었고, 즐겨서는 안 되는 놀이로는 장기나 바둑 등을 들었다.

　　율곡이 이처럼 놀이를 유예遊藝와 잡희雜戲로 나누는 데는 기준이 있었다. 거경居敬과 방심放心이 그것이다. 탄금彈琴, 습사習射, 투호投壺는 거경居敬과 연관되어 있다. 정좌하여 거문고를 연주하면 마음이 안정되고 맑아져 사특한 마음을 제거하여 정심正心에 이르게 한다. 활쏘기와 투호는 쏘고 던지는 과정에서 마음을 바르게 하고 정신을 집중하게 하여 심평체정心平體正에 이를 수 있다. 탄금, 습사, 투호 같은 유예는 성정을 바르게 할 뿐만 아니라 의리로 나아가게 하여 인욕에 따른 방심을 제거하는 역할을 한다. 반면 장기나 바둑은 잡희와 연관되어 있다. 잡희는 인욕에 빠지게 할 뿐만 아니라 정신을 소모하고 경쟁을 조장하는 폐단을 불러온다. 이런 이유에서 율곡은 여가가 있을 때는 때에 맞추어 탄금, 습사, 투호 같은 기예를 즐기라고 한 것이다.

[핵심 내용]

• 개념: 유예遊藝는 1차적 유희와 관련이 없다. 건전한 사유를 바탕으로 하여 심신을 수양하고 인성을 함양하는 공부와 관련이 있다.

- **역사:** 유가儒家의 기준에서 보면, 유예는『논어』술이편述而篇의 "예藝에서 노닐라."고 한 데서 시작한다. '예藝'는 육예六藝인 체禮·악樂·사射·어御·서書·수數를 이른다.
- **요령:** 선현들은 놀이를 인성함양의 한 방법으로 보고, 인성함양에 도움을 줄 수 있는 탄금彈琴, 습사習射, 투호投壺 등을 즐기도록 권했다.
- **지향:** 유예(彈琴, 習射, 投壺)와 잡희雜戲(博奕)를 구분하여 잡희에 빠져 방심放心에 이르지 말고 유예를 통해 거경에 이를 수 있도록 해야 한다.
- **효능:** 유예는 정심正心에 도움이 될 뿐 아니라 심평체정心平體正에 이를 수 있게 하므로 성정性情을 바르게 하는 데 도움이 된다고 할 수 있다.

[주요 논점]

● **유예遊藝의 정의**

子曰 志於道 據於德 依於仁 游於藝
자 왈 지 어 도 거 어 덕 의 어 인 유 어 예

(集注: 游者 玩物適情之謂 藝則禮樂之文 射御書數之法
집 주 유 자 완 물 적 정 지 위 예 즉 예 악 지 문 사 어 서 수 지 법

皆至理所寓而日用之不可闕者也 朝夕游焉 以博其義理之趣
개 지 리 소 우 이 일 용 지 불 가 궐 자 야 조 석 유 언 이 박 기 의 리 지 취

則應務有餘 而心亦無所放矣)
즉 응 무 유 여 이 심 역 무 소 방 의

(『論語』述而])

 공자께서 말씀하시길, 도에 뜻을 두며, 덕을 굳게 지키며, 인에 의지하며, 예에 노닐어야 한다.

(집주) 유游는 사물을 완상玩賞하여 성정性情에 알맞게 함을 이름이요, 예藝는 곧 예禮·악樂의 글과 사射·어御·서書·수數의 법이니 모두 지극한 이치가 있어서 일상생활에 빼놓을 수 없는 것이다. 아침저녁으로 육예에 노닐어 의리의 취향趣向을 넓혀간다면, 일을 대처함에 여유가 있고 마음도 방심되는 바가 없을 것이다.

● 음악音樂을 통한 인성함양

○ 因季獻彈琴 論古樂曰 古人以樂治心 故學樂與爲學無異矣
　인 계 헌 탄 금 　논 고 악 왈 　고 인 이 악 치 심 　고 학 악 여 위 학 무 이 의

　又問宋時諸先生 亦有好樂者否 曰 宋時 古樂已絶矣
　우 문 송 시 제 선 생 　역 유 호 악 자 부 　왈 송 시 　고 악 이 절 의

　程子不見其自爲處 晦菴則有詩云 獨抱瑤琴過玉溪
　정 자 불 견 기 자 위 처 　회 암 즉 유 시 운 　독 포 요 금 과 옥 계

　豈不爲而如是哉 因語在座者曰 雖同聽琴 亦有天理人欲之分
　기 불 위 이 여 시 재 　인 어 재 좌 자 왈 　수 동 청 금 　역 유 천 리 인 욕 지 분

　諸君聽此而心能澄淸耶 抑不免有些邪穢耶 皆對曰
　제 군 청 차 이 심 능 징 청 야 　억 불 면 유 사 사 예 야 　개 대 왈

　心一於此 別無邪思
　심 일 어 차 　별 무 사 사

(『栗谷全書』金振綱所錄)

 계헌의 거문고 타는 것으로 인해 고악을 논하여 말하기를, "옛사람은 음악으
로써 마음을 다스렸으므로 음악을 배우는 것은 학문을 하는 것과 다름이 없
다."고 했다. 또 "송나라 때의 여러 선생도 역시 음악을 좋아한 분이 있었습

성협 「탄금」

니까?"라고 물었다. 답하길, "송나라 때는 고악이 이미 끊어졌다. 정자는 그가 스스로 음악을 했다는 것은 볼 수 없고, 회암은 시를 지어 '홀로 요금을 안고 옥계를 지나간다.'고 했으니 어찌 음악을 하지 않고 이렇게 말했겠느냐?" 하고, 이어서 좌석에 있는 자들에게 말하기를 "비록 함께 거문고 소리를 듣더라도 천리와 인욕의 분별이 있다. 제군은 이 거문고를 듣고 마음이 깨끗해질 수 있겠느냐, 아니면 조금 사특하고 더러운 생각이 있는가?"라고 했다. 모두 대답하기를, "마음이 거문고 소리에 전일하여 별로 사악한 생각이 없습니다."

○ 養君中和之正性 禁爾忿欲之邪心
　양 군 중 화 지 정 성　금 이 분 욕 지 사 심

乾坤無言物有則 我獨與子鉤其深
건 곤 무 언 물 유 칙　아 독 여 자 구 기 심

(『晦庵集』紫陽琴銘)

 그대 중화의 바른 성품을 길러서 그대 분노하고 탐욕스러운 사심을 막았네. 천지는 말이 없고 만물에는 법칙이 있으니 내 오직 그대와 심오한 것을 찾으리.

○ 子曰 興於詩 立於禮 成於樂
　자 왈 흥 어 시 입 어 례 성 어 악

(集注: 樂有五聲十二律 更唱迭和 以爲歌舞八音之節
　집 주　악 유 오 성 십 이 율　갱 창 질 화　이 위 가 무 팔 음 지 절

可以養人之性情 而蕩滌其邪穢 消融其査滓 故學者之終
가 이 양 인 지 성 정　이 탕 척 기 사 예　소 융 기 사 재　고 학 자 지 종

所以至於義精仁熟 而自和順於道德者 必於此而得之
소 이 지 어 의 정 인 숙　이 자 화 순 어 도 덕 자　필 어 차 이 득 지

是學之成也)
시 학 지 성 야

(『論語』泰伯)

 공자께서 말씀하시길, "시에서 흥기시키며, 예에 서며, 악에서 완성한다."
(집주) 음악에는 오성과 십이율이 있는데, 번갈아 선창하고 번갈아 화답하여 가무와 팔음의 절도를 삼는다. 그리하여 사람의 성정을 함양하며, 간사하고 더러운 것을 깨끗이 씻어내고, 찌꺼기를 말끔히 정화시킨다. 그러므로 배움을

마침에 이르면 의가 정해지고, 인이 완숙해짐에 이르러 자연히 도덕에 화순해
지는 것은 반드시 이 음악에서 얻게 되니, 이는 학문의 완성이다.

●놀이에 대한 비판적 시각

家中置奕棊等具 此敎子弟渝惰 世有父子對局奴主同博
가 중 치 혁 기 등 구　차 교 자 제 투 타　세 유 부 자 대 국 노 주 동 박

彛倫之斁 而名敎之敗也 殺活勝負之機 豈可以技戲而忍爲之也
이 륜 지 두　이 명 교 지 패 야　살 활 승 부 지 기　기 가 이 기 희 이 인 위 지 아

小兒紙鳶 可以嚴禁 夫亂志失業 手足冬皵 口眼傾斜 逾越墻屋
소 아 지 연　가 이 엄 금　부 난 지 실 업　수 족 동 추　구 안 경 사　유 월 장 옥

爭狠喧豗 爲害甚大 或有父兄買絲剪紙 助其子弟者 何其無識也
쟁 한 훤 회　위 해 심 대　혹 유 부 형 매 사 전 지　조 기 자 제 자　하 기 무 식 야

予自幼時 不放一鳶家中 子弟效而不放 可幸也
여 자 유 시　불 방 일 연 가 중　자 제 효 이 불 방　가 행 야

(『靑莊館全書』士小節)

 가정에 장기 · 바둑 등 오락기구를 두면 자제들에게 안일하고 태만함을 가르치는
것이다. 세상에서 부자간에 대국을 하고 주인과 종이 같이 장기를 두는 일이 있다
면, 이륜이 끊어지고 명교가 패멸된다. 살활 · 승부의 기구를 어찌 오락이라 해서
차마 할 짓이겠는가? 어린아이가 연을 가지고 노는 것을 엄하게 금해야 한다. 무
릇 마음을 어지럽히고 학업을 잃도록 하여 손과 발이 얼어 갈라지고 입과 눈이 비
뚤어지도록 담장을 넘고 사납게 다투며 시끌벅적 요란을 피우니, 그 해로움이 매
우 크다. 간혹 부형이 실을 사주고 종이를 오려주며 자기 자제를 도와주는 이가
있는데, 어쩌면 그리도 무지한가? 나는 어릴 적부터 한 번도 집안에서 연을 띄운
적이 없었고, 자제들도 본받아 연을 날리지 않았으니, 다행이라 할 만하다.

●습사習射와 인성함양

○射者 仁之道也 射求正諸己 己正而後發 發而不中則不怨勝己者
사 자 인 지 도 야　사 구 정 저 기　기 정 이 후 발　발 이 부 중 즉 불 원 승 기 자

反求諸己而已矣 孔子曰 君子無所爭 必也射乎 揖讓而升
반 구 저 기 이 이 의　공 자 왈 군 자 무 소 쟁　필 야 사 호　읍 양 이 승

下而飲 其爭也君子
하 이 음 기 쟁 야 군 자

(『禮記』射儀)

 활 쏘는 것은 인의 길이다. 활 쏘는 것은 바르게 하는 일을 몸에 구한다. 몸을 바르게 한 뒤에야 발하며, 발하여 맞히지 못했으면 나를 이긴 자를 원망하지 않고 돌이켜서 자신에게 구할 따름이다. 공자가 말씀하시기를 "군자는 다툴 것이 없으니 불가피한 경쟁은 활쏘기뿐이다. 읍하고 사양하면서 당에 오르고 또 당에 내려와서 술을 마시니 그 다툼이 군자다운 모습이다."라고 했다.

○ 子曰 射不主皮 爲力不同科 古之道也
자 왈 사 부 주 피 위 력 부 동 과 고 지 도 야

(『論語』八佾)

 활쏘기가 과녁의 가죽을 뚫는 것을 주로 하지 않음은 사람의 힘이 동등하지 않기 때문이다. 이는 예전〔周代〕의 궁도弓道〔禮法〕이다.

김홍도 「활쏘기」

○子曰 射有似乎君子 失諸正鵠 反求諸其身

자왈 사유사호군자 실저정곡 반구저기신

(『中庸』)

 공자께서 말씀하시길, "활쏘기는 군자와 닮은 것이다. 정곡을 맞히지 못하면 돌이켜 자신에게서 원인을 찾는다."

● **투호**投壺**와 인성함양**

○正爾躬 執厥中 匪藝斯玩 直內之功 銘以爲警 職侍東宮

정 이 궁 집 궐 중 비 예 사 완 직 내 지 공 명 이 위 경 직 시 동 궁

(『容齋集』 春坊投壺銘)

 너의 몸을 바루고 그 가운데를 잡으라. 예능을 즐기는 게 아니라 내면을 곧게 하는 공부[경이직내敬以直內]라네. 명으로써 경계를 삼노니 직책은 동궁을 모시는 것이지. (투호놀이를 통해 마음을 바르게 가지는 공부를 해야 한다.)

○心平體正 端壹審固 無前無却 維愼其度

심 평 체 정 단 일 심 고 무 전 무 각 유 신 기 도

(『修堂集』 投壺銘)

 편안한 마음으로 자세를 반듯이 하여 장중하고 전일하며 확실하고 정확하게 하며, 앞으로 나서지도 말고 뒤로 물러서지도 말며, 오로지 신중하게 법도대로만 하여라.

○禮樂從來和與嚴 投壺一藝已能兼 主賓有黨儀無傲

예 악 종 래 화 여 엄 투 호 일 예 이 능 겸 주 빈 유 당 의 무 오

算爵非均意各厭 比射男兒因肄習 其爭君子可觀瞻

산 작 비 균 의 각 염 비 사 남 아 인 이 습 기 쟁 군 자 가 관 첨

心平體正何容飾 一在中間自警潛

심 평 체 정 하 용 식 일 재 중 간 자 경 잠

(『退溪全書』 投壺)

 예악은 원래 부드러움과 엄함에 유래하니, 투호 한 가지 기예에 이를 모두 갖추었네. 주인과 손님으로 편 갈라도 행동이 공손하고, 성적은 다르지만 불평

「투호도」

하지 않는다네. 활쏘기와 비슷하여 남자들이 연습하니, 그 다툼이 군자다워 볼
만하다네. 마음은 평안하고 몸은 바르니 꾸밈이 필요 없어 경이 그 안에 있으니
스스로 조심하지.

[토론 문제]

1. 옛사람들은 마음에서 이는 사특한 생각을 다스리기 위해 음악을 듣고 익혔다. 우
   리 시대의 음악도 고악古樂과 같이 인욕을 제거할 수 있는지 토론해보시오. 제거
   할 수 있다면 어떤 측면에서 제거할 수 있는지, 그렇지 않다면 어떤 방향으로 나
   아가야 할 것인지 자신의 생각을 구체적으로 서술하시오.

2. 〈가〉와 〈나〉는 놀이에 대한 시각 차이를 보여주고 있다. 〈가〉와 〈나〉 중 하나를 택해 자신의 관점에서 놀이문화가 지닌 가치에 대해 각자의 생각을 서술하시오.

〈가〉

　육박博戱(일종의 윷놀이)은 어느 때 만들어졌는가? 다투어 즐김은 온 세상이 다 같다. 마음을 모아 오백五白을 기원하고, 힘껏 던지며 삼홍三紅(윷놀이에서 도)을 외치누나. 화각 소리 울리는 한가한 밤동네, 높은 누각에서 긴긴 날 마치도록 이기고 짐이 비록 아무 소용없지만, 낮잠을 자는 것보다는 나으리. (이응희, 「박博」)

〈나〉

　장기, 바둑, 쌍륙, 골패, 투전, 윷놀이, 돈치기, 정정도 놀이, 돌공 던지기, 팔도 행성 등은 다 정신을 소모하고, 의지와 기개를 어지럽혀 공부를 그만두게 하고, 바른 품행과 절도가 엷어지고, 경쟁을 조장하고, 간사함을 기르고, 심지어 도박에 빠져 재산을 탕진하고, 죄를 지어 형벌을 받게 되는 데까지 이른다. (이덕무, 「사소절士小節」)

3. 알베르 카뮈(Albert Camus)는 "윤리에 관한 한 내가 알고 있는 모든 것은 스포츠로부터 배웠다."라는 유명한 말을 남겼다. 이 말은 스포츠 행위를 통해 도덕적 원리와 윤리적인 행위규범을 배웠다는 것을 의미한다. 전통스포츠인 '습사習射'와 '투호投壺'에 어떤 도덕적 원리나 윤리적 행위규범이 있는지 토론하고 이를 기술하시오.

제 **3** 부

현대사회의
인성교육 방법

전통사회의 인성론은 우주宇宙 · 심성론心性論과 직결되어 있다. 그러므로 인성교육은 천리와 인성의 합일이며, 사람됨의 길을 지향한다. 이에 대한 논의는 공자孔子 · 맹자孟子 · 순자荀子 등의 주장에서, 『대학大學』과 『중용中庸』을 비롯한 경전에서 발견할 수 있다. 즉 전통사회의 인성론은 우주심성론이며, 존재론적 사고에 의해 규정되었다. 하지만 현대사회에 이르러 사정은 달라졌다. 즉 현대사회의 인성론은 사회규범을 중심으로 현대인이 인식해야 할 도덕적인 질서로 범주화되고 있으며, 핵심 도덕질서는 한 국가의 사회 윤리적 영역을 넘어 이제 전 지구적 도덕원리로 자리매김했다. 여기서는 이와 관련된 내용을 살펴본다.

1.
인성 개념의 변천과 그 적용 범위

1) 우주심성에서 사회규범으로 전환

　　전통유학은 인간의 삶과 관련된 자연현상의 질서와 작용에 관심을 가졌다. 그러기에 우리가 삶을 기탁하고 있는 자연세계는 무엇이며〔天道〕, 우리는 자연세계에 어떻게 적응하며 삶을 영위해야 하는가〔人道〕라는 절실한 문제를 두고 고민했다. 이런 절실한 문제에 대한 유학자의 사유방식이 우주론이고, 심성론 및 인성론이다.

　　공자孔子는 인간본성을 순수무잡純粹無雜한 인仁으로 보아 '성상근性相近'을 설명했다. 그는 "인이란 사람다움이다(仁者人也)."라고 말하면서 인仁이 없다면 인간이 될 수 없다고 했다. 맹자孟子는 성선설을 주장하여 심선心善으로 인간본성을 이해했다. 그는 심의 선단善端을 확충함으로써 심의 악단惡端을 억제할 수 있다고 했다. 즉 본성이 선으로 이행하는 것은 자연自然이요, 악으로 흐르는 것은 인위人爲라고 보았다. 순자荀子는 인간행동을 선천적인 도덕명령에 의한 결과로 판단하지 않고, 오히려 본능적 욕구에 의한 작용이라고 보았다. 그는 본성을 아직 다듬어지지 않은 자연

상태로 이해했기 때문에 선善으로 만드는 노력을 인위人爲라 했다. 인위를 위한 노력이 바로 예이며, 사회질서의 존중이었다. 주자朱子는 인간본성을 이理로 설명했다. "천지 사이는 하나의 도리일 뿐이다. 성은 곧 이다. 사람에게 선함과 선하지 않음이 있는 까닭은 품부 받은 기질에 각각 맑고 탁한 차이가 있기 때문이다(天地間只是一箇道理 性便是理 人之所以有善有不善 只緣 氣質之稟各有淸濁 · 『朱子語類』卷4, 性理1 人物之性氣質之性)."라고 했다.

유학은 도덕적 인간화를 추구한다. 유학의 교육목적이 '사람됨의 길'에 있기 때문에 도덕적 인간화는 필연적이다. 왜 사람됨의 길을 배우고 실천해야 하는가? 사람됨의 길은 인간사회의 질서를 존중하며, 자율적인 도덕의지를 발휘하여 평천하를 달성하려는 데 있다. 그 목적을 극명하게 표현하고 있는 것이 『대학』이다. "큰 배움의 길은 타고난 본성을 밝힘에 있으며, 백성을 새롭게 하며, 지극한 선의 경지에 머무르는 데 있다(大學之道 在明明德 在新民 在止於至善)."는 언급이 그것이다. 지극한 선의 경지가 바로 큰 공부의 삼강령三綱領이며, 이를 통해 안으로는 자신을 수양하여 성인이 되고 밖으로는 남을 다스려 왕이 되고자 한다. 결국 유학은 내성외왕內聖外王을 지향하는 학문이라고 할 수 있다.

『중용中庸』에서는 인간본성을 성誠이라고 보았다. 성은 진실하고 무망無妄한 것으로, 도덕적 의미를 지닌다. "성은 하늘의 도리이고, 성하게 하는 것은 인간의 도리이다. 성의 경지에 오른 사람은 힘쓰지 않아도 중도에 맞고, 사려하지 않아도 저절로 도에 맞으니 성인이다(誠者 天之道也 誠之者 人之道也 誠者 不勉而中 不思而得 從容中道也 聖人也)."라고 했으므로 성인은 노력하거나 사려하여 행동하는 것이 아니라 자기 내심에 존재하는 지성至誠의 흐름에 맡겨 행동하는 존재가 된다.

『중용』에서 강조하는 성인이 되기 위한 수양 방법은 존덕성尊德性과

도문학道問學이다. 존덕성은 인간이 선천적으로 품부 받은 착한 덕성을 보존하고 확충하는 것이며, 도문학은 학문을 통해 선한 덕성을 배양하는 것이다. 존덕성의 방법에는 신독愼獨이 있다. 신독은 남이 보지 않는 곳에서도 도리에 어긋나지 않도록 조심하여 말과 행동을 삼가고 성찰을 통해 본성을 유지하는 공부이다. 한편, 도문학의 방법에는 박학博學 · 심문審問 · 신사愼思 · 명변明辯 · 독행篤行이 있다. 박학과 심문은 지식을 얻기 위한 공부이고, 신사와 명변은 지혜를 깨우치는 공부이며, 독행은 실천하는 공부이다.

이처럼 동양에서 인성교육이나 인격도야는 훌륭한 인격자의 품성과 행동을 본받는 방식으로 이루어져왔다. 인격을 도야할 때 훌륭한 분의 모범을 따라 배우는 것은 좋은 방법이다. 우리는 훌륭한 인격자가 지닌 특성들을 배우고 자신을 존경하는 인물과 동일시同一視하는 과정에서 사회에 필요한 기본적 가치와 덕목들을 자신의 것으로 만들어갈 수 있다. 즉 전통사회에서 강조되었던 인간존중, 조화, 협동, 상생, 배려 등은 오늘날의 이기적인 활동을 극복하는 데 있어 좋은 대안논리로 제시될 수 있다.

현대사회는 "개인, 가정, 사회와 지구가 위험해지고 있다"고 하는데, 그 표현 이상으로 현실의 심각성은 피부로 느낄 정도이다. 이 모두가 인성교육의 부재 때문이라고 할 수만은 없다. 개인의 도덕성과 의지뿐만 아니라 사회의 적절한 정책과 경제적인 여건도 영향을 미치기 때문이다. 하지만 우리 공동체 성원들이 자신과 더불어 이웃을 사랑하고, 사회와 환경에 대한 책임감을 가지고 배려하는 삶을 살아가려고 노력한다면, 지금보다 훨씬 더 안전하고 평화로운 개인의 삶, 국가와 지구촌 사회를 만들 수 있다. 그런 정도는 아니더라도 정책과 교육을 통해 우리 미래 세대에 닥칠 수 있는 위험으로부터 조금이라도 멀리 떨어져 있도록 할 수는 있다.

어떻게 하면 위험으로부터 멀리 떨어질 수 있는가? 무엇보다 전통 유학의 우주심성론을 사회규범으로 전환시킬 방도를 모색해야 한다. 사회를 형성한 주체가 인간이고 보면 우리 자신이 똑바로 서야 바람직한 방도를 모색할 수 있다.

안전하고 존중받는 개인, 서로 사랑하고 배려하는 사회, 평화롭고 잘사는 나라, 인류가 공존을 모색함으로써 지속 가능한 지구촌을 만들려고 하는 것은 우리 모두의 꿈이지만, 또한 그 꿈을 실현할 수 있는 사람은 바로 우리 자신이다. 이번에 국가에서 2015년 7월 21일자로 「인성교육진흥법」을 제정하여 인성교육의 목적과 핵심 가치·덕목 및 핵심 역량을 제시하고 실천할 수 있도록 법과 제도를 완비했다. 이 법에서 인성교육을 "자신의 내면을 바르고 건전하게 가꾸고 타인·공동체·자연과 더불어 살아가는 데 필요한 인간다운 성품과 역량을 기르는 것을 목적으로 하는 교육"이라고 정의했다. 「인성교육진흥법」이야말로 우리 자신이 문제 해결의 주역으로 우뚝 서는 바람직한 방도가 아닌가 한다.

「인성교육진흥법」에는 도덕적 가치관이 짙게 깔려 있다. 인간은 '사회적 동물'이기 때문에 도덕적 가치관을 가져야 한다. 즉 인간은 사회의 규범이나 가치, 기술, 지식, 삶의 태도나 방식까지 배워 자기의 것으로 만들어가야 한다. 이렇게 자기화하는 과정을 '사회화'라고 한다. 사회화 내용 중에서도 윤리나 도덕의 가치는 끝이 없을 정도로 다른 모든 배움의 영역보다 훨씬 넓고 깊다. 그러므로 도덕의 영역은 평생에 걸쳐 노력이 필요한 분야이지만, 도덕적 가치관의 형성은 특히 청소년기에 중요하다. 청소년기는 마치 석고로 어떤 작품을 만들 때 굳어지기 전과 같은 시기이기 때문이다. 이 점에서 「인성교육진흥법」에 담긴 도덕적 가치관은 청소년기부터 철저히 각인되지 않으면 안 된다.

도덕적 가치관을 철저히 각인시키기 위해서는 반드시 윤리교육이 병행되어야 한다. 인간은 선으로도 악으로도 완전히 결정되어 있지 않기 때문에 윤리교육이 가능하다. 인간이 천사와 같다면 윤리가 필요없고, 악마와 같다면 윤리는 불가능하기 때문이다. "인간은 우주의 영광이면서 우주의 쓰레기"라고 한 파스칼의 말이 윤리적 인간 형성의 가능성과 필요성을 말해준다. 그러므로 인간은 꾸준히 노력하면 천사처럼 훌륭한 사람이 될 수 있고, 그렇지 않으면 악마처럼 될 수도 있다.

인간을 인격적 존재, 사회적 성격 및 중간적 존재로서 고려할 때 인성교육, 특히 도덕교육은 인간인 우리에게 주어진 의무임과 동시에 특권이 된다. 인간의 도덕적 삶은 마치 미끄럼틀을 올라가는 모습과 비슷하다. 인간성에 긍정적 변화가 없다면, 인간은 반드시 퇴보하게 되어 있다. 끊임없이 분발해야 하는 인간에게 인성교육이 중요한 이유가 여기에 있다.

2) 전 지구적 핵심 도덕으로서의 요목화

현대사회는 지구촌 시대이다. 세계가 하나의 생활권으로 이루어져 있다. 과학기술의 발전으로 공간적 거리가 부단히 축소되었고, 각 가정에서 세계의 변화를 실시간으로 목격하고 있다. 우리가 생활하고 있는 반대편의 사람들과 다른 문화에 살고 있지만, 그들의 사회 문제가 이제는 우리의 문제로 다가온다. 예컨대 남미와 유럽의 테러가 몇 시간만 지나면 우리의 생활공간에서도 발생할 수 있다. 뿐만 아니라 도덕윤리의 문제 역시 예외일 수 없다. 정말로 이제는 지구공동체의 시대이다.

전통사회에서 인성교육은 우주론이며, 존재론이며, 인물성론이었다. 이를 다른 말로 표현하면, 생명적 우주관이다. 즉, 천지와 인간은 별개로 존재하는 것이 아니라 하나의 유기체로 결합되어 있다. 이것이 바로 천인합일적 사고관이다. 천인합일적 사고관은 하나의 지구촌 시대를 이해하는 데 중요한 지남指南을 제공한다.

『주역周易』계사繫辭 하下에 "천지의 위대한 작용은 생生함에 있다(天地之大德曰生)."고 주장한다. 여기서 천지는 우주이며, 생함은 우주질서의 변화이고, 우주질서의 변화는 궁극적으로 평천하平天下의 대동사회를 염원한다. 인간사회는 전후·좌우·상하의 육합六合 내에 존재한다. 인간이 육합의 공간에서 대동사회를 구현하기 위해서는 도덕적 양심에 입각하여 상호관계를 맺어가면서 생활하지 않으면 안 된다. 『대학』에서는 도덕적 양심을 혈구지도絜矩之道로 표현했다. 즉 "윗사람이 내게 하는 것이 싫거든 아랫사람을 부리지 말며, 아랫사람이 내게 대하는 태도가 싫거든 윗사람을 섬기지 말며, (중략) 이것이 혈구의 도리이다(所惡於上 毋以使下 所惡於下 毋以事上 (中略) 此之謂絜矩之道)."라고 했다.

이렇게 보니, 전통사회의 교육목적은 성현의 양성이며, 도덕적 인격의 함양이다. 이렇게 해야 비로소 대동사회가 구현될 수 있다. 교육 방법은 유교경전을 독서하고 암기하여 타고난 본성을 지키려는 지경과 덕성을 끊임없이 함양하려는 성찰이다. 궁극적으로 전통사회의 인성교육은 만물과 세상의 이치를 배우고, 사람의 도리를 깨우치는 공부였다.

현대사회에 있어서도 대동사회의 이상은 여전히 유효하다. 이상이 현실이 되기 위해서는 인성교육을 인간중심에 두어야 한다. 교육의 목표는 인간다운 인간을 만드는 것, 나아가 인간이 행복하게 살아갈 사회를 만드는 것이라 할 수 있다. 그러나 현대인이 삶을 통해 더 많은 행복을 느끼고 있다거나 현대사회가 인간의 행복을 오롯이 지켜주고 있다고 말하기에는 어려움이 있다. 오히려 비윤리적이고 비인간적인 사건들이 빈발하는 가운데 현대인은 더욱 각박한 삶을 살아가고 있다. 이러한 사회 현실에서 인성교육은 더욱 등한시되고 있다.

현대사회에서 인성교육을 등한시하는 이유는 급격한 사회 변화에서 오는 부작용, 가정형태의 변화에 따른 가정교육의 약화, 학교교육의 위기현상, 민족적 자아정체감과 비전의 상실 등을 들 수 있다. 산업화와 도시화로 특징지어지는 산업사회로의 전환은 물질적 풍요를 가져왔으나 정신세계의 빈곤과 인간소외 현상을 가속화시켰다. 이러 사회 문제는 우리나라만의 문제가 아니라 전 지구적 문제로 대두되었다. 그러므로 인성교육은 하나의 지구공동체 구현, 즉 대동사회의 구현에 필요한 도덕원리이다.

세계화 및 정보통신기술의 발달로 지구촌의 상호 의존성은 급속히 증대되어왔다. 따라서 평화롭고 지속 가능한 세계를 위해서는 세계시민의 양성이 중요해지고 있다. 반기문 유엔 사무총장이 2012년 '글로벌 교육 우선 구상'을 통해 세계시민교육의 증진을 주창한 것을 계기로 세계시민교육에 대한 관심이 한층 높아졌다. 이런 점에서 한국의 세계시민교육의 과제로 세계시민교육의 필요성에 대한 성찰, 다양성 존중의 바탕 위에서 보편성을 찾는 구동존이求同存異 정신 같은 근거에 기반을 두어 실천 가능한 환경 구축을 제안했다.

하나의 지구공동체 또는 대동사회를 만들어가기 위해 다양한 도덕 윤리가 필수적이다. 최근에 법률로 반포된 「인성교육진흥법」은 인성교육의 기본 덕목·가치를 예, 효, 정직, 책임, 존중, 배려, 소통, 협동 등으로 제시했다. 이러한 기본 덕목·가치는 우리나라만이 지켜야 할 도리가 아니라 전 지구적 핵심 도덕의 원리이다. 특히 하나의 지구공동체 또는 대동사회를 위한 기본 덕목·가치로는 존중과 배려, 소통과 협동이 무엇보다 중요할 것이다.

2.
인성의 8대 덕목 교육

　「인성교육진흥법」에는 예, 효, 정직, 책임, 존중, 배려, 소통, 협동의 덕목이 나타난다. 가치 개념으로 볼 때 여덟 개의 덕목은 네 가지 유형이 된다. 즉 예와 효는 기본적 가치로 묶을 수 있고, 정직과 책임은 성찰적 가치로 묶을 수 있고, 존중과 배려는 의리적 가치로 묶을 수 있고, 소통과 협동은 상생적 가치로 묶을 수 있다. 네 가지 유형을 한 가지씩 살피면서 인성 덕목에 대한 지식을 심화시키기로 한다. 그 방법은 모두 세 가지다. 첫째, 각 가치의 개념 및 인성과의 관련성을 밝힌다. 둘째, 전통사회와 현대사회로 구분하여 각 가치의 핵심 내용을 정리한다. 셋째, 토론 문제를 설정하여 지식의 폭을 확장시키도록 한다. 이렇게 할 때, 전통사회의 인성론과 현대사회의 인성론을 통섭하는 거시적 시각을 확보할 수 있으리라 본다.

1) 예禮와 효孝

　예禮와 효孝는 상호 연관성이 깊다. 유교적 도덕의 기반이요 토대로서 상보적인 관계를 형성하기 때문에 이렇게 볼 수 있다. 예는 효에 의해 사회윤리의 뿌리가 되고, 효는 예에 의해 사회윤리의 줄기가 된다. 뿌리는 줄기를 요구하고 줄기는 뿌리를 요구하듯이, 예는 효를 요구하고 효는 예를 요구한다. 이처럼 예와 효가 불가분의 관계이기 때문에 선비정신을 구현하고자 하는 자는 예외 없이 예와 효를 겸비해야 한다. 예와 효를 여하히 겸비했느냐에 따라 선비의 길인 '수신修身 → 제가齊家 → 치국治國 → 평천하平天下'에 힘차게 임하느냐 힘없이 임하느냐가 결정된다. 이런 점을 고려하면서 예와 효에 관한 문제를 구체적으로 다루어보기로 한다.

■ 예禮

　'예禮'는 도덕규범과 사회제도를 총칭하는 개념이다. 도덕규범은 맹자에서 비롯되었다. "인仁의 실질은 어버이를 섬기는 것이고, 의義의 실질은 형을 따르는 것이고, 지智의 실질은 이 두 가지를 아는 것이고, 예禮의 실질은 이 두 가지를 절문節文으로 만든 것이다(仁之實 事親是也 義之實 從兄是也 智之實 知斯二者弗去是也 禮之實 節文斯二者是也 ·『孟子』離婁 上)."라고 한 점이 그 근거이다. 한편, 사회제도는 순자에서 비롯되었다. "사람 간에는 예가 아닌 법이 없다(故非禮是無法也 ·『荀子』修身)."고 한 점이 그 근거이다. 주자는 맹자의 도덕규범과 순자의 사회제도를 통합하여 "천리의 절문이요 인사의 의칙이다(禮者 天理之節文 人事之儀則也 ·『論語』學而 集註)."라고 했다. 오늘날 '예禮'라고 하면 주자가 규정한 '예禮'의 개념을 따른다.

　주자가 규정한 개념을 보면, '예禮'는 '천리의 절문'과 '인사의 의칙'과 각기 연관된다. '천리의 절문'은 예禮에 천리의 측면이 있음을 시사한다. 천리가 있다고 할 경우, '예禮'와 인성의 관계는 당연히 긴밀하다. 인성이 곧 천리라고 하는 성즉리설性卽理說이 바로 그런 점을 뒷받침한다. 예禮에 천리가 있다고 했으니 천리와 동격인 인성은 예禮와 연관성이 깊을 수밖에 없다. 예禮와 인성이 등가관계냐 하면 그렇지는 않다. 인성은 예禮의 한 부분에 불과하다. 예禮의 또 다른 한 부분은 사회제도이다. 사회제도가 필요한 데는 연유가 있다. 사람은 선한 인성을 지녔지만, 인욕에 끊임없이 노출되기 때문에 악해질 가능성이 높다. 그런 가능성을 막기 위해서는 사회제도가 필요하다. 도덕규범으로서의 예禮가 도덕적 이상이라면 사회제도로서의 예禮는 일상적 현실이라는 점에서 예禮의 덕목에는 도덕적 이상과 일상적 현실이 모두 담겼다고 할 수 있다.

　도덕적 이상과 일상적 현실이 상충한다면, 어느 쪽에 비중을 두어야 할지가 관건이다. 시대와 상황에 따라 견해가 달라지게 마련이므로 도덕

"공자께서 태묘에서 예를 묻다(太廟問禮)"

적 이상과 일상적 현실의 비중도 엇갈릴 수밖에 없다. 경우의 수만 따지더라도 세 가지다. 도덕적 이상에 압도적인 비중을 두는 경우, 일상적 현실에 압도적인 비중을 두는 경우, 도덕적 이상과 일상적 현실의 비중을 대등하게 두는 경우가 그것이다. 어느 쪽이냐에 따라 예禮의 위상은 사뭇 달라진다. 전통사회에서는 도덕적 이상에 비중을 두는 경우가 많았기 때문에 예禮의 위상도 그만큼 높았다고 할 수 있고, 현대사회에서는 일상적 현실에 비중을 두는 경우가 많기 때문에 예禮의 위상도 그만큼 낮다고 할 수 있다. 도덕적 이상은 불변성을 지니고 일상적 현실은 가변성을 지닌다고 볼 때, 현대사회에는 가변성이 지나친 느낌이 있다. 도덕적 이상이 사라진 시대이기 때문이다.

[핵심 내용]

• 전통사회의 예

  - 개인과 집단의 행위 준칙, 도덕, 규범 등을 총칭하는 개념

  - 상하질서를 기조로 한 이상적 국가의 실현이 궁극적 목적

  - 주로 개인의 사회적 역할을 강조하는 윤리규범

  - 사물과 인간의 위계에 따른 명칭과 호칭 부여

  - 윤리 규범, 제도와 법률, 종교와 문화 등에 대한 제반 절차

• 현대사회의 예

  - 나를 낮출 때 너는 다가온다(겸손한 마음)

  - 우리 사이의 윤활유(친절한 태도)

  - 좋은 것은 네가 먼저(양보의 미덕)

● 개인의 사회적 역할 강조

顔淵問仁 子曰 克己復禮爲仁 一日克己復禮 天下歸仁焉
안 연 문 인 자 왈 극 기 복 례 위 인 일 일 극 기 복 례 천 하 귀 인 언

爲仁由己 而由人乎哉
위 인 유 기 이 유 인 호 재

(『論語』顏淵)

 안연이 인에 대해 물어보자 공자께서 말씀하셨다. "자기를 극복하고 예로 돌아가
는 것이 인이다. 하루라도 자기를 극복하고 예로 돌아가면 천하가 모두 인으로 돌
아갈 것이다. [세상이] 인해지는 것이 나로 말미암은 것이지 다른 사람에게서 비롯
되겠느냐?"

● 형식적 요소 중시

子貢欲去告朔之餼羊 子曰 賜也 爾愛其羊 我愛其禮
자 공 욕 거 고 삭 지 희 양 자 왈 사 야 이 애 기 양 아 애 기 례

(『論語』八佾)

 자공이 희생양을 없애려 하자, 공자께서 "사야, 너는 그 양을 아까워하느냐? 나는
그 예를 아까워한다."라고 했다.

● 내면적 예와 외면적 예의 일치 권장

義路也 禮門也 惟君子 能由是路 出入是門也
의 로 야 예 문 야 유 군 자 능 유 시 로 출 입 시 문 야

(『孟子』萬章 下)

 의란 사람이 가야 할 길이요 예란 사람이 드나들어야 할 문이다. 오직 군자만이
이 길을 따라 갈 수 있고 이 문을 통해 드나들 수 있느니라.

● 양보 미덕으로서의 '미니맥스 전략'

　게임에 참여한 두 사람이 서로 이익을 취하려는 마음을 갖고 있다고 하자. 둘 다 이익을 거두면 좋겠지만 경쟁 게임의 대부분은 win-win을 용납하지 않는다. 둘 다 원-원이 허용되지 않고 치열하게 싸워야 한다면 어떻게 될 것인가? 논리적으로 한 사람은 이기고 다른 한 사람은 패배하므로 승자에게는 이익이 되고 패자에게는 손해가 될 것이다. 하지만 실제 상황에서는 두 사람 모두에게 손해가 될 가능성이 높다. 이런 경우의 결과를 두고 loss-loss(둘 다 패배)라고 한다. 로스-로스가 아닌 경우라도 두 사람의 이익과 손해를 합하면 적어도 zero-sum이 되므로 개인이 아니라 집단 전체에서 보면 이익이 없는 행위를 한 셈이 된다. 제로섬 게임에서는 승자독식의 원리가 적용되는데, 가장 극단적인 형태가 전쟁이다. 전쟁은 제로섬 형태를 띠지만 실제 결과는 minus-sum이 될 수밖에 없다. 유가儒家의 덕치사상이나 도가道家의 무위지치無爲之治의 통치 원리는 바로 제로섬 게임의 문제점을 역逆으로 반영한 원리라고 할 수 있다. 만약 두 사람이 게임에 참여하여 원-원 전략이 통할 수 없다면 loss-win 전략을 쓰는 것은 어떨까? 내가 양보할 때, 상대의 마음을 누그러뜨리고 그렇게 함으로써 서로가 공격하고 헐뜯는 상황까지 가지 않도록 예방할 수 있다. 예의의 본질은 겸양에 있다. 맹자는 겸양(양보)의 정신을 사양지심辭讓之心에서 발현된 것이라고 했다. 현대의 로스-윈 전략도 실제로 내가 이익을 얻을 수 없다면 차라리 최대 손실을 최소화하는 선택이 대안이 될 수 있다. 이를 두고 '미니맥스(minimax, 최대손실의 최소화) 전략'이라고 한다. 미니맥스나 로스-윈의 양보 전략으로, 손실을 최소화하고 공존하는 방법이 될 수 있다.

● 사랑하는 자가 더 행복하다.

사랑하는 것은
시랑을 받느니보다 행복하나니라.
오늘도 나는
에메랄드 빛 하늘이 훤히 내다뵈는
우체국 창문 앞에 와서 너에게 편지를 쓴다.

행길을 향한 문으로 숱한 사람들이
제각기 한 가지씩 생각에 족한 얼굴로 와선
총총히 우표를 사고 전보지를 받고
먼 고향으로 또는 그리운 사람께로
슬프고 즐겁고 다정한 사연들을 보내나니,

세상의 고달픈 바람결에 시달리고 나부끼어
더욱더 의지 삼고 피어 헝클어진 인정의 꽃밭에서
너와 나의 애틋한 연분도
한 망울 연연한 진홍빛 양귀비꽃인지도 모른다.

그리운 이여 그러면 안녕
설령 이것이 이 세상 마지막 인사가 될지라도
사랑했으므로 나는 진정 행복했노라.

(유치환 「행복」)

● 황금률(golden rule, 먼저 대접하라)

- "내가 하고자 하지 않는 바를 남에게 시키지 말라(己所不欲勿施於人)." (공자)

- "남에게 대접을 받고자 하는 대로 너희도 남을 대접하라(Do to others as you would have them do to you)." (예수)

[토론 문제]

• 제시문

〈가〉

안회가 공자에게 말했다.

"저는 얻은 바가 있었습니다."

공자가 물었다.

"무엇을 얻었다는 말이냐?"

안회가 대답했다.

"저는 예악(禮樂)을 잊었습니다."

공자가 말했다.

"좋다. 하지만 아직 미흡하다."

다른 날 다시 말했다.

"저는 얻은 바가 있었습니다."

"무엇을 얻었다는 말이냐?"

"저는 인의(仁義)를 잊었습니다."

"좋다. 그러나 아직 미흡하다."

다른 날 또 만나서 말했다.

"저는 얻은 바가 있었습니다."

"무엇을 얻었다는 말이냐?"

"저는 좌망坐忘하게 되었습니다."

공자는 놀라서 되물었다.

"무엇을 좌망이라 하느냐?"

안회가 말했다.

"손발이나 몸을 잊고, 귀나 눈이 하는 일을 물리쳐 육체를 초월하고, 지식을 제거하여 크게 통함[진리나 본질을 가리킨다]에 동화되는 것, 그런 상태를 좌망이라 합니다."

공자가 말했다.

"동화되면 좋고 싫음이 없어지고, 화化하면 한 군데 집착함이 없어진다. 과연 훌륭하구나!"

〈나〉

(1)

어느 문인이 퇴계 선생에게 물었다.

"처형이 과부가 되었는데, 친정 부모도 없어 의탁할 곳이 없으며, 게다가 따로 살만한 집도 없다면 같은 집에 사는 것이 어떻겠습니까?"

선생이 말했다.

"그것은 의리상 타당하지 못할 것 같다. 지금 사람들은 비록 아내의 자매일지라도 지친至親이라 하여 안팎 구별이 없기는 하다. 구양공歐陽公[송나라 학자 구양수]이 두 번이나 설씨薛氏 집에 장가들었고 여동래呂東萊[동래는 여조겸의 호]가 거듭 한무구韓無咎의 딸을 아내로 맞이했으니 고례

古禮가 이와 같다고 하여 이제 지친으로 대해 같은 집에 산다면 이것이 어찌 혐의적음을 분별하는 도리이겠는가? 만약 의탁할 곳이 없으면 오히려 집을 지어 살게 하고 살길을 돌봐주어서 정착할 곳을 잃지 않도록 하는 것이 좋겠다."

이어서 또 말했다.

"혐의를 받을 만한 일에는 조심하지 않을 수 없다. 옛날에 구양공이 의탁할 곳이 없는 친척의 딸을 거두어 길러서 자란 뒤에 시집을 보냈는데, 또 과부가 되었으므로 다시 데려다 먹여주었다. 그런데 일가 중에 공을 꺼리는 자가 공이 남녀 간의 분별하는 도리를 닦지 않는다고 말했으며, 견식이 있는 자들도 모두 공을 의심하게 되었다. 공이 상소까지 올려 그 억울함을 밝히고 나서야 비로소 혐의를 벗을 수 있었다. 이 역시 혐의스러운 일을 가리지 못한 잘못이다."

(2)

항상 모름지기 일찍 일어나고 밤늦게 자서 의관을 반드시 바르게 하고, 얼굴빛을 반드시 엄숙하게 하여 손을 모으고 무릎 꿇고 앉으며, 걸음걸이를 편하고 조용히 하며, 언어를 신중히 하여 일동일정一動一靜을 가볍고 소홀히 하여 구차스럽게 지나쳐버리지 말아야 한다.

몸과 마음을 수렴하는 데는 구용九容보다 절실한 것이 없고, 학문에 나아가 지혜를 구하는 데는 구사九思보다 절실한 것이 없다. 이른바 구용은 발 모양을 무겁게 하고〔足容重〕, 손 모양을 공손하게 하고〔手容恭〕, 눈 모양을 단정하게 하고〔目容端〕, 입 모양을 그치고〔口容止〕, 소리 모양을 조용히 하고〔聲容靜〕, 머리 모양을 곧게 하고〔頭容直〕, 숨 쉬는 모양을 엄숙하게 하고〔氣容肅〕, 서 있는 모양을 덕스럽게 하고〔立容德〕, 얼굴 모양을 장엄하게 하는 것[色容莊]이라. 이른바 구사란 볼 때는 밝게 볼 것을 생각하고[視思明], 들을 때는 귀 밝게 들을 것을 생각하고[聽思聰], 얼굴빛은 온화하게 할 것을 생각하고[色思溫], 용모는 공손할 것을 생각하고[貌思恭], 말은 성실하게 할 것을 생각하고[言思忠], 일은 공손하게 할 것을 생각하고[事思敬], 의심스러운 것은 물을 것을 생각하고[疑思問], 분할 때는 환난을 생각하고[忿思難], 얻는 것을 보면 의리를 생각하는 것[得思義]이라. 항상 구용과 구사를 마음속에 두고 그 몸을 단속하여 잠깐 동안이라도 놓아버리지 말 것이요, 이것을 앉는 자리의 귀퉁이에 써붙여 때때로 눈을 붙여 보아야 할 것이다.

'예禮가 아니면 보지도 말며, 예가 아니면 듣지도 말며, 예가 아니면 말하지도 말며, 예가 아니면 움직이지도 말라.'는 네 가지는 몸을 닦는 요점이다. 예와 예가 아닌 것을 처음 배우는 자가 분별하기 어려우니, 반드시 모름지기 이치를 궁구하여 이것을 밝혀 다만 이미 아는 것에 대해 힘써 행한다면 깨달은 바가 많을 것이다.

• 출처

  <가>: 『莊子』大宗師

  <나>: (1)『退溪全書』言行錄

     (2)『栗谷全書』擊蒙要訣

• 요지

  <가>: 예악과 인의를 잊어버리는 단계를 거치면 좌망에 이르게 된다. 좌망이란 내가 있음을 알지 못하고 자연이 있음을 알지 못하다가 끝내는 나와 자연이 함께 잊어버리는 주객합일의 경지를 말한다.

<나>: (1) 과부가 된 처형과 한 집에 사는 것은 예법에 맞지 않다. 예법에 맞지 않을 때 남으로부터 혐의를 받을 가능성이 많아진다.

(2) 일상생활에서 예법을 충실히 지켜야 한다. 일동일정을 가볍게 하지 말고, 항시 구용과 구사에 유의해야 한다.

• 제시문에 대한 이해

1. '예악禮樂'은 합성어이다. 고대 중국, 특히 주周나라 때 정치적으로 중시되었던 두 개념인 '예법'과 '음악'을 아울러 가리키는 개념이다.

2. "저는 예악을 잊었습니다."라는 말에는 공자에 대한 통렬한 풍자의 뜻이 담겨 있다. 공자의 입을 통해 유교의 근본인 예악을 부정하게 만들었기 때문이다. 장자는 예악을 인위人爲로 보고 있다. 인위는 버려야 하는 대상이므로 당연히 예악도 잊어야 할 대상이 된다.

3. '좌망'은 <가>에서 매우 중요한 용어이므로 구체적으로 설명해보기로 한다. 좌망은 사전적으로 '앉아서 생각을 잊다'라는 의미를 지닌다. 여기서 '생각'은 차별 또는 구별을 나타내므로 '아'와 '피', '주'와 '객'을 차별하거나 구별하는 행위를 지칭한다고 볼 수 있다. 좌망의 단계를 넘어서면, '심재心齋'라는 단계에 이르게 된다. 심재란 좌망을 통해 모든 것을 잊어버린 후 아무 생각과 행동도 하지 않고 사물을 관찰하여 그 속에 있는 진리를 깨닫는 과정을 말한다. 결국 좌망과 심재는 물아일체를 이루는 중요한 조건이 되는 셈이다.

4. '구용'과 '구사'는 『소학小學』에 나오는 요목이다. 율곡이 사람의 올바른 도리를 강조하기 위해 『소학』의 내용을 가져왔다고 할 수 있다.

5. 공자가 안연에게 인仁을 설명하면서 "예禮가 아니면 보지도 말며, 예가 아니면 듣지도 말며, 예가 아니면 말하지도 말며, 예가 아니면 움직이지도 말

라.”고 했다. 흔히 이를 사물四勿이라 하는데, 원문에 ‘~하지 말라(勿)’가 네 번 나오기 때문이다.

• 다음 물음에 답하시오.

1. 만약 공자가 〈가〉의 내용을 알았다면 화를 버럭 냈으리라 본다. 무슨 내용으로 인해 화를 냈을 것인지 아래 글을 참조하여 추론해보시오.

> 공자는 춘추시대에 살았다. 춘추시대에는 모든 나라가 부국강병책을 실시했기 때문에 위정자들이 거개 백성을 부국강병의 도구로만 생각했다. 인간 그 자체를 중시하지 않으니 인간성은 자꾸만 메말라갔다. 공자는 당대에 도덕적 인간성 회복이 무엇보다 중요하다고 여겨 사사로운 자기를 극복하여 예禮로 돌아가야 한다고 역설했다. 인간의 인간다움을 인仁이라고 한다면, 예는 과연 인과 어떤 관계인지 따져보지 않을 수 없다. 한마디로 말해, 예는 인의 형식적 지표指標요 실천적 수단이다.

2. 〈나〉(1)과 (2)의 관점에서 〈가〉의 관점을 각기 비판해보시오.

3. 〈나〉 (2)의 자세나 태도가 오늘날에도 필요하다고 가정할 때, 왜 필요한지를 현대사회의 문제와 관련지어 설명해보시오.

_____

_____

_____

_____

■ 효孝

'효'란 '부모를 공경하고 섬기는 자식의 마음'을 가리킨다. 그 역사는 매우 유구하다. 은대殷代의 복사卜辭, 금문金文, 지명, 인명에서 '효孝'라는 글자가 나타나고 있어 이미 은대에 '효'의 개념이 정립되었으리라 본다. 『시경詩經』, 『주서周書』 등의 기록에 '효'가 지속적으로 나타난다는 점에서 정립 단계를 넘어서서 유행 단계에 접어들었다고 할 수 있다. 효 개념은 공자와 맹자에 의해 계승·발전된다. 공자가 "집에 들어와서는 효하고 나가서는 제悌해야 한다(入則孝 出則悌 · 『論語』 學而)."고 하며 "인仁을 실천하는 근본(爲仁之本 · 『論語』 學而: 門人 有若의 설명)"이라 규정했고, 맹자는 효 교육을 왕도정치의 조건으로 설정하기에 이르렀다. 공자와 맹자의 사상은 송대의 유가에 의해 우주론적 의미를 지니게 되었고, 그런 의미가 오늘날까지 이어지고 있다.

효와 인성의 관계는 여러 성리학자들이 정립했다. 장재張載는 「서명西銘」에서 그 단초를 마련했다. 아버지를 하늘이라고 하며 아버지를 하늘과 같은 존재라고 했으니, 부모에게 효도하면 하늘을 경외하는 것과 같

다는 논리가 된다. 정이程頤는 좀 더 분명하게 효와 인성의 관계를 규정한
다. "성명性命과 효제孝悌는 일통이라(性命孝悌只是一統底事 · 『近思錄』 家道)."고 한
언급이 그것이다. '성명'이 '효제'와 하나로 통한다고 했으니, 완전히 같
다는 의미는 아니다. 효제를 실천하면 성명을 확충할 수 있다는 의미이
기 때문에 효가 인성을 확충하는 수단이라고 해야 옳다. 효가 인성과 연
관된다는 선언만으로도 효의 위상은 높아진다. 성즉리설性卽理說에 의하면
인성이 천리이므로 인성과 연관되는 효는 천리와도 긴밀한 관계를 형성
한다. 그 결과, 효를 잘 실천하면 선한 인성을 회복할 뿐만 아니라 천리
에 도달한다는 입론이 가능해진다.

　　어떻게 하면 효를 잘 실천할 수 있을지가 관건이다. 여러 성리학자

「석진단지石珍斷指」(세종조 유석진의 효자도)

들이 각기 다르게 효행 방법을 언급하지만, 수합해서 정리하면 세 가지 유형이 된다. 어버이의 명령이나 마음을 헤아려 순순히 따른다고 하는 순종이 그 첫 번째요, 물질적으로 받든다고 하는 양구체養口體와 정신적으로 받든다고 하는 양지養志가 그 두 번째요, 부모님이 잘못하실 때 단처短處를 지적하거나 올바른 방향을 제시하는 충언과 간언이 그 세 번째이다. 이 세 가지 효행 방법 중에서 어느 한 가지만 선택하고 말 일이 아니다. 여러 성리학자들의 여건과 처지가 각기 달랐기 때문에 효행 방법이 각기 다르게 제시되었기 때문이다. 결국, 세 가지 효행 방법은 모두 필요하다. 효행 방법을 모두 실천한다면 최고 단계의 효행이 될 터이고, 두 가지만 실천한다면 그다음 단계의 효행이 될 터이고, 한 가지만 실천한다면 낮은 단계의 효행이 될 터이다.

[핵심 내용]

• 전통사회의 효

  - 인仁을 성취하기 위한 구체적 실천 규범. 윤리의 으뜸

  - 인간의 선한 본성을 발현하게 하는 동인

  - 다양한 도덕적 실천의 근본이요 출발점

  - 물질적 봉양인 양구체養口體와 정신적 봉양인 양지養志의 두 측면

  - 사회 윤리의 씨앗이 바로 효! 즉, 효의 확장된 형태가 충忠

• 현대사회의 효

  - 효의 정신은 마음에서부터(공경과 양지)

  - 물질과 정성으로 공경을 표한다(보살핌, 봉양)

- 동기간의 우애 없이 효도 없다(형우제공)

- 효를 넘어서 경로로(효의 확대)

[주요 논점]

● 선한 본성의 발현 동인

盡性至命 必本於孝悌
진 성 지 명　필 본 어 효 제

(『近思錄』家道11)

 성을 다하고 명에 이르는 것은 반드시 효제로부터 비롯된다.

● 물질적 봉양보다 정신적 봉양 중시

曾子養曾晳 必有酒肉 將徹 必請所與 問有餘 必曰有 曾晳死
증 자 양 증 석　필 유 주 육　장 철　필 청 소 여　문 유 여　필 왈 유　증 석 사

曾元養曾子 必有酒肉 將徹 不請所與 有餘矣 以復進也 口體者也
증 원 양 증 자　필 유 주 육　장 철　불 청 소 여　유 여 의　이 복 진 야　구 체 자 야

則可謂養志也 事親若曾子者 可也
즉 가 위 양 지 야　사 친 약 증 자 자　가 야

(『孟子』離婁 上)

 증자께서 증석을 봉양하기를 반드시 술과 고기를 갖추시고, 밥상을 물릴 때는 (남긴 것이 있으면) 반드시 줄 사람을 여쭈어 물었으며, "남은 음식이 있느냐?"고 물으면 반드시 "있습니다."라고 대답했다. 증석이 죽고, 증원이 증자를 봉양하기를 반드시 술과 고기를 갖추었다. 그러나 상을 치울 때는 남은 음식 줄 사람을 여쭈어 묻지 않았으며, "남은 음식이 있느냐?"고 물으면 반드시 "없습니다."라고 대답했으니, 이것은 두었다가 다시 차려 드리려고 한 것이다. 이것이 이른바 부모의 입과 몸을 봉양하는 것이니, 증자와 같은 분은 '부모의 뜻을 봉양한다'고 할 수 있다. 어버이 섬기기를 증자와 같이 해야만 옳다.

● 효의 확장: 개인적 차원에서 사회적 차원으로

孔子曰 君子之事親孝 故忠可移於君 事兄悌 故順可移於長
공 자 왈 군 자 지 사 친 효 고 충 가 이 어 군 사 형 제 고 순 가 이 어 장

居家理 故治可移於官 是以行成於內而名立於後世矣
거 가 리 고 치 가 이 어 관 시 이 행 성 어 내 이 명 립 어 후 세 의

(『孝經』廣至德)

 공자 가로되 "군자의 어버이 섬김이 효이기 때문에 임금에게 옮겨 충이 가능하다.
형을 섬김이 공경이므로 상사에게 옮겨 순함이 가능하다. 가정에서 거처할 때 이
치로 하므로 관청에서 옮겨 다스림이 가능하다. 그러므로 안에서 행동을 이루면
후세에 이름을 남기는 것이다."

● 매월 1일 어머님 생각 실천 행동강령

- 부모님이 먼 곳에 계실 때 안부 전화하기

- 부모님 살아계실 때 얼굴 보고 손 잡아 드리고 몸 만져 드리기

- 아이들과 나들이할 때 부모님도 함께 동행하기

- 부모님이 좋아하는 것 한번 생각해보기

- 나를 낳아주신 부모님께 고마운 마음 갖기

- 돌아가신 부모님 사진 보며 절 올리기

- 돌아가신 부모님 살아생전 가르침 되뇌기 등

(영도구청 자유게시판에 실린 어느 네티즌의 글)

● 효에 관한 시

<1>

놀이 잔물지는 나뭇가지에

어린 새가 엄마 찾아 날아들면,

어머니는 매무시를 단정히 하고

산 위 조그만 성당 안에 촛불을 켠다.
바람이 성서를 날릴 때
그리로 들리는 병사의 발자국 소리들!
아들은 어느 산맥을 지금 넘나 보다.
쌓인 눈길을 헤쳐 폭풍의 채찍을 맞으며
적의 땅에 달리고 있나 보다.
애달픈 어머니의 뜨거운 눈엔
피 흘리는 아들의 십자가가 보인다.
주여!
이기고 돌아오게 하옵소서.
이기고 돌아오게 하옵소서.

(모윤숙 「어머니의 기도」)

<2>
어머니는/ 눈물로/ 진주를 만드신다.

그 동그란 광택光澤의 씨를
아들들의 가슴에/ 심어 주신다.

씨앗은/ 아들들의 가슴속에서
벅찬 자랑/ 젖어드는 그리움

때로는 저린 아픔으로 자라나
드디어 눈이 부신/ 진주가 된다.
태양이 된다.

검은 손이여/ 암흑이 광명을 몰아내듯이

눈부신 태양을/ 빛을 잃은 진주로

진주로 다시 쓰린 눈물로

눈물을 아예 맹물로 만들려는

검은 손이여 사라져라.

어머니는/ 오늘도

어둠 속에서/ 조용히

눈물로/ 진주를 만드신다.

(정한모 「어머니」)

[토론 문제]

• 제시문

〈가〉

　손순孫順은 모량리牟梁里 사람으로서 아버지는 학산鶴山이라 했다. 그의 아버지가 세상을 떠나자, 아내와 함께 남의 집에 품을 팔아 곡식을 얻어다가 늙은 어머니를 봉양했다. 어머니의 이름은 운오運烏이다. 손순에게는 어린아이가 있어 언제나 어머니의 음식을 빼앗아 먹으므로 손순은 이를 민망히 여겨 아내와 의논했다.

　"아이는 다시 얻을 수 있지만 어머니는 다시 얻기 어렵소. 이제 아이가 저렇게 어머니 음식을 빼앗아 먹으니 어머니의 굶주림이 얼마나 심하겠소? 차라리 이 아이를 땅에 묻어버려서 어머니를 배부르게 해드리는 것이 좋겠소."

이에 아이를 업고 취산醉山 북쪽 들로 가서 땅을 파니, 거기에서 갑자기 기이한 석종石鐘이 나왔다. 두 내외는 놀라고 이상히 여겨 잠시 나무 위에 걸고 그 종을 쳐보았더니 그 소리가 은은하고 고왔다. 아내가 말했다.

"이 이상한 물건을 얻은 것은 아이의 복인 것 같으니 도로 데리고 갑시다."

남편도 역시 그렇게 생각하여 아이를 업고 종을 가지고 집으로 돌아왔다. 종을 들보에 달고 두드리니 그 소리가 대궐에까지 들렸다. 흥덕왕興德王이 그 종소리를 듣고 좌우에 말했다.

"서쪽 교외에서 이상한 종소리가 나는데 더없이 맑고 멀리 들리니 속히 조사해보라."

왕의 사자使者가 그 집에 가서 조사해보고 사실을 자세히 아뢰었다. 왕이 말했다.

"옛날 곽거郭巨 [손순과 같이 하다가 금솥을 얻은 중국사람]가 아들을 파묻을 때 하늘이 금솥을 내렸다고 했다. 지금 손순이 아이를 묻으려 하자 땅에서 석종이 솟아났으니 이 두 효자는 천지에 똑같은 본보기로다."

왕은 집 한 채와 해마다 곡식 50석을 주어 그 지극한 효성을 숭상했다. 이에 손순은 전에 살던 집을 내놓아 절을 삼아 홍효사弘孝寺라 하고 석종을 안치했다. 진성왕 때에 후백제의 사나운 도둑이 그 마을에 쳐들어와 종은 없어지고 절만 남았다. 그 종을 얻은 곳을 완호평完乎坪이라 하나, 지금은 잘못 전해져서 지양평枝良坪이라 한다.

〈나〉

이종회李宗禩는 전의全義 [충청남도에 있는 지명. 현재는 연기군 전의면] 사람이다.

그가 아홉 살 때 집안사람들이 온통 병에 걸려 그의 부모와 노복들은 일시에 병으로 자리에 누웠고, 종희만이 병을 앓지 않았다. 그의 부친 이광국李光國도 이미 오래전부터 앓기 시작했는데, 열이 내리지 않아 기질氣窒한 지가 이틀이 지난 상태였다. 전신에 냉기가 치밀어도 보살펴줄 사람이 아무도 없는지라 종희만이 홀로 급하고 겨를이 없었다. 병든 노비를 발로 차 일으켜 미음을 끓이게 한 후, 칼을 가지고 넷째손가락을 잘라 그릇에 피를 받으니 그릇 가득히 온통 붉었다. 젓가락을 사용하여 부친의 입을 열고는 잘 저어 섞은 후 그것을 계속해서 입에 부었다. 반 그릇쯤 먹이자 기식氣息이 미미하게 콧구멍으로 나왔다. 종희는 놀라고 기뻐하며 마침내 한 그릇을 다 먹이니 부친이 이내 소생했다.

그 이튿날 신시申時쯤이 되자 또 전처럼 기질 현상이 일어났다. 이에 종희는 목 놓아 소리 내어 울고 하늘에 기도하면서 나머지 손가락들을 안석 위에 놓고 난작亂斫[쇠 연장으로 마구 찍음]하니 많은 피가 흘렀다. 한 병든 계집종이 이를 목격하고는 놀라 부르짖으며 그를 붙들어 껴안았다. 종희는 그녀를 뿌리쳐 가게 하면서 집안사람들을 놀라게 하지 말도록 했다. 죽에 피를 섞어 또 한 그릇을 부친에게 드렸다. 바야흐로 죽을 올릴 때 문득 방안에서 부르는 소리가 있었다.

"종희야! 너의 지성이 하늘을 감동시켜 명부冥府에서 이미 너의 부친 살리는 것을 허락했노라. 이제는 마음을 놓고 슬퍼하지 말아라."

그때 집안의 안방에 병들어 누워 있던 사람들 중 그 소리를 듣지 않은 자는 아무도 없었다. 모두 말했다.

"장단長端 생원生員의 목소리다."

장단 생원은 종희의 외조부 윤겸尹謙인데, 이미 오래전에 죽었다.

부친이 살아나 열이 가라앉기 시작하더니 날마다 소생하여 마침내 완쾌되었다. 모친도 그 뒤를 이어 나았다.

종희의 일을 칭찬하여 말하지 않는 자가 없었다. 마을사람들이 마침내 본읍에 글을 올려 아뢰었다. 본읍의 원님이 이를 보고 크게 기특하게 여겨 그 효행을 적어서 감영에 올렸다. 그러자 도백道伯 이성룡李聖龍이 명하여 복호復戶[충신과 효자 등에게 조세와 부역을 면제하던 일]를 내리고 조정에 아뢰어 그 마을에 정려문旌閭門을 세웠다.

• 출처

<가>: 『三國遺事』孫順埋兒

<나>: 『靑邱野談』延父命誠動天神

• 요지

<가>: 손순 부부는 품팔이를 하여 노모를 봉양했다. 어린 자식이 노모의 음식을 빼앗아 먹자, 손순은 부인의 동의를 얻어 아이를 땅에 묻고자 했다. 땅을 파니 기이한 석종이 나왔다. 그 종소리가 너무나 커서 대궐에까지 들렸다. 임금이 손순 부부의 효행을 알고 큰 상을 내렸다.

<나>: 이종희가 아홉 살 때, 온 식구가 앓아누웠다. 이종희는 넷째손가락을 잘라 그 피로 부친을 소생시켰다. 다시 병이 재발하자 나머지 손가락을 모두 찢어 그 피를 부친에게 먹였다. 난데없이 오래전에 죽은 외조부의 목소리가 들렸다. 명부에서 이종희의 효행을 기특하게 여겨 부친의 수명을 더 늘렸다고 한다. 드디어 부친은 완쾌되었다. 조정에서 이종희의 효행 사실을 알고 포상했다.

• 제시문에 대한 이해

1. <가>는 '희생효' 설화 유형으로서『삼강행실도三綱行實圖』에 실려 있고『한국비문학대계』에도 실려 있다. 신라시대의 설화였으므로 이 '희생효' 설화의 형성 연대는 최소한 신라시대이다. 신라시대 이후 구전되거나 기록되다가 오늘날까지 전승되었으리라 본다.

2. <가>에서는 세 차례의 효행 단계가 나타난다. 손순 부부가 품팔이를 하여 노모를 봉양했다는 내용이 제1단계의 효행이고, 자식을 죽이고 노모를 살리려 했다는 내용이 제2단계의 효행이고, 옛집을 절로 만들어서 지효를 다하겠다고 다짐하며 그 절에 기이한 석종을 매달아놓았다는 내용이 제3단계의 효행이다. '절'이니 '석종'이니 하는 데서 볼 수 있듯, 단계가 높아질수록 일상적 효행에서 불교적 효행으로 전환되고 있다.

3. 현전하는 문헌설화를 보면, 효자의 형상은 대체로 두 가지다. '천지신명과 소통하는 효자'와 '천륜의 도리를 실천하는 효자'가 그것이다. 전자를 주술적 감성의 소유자라고 할 수 있고, 후자를 유교적 성명性命의 소유자라고 할 수 있다. <나>는 전자에 해당한다.

4. 효행서사孝行敍事에서는 극단적인 효행 세목이 많이 나타난다. 허벅지살 베기〔割股〕, 손가락 자르기〔斷指〕, 똥 맛보기〔嘗糞〕, 대신 죽기〔代殺〕, 자식 죽이기〔子息犧牲〕 등이 그것이다. <가>와 <나>를 극단적 효행의 세목에 비추어보면, <가>의 효행은 손가락 자르기〔斷指〕이고, <나>의 효행은 자식 죽이기〔子息犧牲〕이다.

5. <나>의 이종희는 손가락을 자르면서도 고통을 느끼지 않는다. 가히 탈인간적 면모라고 할 수 있다. 아프지 않아서 탈인간적 면모를 보인다고 할 수는 없다. 탈인간적 면모를 보이는 원인으로는 여러 가지를 생각해볼 수 있겠지만, 빼놓을 수 없는 이유가 한 가지 있다. '조정의 포상'이 그것이다. 포

상이란 단지 상을 받는다는 의미가 아니다. 효행에 대한 고을사람의 칭송이 조정의 포상을 유발한 바이니, 포상은 개인과 가문이 고을사람뿐만 아니라 조정으로부터 공인받는다는 징표이다. 이처럼 포상의 의미가 지대하므로 힘이 없으면서 상을 받으려는 주인공이라면 탈인간적 면모를 지닐 수밖에 없다.

• 다음 물음에 답하시오.

1. 효행을 근거로 하여 〈가〉와 〈나〉의 주인공이 지니는 공통점을 세 가지 이상 열거하시오.

2. 〈가〉와 〈나〉에 나타난 주인공의 포상 내역을 아래 도표에 비추어보고, 각각의 포상 등급을 판단해보시오.

> • 조선조에서 설정한 포상 등급
> - 제1단계: 미곡 또는 육미 제공
> - 제2단계: 제1단계의 포상 + 정려 명령
> - 제3단계: 제2단계의 포상 + 부역 또는 세금 면제
> - 제4단계: 제3단계의 포상 + 관직 제수

3. 〈가〉와 〈나〉의 효자가 극단적 효행을 감행하는 심리적 동기를 아래 조건에 맞추어 추론해보시오.

〈조건〉
1. 주인공이 부모를 절대적 존재로 여긴다고 가정해본다.
2. 주인공의 환경과 여건이 매우 열악하다는 점에 주목한다.

2) 정직과 책임

　　정직과 책임은 인과적 연관성을 가진다. 정직은 책임의 근원이고, 책임은 정직의 자연스런 결과이다. 정직과 책임을 사람과 결부시켜볼 수 있다. 정직한 사람은 진실을 바탕으로 삼아 바르고 의롭게 살고자 하고, 책임감이 강한 사람은 주어진 역할에 충실하고 약속이나 계약을 잘 지킨다. 바꾸어 말해, 부정직한 사람은 눈앞의 이익에 급급하며 유·불리를 따져서 거짓말을 밥 먹듯이 하고, 책임감이 약한 사람은 무사안일하고 주어진 역할을 방기하며 약속이나 계약을 잘 어긴다. 정직하되 무책임한 사람이 있을 수 없고, 정직하지 못하되 책임감이 강한 사람이 없다.

■정직

정직은 '올바르다〔正〕'는 말과 '곧다〔直〕'는 말의 한자 합성어이다. 성직은 문자 그대로 '바르고 곧은 마음의 자세와 그것을 행동으로 드러내는 태도'를 뜻한다. 정직은 진실성에 바탕을 두고 있으며, 진실한 사람들이 사는 사회에서는 사람들이 믿고 행동하며 살아갈 수 있다. 진실한 사람은 삶에서 세 가지 면의 일치를 추구한다. 존재(사실)와 앎을 일치시키는 태도, 생각과 표현을 일치시키는 태도, 말과 행동을 일치시키는 태도이다. 외부의 사실과 자신이 지닌 마음, 말과 행동을 일치시키려고 애쓰는 일은 정직한 사람이 지녀야 할 태도이다. 그러므로 정직한 사람은 항상 자신의 내면을 들여다보면서 반성적인 삶을 살아가게 된다.

[핵심 내용]

• 전통사회의 정직
  - 어진 사람의 공통적 인성: 교언영색巧言令色에 어진 마음이 없음(『論語』學而)
  - 정직과 관련된 개념들: 성誠, 의義, 충忠, 신信
    · 성誠: 말한 바를 그대로 이루는 것, 생각에 사특함이 없음〔思無邪〕(『論語』爲政)
    · 의義: 정의로운 사람은 올바름을 추구함, 의로움, 정당함
    · 충忠과 신信: 정직은 믿음의 바탕, 충직과 신의를 받들라〔主忠信〕(『論語』子罕)
  - '정正-직直'의 관계와 '충忠-신信'의 관계는 내외적·인과적으로 동일하다.
  - 삶의 근본 이치: 인간의 삶은 올바름이다. 허위의 삶은 요행히 모면함일 뿐이다〔人之生也直 罔之生也幸而免〕(『論語』雍也).

• 현대사회의 정직

  - 사실을 사실대로 말하는 것, 마음에 둔 것을 그대로 말하는 것

  - 신뢰사회를 만들기 위한 기초

  - 대화와 소통의 근거

  - 정직의 확대: 책임 있는 사회, 곡학아세하지 않는 학문의 조건. 민주주의 사
    회에서 책임 정치를 하는 근간

[주요 논점]

● 내적으로 반성하여 거리낌이 없는 상태[內省不疚]

內省不疚 夫何憂何懼
내 성 불 구 부 하 우 하 구

(『論語』顏淵)

 안으로 반성하여 거리낌이 없으면 무엇을 걱정하고 무엇을 두려워하겠는가?

● 정직과 책임의 궁극적 지향

古之欲明明德於天下者 先治其國 欲治其國者 先齊其家
고 지 욕 명 명 덕 어 천 하 자 선 치 기 국 욕 치 기 국 자 선 제 기 가

欲齊其家者 先修其身 欲修其身者 先正其心 欲正其心者
욕 제 기 가 자 선 수 기 신 욕 수 기 신 자 선 정 기 심 욕 정 기 심 자

先誠其意 欲誠其意者 先致其知 致知 在格物
선 성 기 의 욕 성 기 의 자 선 치 기 지 치 지 재 격 물

(『中庸』三綱領八條目)

 예부터 명덕을 천하에 밝히고자 하는 이는 먼저 그 나라를 다스리고, 그 나라를
다스리려고 하는 자는 먼저 그 집을 가지런히 하고, 그 집을 가지런히 하려는 자
는 먼저 그 몸을 닦고, 그 몸을 닦으려는 자는 먼저 그 마음을 바로하고, 그 마음
을 바로하려는 자는 먼저 그 뜻을 정성스러이 하고, 그 뜻을 정성스러이 하려는

자는 먼저 그 앎을 지극히 했으니, 그 앎을 지극히 하는 것은 물物을 격格하는 데 있다.

● 옛이야기에서 찾아보는 퇴계의 정직한 삶

퇴계 선생이 서울에 계실 때 지금의 서소문西小門인 '학다리'에 살았는데, 옆집과는 담장 하나를 사이에 두고 있었다. 옆집 담장 안에는 수십 년 묵은 밤나무 한 그루가 있었는데 여름철이면 그 밤나무 가지가 선생 댁 마당에 뻗어서 시원한 그늘이 되어주었다. 가을철에 밤이 영글면 그 밤알이 선생 댁 마당에 수없이 떨어졌다.

선생은 아침이면 일찍 일어나 산책을 나가는 습관이 있었는데, 뜰에 남의 집 밤이 떨어진 것을 보면 한 알도 남기지 아니하고 모조리 주워서 담장 너머 주인집으로 던져주곤 했다. 어떤 때에는 밤을 손수 주워 주인에게 돌려주느라 아침 산책을 가지 못할 때도 있었다. 옆집 주인으로 보면 미안하기 짝이 없는 일이었다. 그리하여 옆집 사람은 어느 날 약간의 밤을 선물로 가지고 찾아와서 선생에게 이렇게 말했다.

"선생께서 아침마다 밤을 주워 저의 집에 보내주셔서 고맙고도 미안하기 짝이 없습니다. 실상인즉 저희 집에서는 저희 집 마당에 떨어진 밤만 가지고도 온 식구가 충분히 먹고도 남으니, 내일부터 선생 댁 마당에 떨어진 밤은 저희 집에 보내지 마시고 댁에서 아이들에게 나눠주도록 하시옵소서." 이웃 간의 인정으로서는 족히 있을법한 일이었다. 그러나 선생은 조용히 고개를 좌우로 흔들었다. "말씀하신 뜻은 대단히 고맙소이다만, 남의 집 과실을 어찌 함부로 먹을 수 있겠소이까? 내 소유가 아닌 물건은 비록 내 마당에 떨어져 있다 하더라도 반드시 주인에게 돌려드려야 옳은 것이오. 노형께서 그런 말씀을 했다고 해서 내 마당에 떨어진 남의 집 밤을 아이들에게 함부로 나눠 먹이면 아이들은 그런 일에 습성이 생겨서 나중에는 어떤 잘못을 범하게 될지도 모를 일이오." 그렇게 일단 공손히 거절하고 나서 선생은 다시 이렇게 말했다.

"그렇잖아도 우리 집 식구들은 그 밤나무의 신세를 많이 지고 있다오. 그런데다가 그 밤나무의 열매까지 우리가 얻어먹는다면 너무도 염치없는 일일 것이오." 옆집 사람은 그 말씀을 듣고 깜짝 놀라며 반문한다.

"선생 댁에서 저의 집 밤나무의 신세를 진다니 그게 무슨 말씀이십니까?"

선생은 웃으면서 이렇게 대답했다.

"우리 집 식구들에게는 그 밤나무에게 지는 신세가 이만저만이 아니라오. 그 밤나무가 우리 집 마당에 그늘이 되어주어 오뉴월 삼복더위에도 우리 집 식구들은 더위를 모르고 시원하게 지낼 수 있으니 그것이 첫째 신세요, 둘째는 내가 아침마다 뜰에 나가 밤을 주워 담장 너머로 던져 드리느라 허리를 폈다 굽혔다 하다 보니 운동이 되어 몸이 건강하게 되었으니, 그 얼마나 고마운 신세요." 물론 옆집 사람의 미안함을 덜어주기 위해 임시방편으로 꾸며낸 농담이기는 했다. 선생이 그런 익살스러운 농담을 하는 바람에 옆집 사람은 크게 웃으며 선생의 대쪽 같은 성품에 다시 한 번 머리를 수그렸다.

● 정직한 삶의 중요성에 대해 참고할 만한 글

> 1. Honesty is the best policy.
>   정직이 최상의 방책이다.
> 2. No legacy is so rich as honesty.
>   정직만큼 부유한 유산도 없다.
> 3. An honest man's the noblest work of God.
>   정직한 사람은 신이 만들어낸 가장 고귀한 작품이다.

4. An honest man's word is as good as his bond.

정직한 사나이의 한마디 말은 보증수표와 같다.

5. Honesty is for the most part less profitable than dishonesty.

정직은 부정직에 비해 이익에서 멀리 떨어져 있다.

[토론 문제]

• 제시문

〈가〉

• 한 가지 일에 집중하여 마음이 제자리를 벗어나지 않도록 한다[主一無適].

• 몸가짐을 단정히 하고 엄숙하게 함으로써 마음을 가지런히 한다[整齊嚴肅].

• 마음을 항상 깨어 있게 하여 이치를 알 수 있도록 한다[常惺惺].

• 오래 쌓음으로써 점차 완숙해질 수 있다[積久漸熟].

〈나〉

세상 안에서뿐만 아니라 세상 밖에서조차 제한 없이 선하다고 여길 수 있는 것은 오직 선한 의지뿐이라고 생각할 수밖에 없다. 지성, 위트, 판단력 그리고 그 밖의 모든 정신의 재능은 선하며 바람직하다고 할 수 있고, 단호함이나 뜻한 바에 대한 끈기 같은 타고난 기질도 여러 가지 관점에서 선하고 바람직하다는 것이 분명하다. 그러나 이것들은 의지가 선하지 않으면 극도로 악하고 해로울 수 있는데, 의지가 그 타고난 선물을 사용해야 하기 때문이다. 그래서 의지가 가진 고유한 성질을 '품성'이라고 부른다. (중략) 선한 의지는 그것이 실현하거나 성취한 것 때문에, 또는 그것이 제시된 어떤 목적들을 제대로 달성할 수 있다는 것 때문에 선한 것이 아니라 오직 '하려고 하는' 것 때문에, 다시 말해 그 자체로 선하기 때문에 선하다. 그리고 선한 의지를 그 자체로 볼 때, 어떤 한 경향성을 만족시키기 위해, 더 나아가 모든 경향성을 합한 것을 만족시키기 위해 그 선한 의지가 실행하는 어떤 것보다 비교할 수 없을 만큼 훨씬 더 존경받아야 한다.

⟨다⟩

라인홀드 니버[Karl Paul Reinhold Niebuhr(1892. 6. 21~1971. 6. 1) 『도덕적 인간과 비도덕적 사회』의 저자]는 개인의 도덕성과 사회의 집단 윤리성을 탐구하면서 개인의 도덕성의 합이 사회 집단 윤리가 아니라는 점을 입증했다. 사회 집단의 도덕성은 개인의 도덕성보다 현저하게 떨어진다. 개인적으로 상당히 도덕적인 사람도 자신이 속한 집단의 이익을 위해서는 이기적으로 행동하기 쉽다. 그래서 사회적 도덕 문제를 해결하는 데는 개인의 도덕성뿐만 아니라 사회 제도와 정책의 개선이 요청된다. 위와 같이 부분의 합은 전체가 아니라는 것은 다음과 같이 입증할 수 있다. 예를 들어, 아파트 주민에게 개별적으로 "당신은 장애인을 위한 복지시설이 확충되어야 한다는 주장에 대해 어떻게 생각하십니까?"라고 묻는다면 아마도 대부분은 "당연히 확충돼야죠. 장애인도 인권이 있는데."라고 말할 것이 분명하다. 그런데 그 아파트가 재개발이 승인되는 조건으로 중증 장애인 복지시설을 자신들의 아파트 단지 내에 지어야 한다면 그 아파트 주민은 반대할 것이다. "혐오시설 건립이 웬 말이냐!"라든지 "주민 복지 위협하는 혐오시설 절대 반대!" 등의 구호를 내걸 것이다. 따라서 개인의 선량한 도덕성을 합한 것과 아파트 주민 단체의 윤리 의식은 다르다고 할 수 있다.

- 출처
  <가> : 李滉,『退溪全書』聖學十道, 心學道說
  <나> : 임마누엘 칸트,『도덕 형이상학을 위한 기초』
  <다> : 라인홀드 니버,『도덕적 인간과 비도덕적 사회』에서 개인적 도덕과 사회적 도덕의 차이를 요약하여 적용한 것

- 요지
  <가> : 퇴계 이황은 자신을 바르고 정직하도록 수양하는 방법으로서 마음의 공부와 글(경전)의 공부를 강조했는데, 위의 내용은 공부를 위한 거경居敬의 실천으로 제시한 방법을 요약한 것이다. 무릇 마음이란 '한 몸을 주재하는 것〔一身之主宰〕'이고 경敬은 '한 마음을 주재하는 것〔一心之主宰〕'이라고 했다. 주재主宰한다는 말은 쉽게 풀이하면 '주관하여 다스리다'라는 뜻이다. 위의 네 가지는 마음공부뿐 아니라 현실적으로도 우리가 공부할 때 필요한 실천 방법이 될 수 있다.
  <나> : 임마누엘 칸트는 '도덕적 선'이란 그것이 가져오는 결과와 관계없이 그 자체로 선하기 때문에 추구되어야 한다는 점과 오로지 선한 의지가 충실한 의무의식에 지배될 때 선하다는 점을 가르쳐준다. 어떤 만족이나 행복, 본능에 의지하는 일체의 행위는 그것을 목적으로 한다는 점에서 순수하지 못하므로 선하다고 할 수 없으며 오직 순수한 양심의 명령(의

무)인 정언명령에 따라 행동하는 것이 선이다.

<다>: 이황이나 칸트가 중점적으로 생각한 것은 개인윤리의 측면에서 출발하여 사회의 윤리 문제를 해결하려고 한 것이다. 이와 달리 라인홀드 니버는 개인윤리의 영역과 사회윤리의 영역이 확연히 다름을 입증하려고 했다. 개인은 양심적이고 도덕적이라고 하더라도 그 도덕적인 사람들이 모인 사회도 도덕적이라고 할 수는 없다는 점을 강조한다.

• 제시문에 대한 이해

1. <가>의 내용에서 퇴계 선생은 마음의 공부와 글의 공부를 위해 경敬을 강조했다. 정직의 수양도 다를 바 없다. 경敬은 '우리 몸에서 원하든 원하지 않든 항상 옳은 것에 집중하여 공경하면서 체득하도록 하다 보면 자기도 모르게 그 옳음이 몸과 마음에 익숙해지고 편해지도록 하는 방법'이다. 예를 들어 방을 항상 깨끗하게 정리하는 습관을 들이면 나중에 그것이 나에게 편해지고 나의 마음이 깨끗한 것을 원하게 되며 더럽고 지저분한 환경이 힘들고 불편해진다. 정직한 삶에 대한 몸과 마음의 습관화를 통해 옳은 마음이 나를 주재하게 되면 정직한 삶이 몸에 배게 된다. 이는 다시 말해 정직하려고 노력할 때 정직한 사람이 될 수 있음을 강조한 공부 방법이다.

  – 주일무적主一無適: 하나의 마음에 하나의 생각을 갖고 마음이 흐트러지지 않도록 집중해야 한다. 하나의 마음에 두 개의 생각을 가지고 대하면 마음이 흐트러질 뿐 아니라 부정직한 태도를 갖게 된다. 예를 들어 친구에게 돈을 갚기로 약속하고 돈을 빌리면서도 '어려우면 갚지 못할 수도 있겠다'는 생각을 가진다면 이미 마음에서부터 정직하지 못한 것이다. 이런 사람은 나중에 자주 두 마음을 품어서 나쁘게 변한다.

  – 정제엄숙整齊嚴肅: 퇴계 선생은 공부할 때 의관衣冠을 정제하고 공부에 임

했다. 현대 학습심리학에서도 공부할 때 주변이 어지럽혀져 있으면 마음이 산만해지고 흐트러지게 되어 공부의 효과가 약해진다고 한다. 로크(J. Locke)의 "건강한 신체에 건전한 정신이 깃든나(in a sound body sound mind)."는 말도 같은 의미라고 할 수 있다. 건강한 신체와 자세가 마음공부에 도움이 된다.

- **상성성**常惺惺: 정신이 항상 깨어 있어야 마음공부가 제대로 된다. 심신이 흐리멍덩한 상태에서 공부가 제대로 될 리 없다. 그래서 선비들은 새벽의 청명한 기운이 있을 때 공부를 시작했다.

- **적구점숙**積久漸熟: 오랫동안 쌓아가야 익숙해져서 무엇인가를 이룰 수 있는 법이다. 무슨 일이든 완숙하지 못하기 때문에 명쾌하지 못한 법이다. 그렇다고 명쾌하지 못함을 너무 애석하게 생각할 필요는 없다. 산에 높이 올라야 시야가 트여 두루 세상을 볼 수 있다. 산에 오르기 전에는 숨이 차고, 힘들고, 널리 세상을 볼 수 없지만 꾸준히 오르다 보면 성공하지 못할 것이 없다. 산에 오르지도 않고서 넓은 조망을 원할 것인가? 공부는 마라톤과 같다. 그리고 삶의 공부는 적절한 때가 있기도 하지만, 동시에 평생 동안의 교육(lifelong education)을 통해 얻을 수 있다.

2. <나>에서 행위의 가치는 그 행위가 일으킬 것이라고 기대되는 작용에 있지 않고, 오직 '의무라는 법칙에 대한 존경심' 때문에 어떤 행위를 할 수밖에 없는 경우라야 도덕적으로 선하다고 할 수 있다. 여기에서 기대되는 작용이라는 것은 이익, 좋은 결과, 효과, 행복 등에 대한 기대나 목적의식을 뜻한다. 남을 도울 때 그것이 가져올 결과를 생각하기보다 순수한 동기, 곧 양심에 충실한 태도가 더 중요하다. 그 순수한 양심의 동기는 목적의식이 아니라 의무의식의 지배를 받는다. 칸트는 목적의식에 지배되는 경향성[자연적인 본능에 지배되는 성향]에 따르는 경우의 도덕적인 명령을 조건부 명령[假言命令]

이라고 했고, 순수한 양심의 동기에 따라 행동하게 되는 명령을 무조건적 명령〔定言命令〕이라고 했다. 칸트에 의하면 동기가 선(순수)해야 선하다고 할 수 있다. "이 세상에서나 세상 밖에서 그 자체로서 선한 것은 오직 '선의지' 밖에 없다."라고 한 것은 바로 이를 두고 한 말이다. 칸트의 관점을 살펴볼 때 이황의 관점과 유사한 면이 보인다. 즉, 선과 악에 대해 분명한 태도를 보인다는 점이다. 이황의 이기호발理氣互發에서 이理의 순수함과 주재主宰를 특징으로 본다면, 양심의 순수성과 도덕성에서 출발하지 않은 겉보기의 도덕적인 행동은 칭찬받을 수 있을지 몰라도 진정한 의미에서 순수한 도덕적 선이라고 할 수 없기 때문이다.

3. <다>에서는 개인의 도덕과 사회의 도덕을 분리해서 볼 수밖에 없다고 한다. 유가에서 개인적 정직과 사회적 정의는 동일시된다. 격물치지格物致知, 성의정심誠意正心, 수신제가修身齊家, 치국평천하治國平天下는 유가의 점진적이고 단계적 윤리관이다. 사물에 다가서고 탐구하면서 참된 지식을 깨닫고 성실한 마음과 바른 마음을 갖추는 노력을 통해 자기를 수양하고 나서 가정을 잘 다스리는 사람이라야 국가를 통치할 수 있고 세상을 평화롭게 할 수 있다. 이는 본질적 원리로 보면 틀림없고 확실한 윤리관이다. 하지만 현대사회가 복잡해지면서 전통적인 원리적 윤리관으로만 사회의 윤리를 완전히 충족하기 어려운 면이 생겼다. 현대사회는 지구촌 사회라고 할 수 있으며, 핵가족화가 대가족 제도를 대체하게 된 사회이다. 관념상 전통적인 개인의 정직이 '우리 공동체'의 정신으로 확장되고, 다시 국가 정의로 확장되는 것이 당연하다. 그런데 개인적 정직과 공동체적 결속이 때로는 엉뚱한 방향으로 흘러가기도 한다. 예들 들어 개인으로는 성실하고 양심적이며 예의가 바르지만, 지역 이기주의나 소집단주의에 빠지는 경우가 많다. 공자나 맹자의 의도와 달리 현실은 훨씬 더 삭막하고 복잡하다. 니버는 이러

한 현실에 집중하여 윤리 문제를 분석했다. 사회가 복잡해질수록 개인의 양심에 호소하여 사회의 부도덕과 부조리를 해결하기에는 너무 벅차다. 개인이 아무리 양심적이라 하더라도 현재의 이라크나 시리아 같은 나라에서 개인의 양심에 호소하는 것만으로 사회 혼란을 해결하기는 매우 어렵다. 그래서 니버는 개인의 윤리와 사회의 윤리를 질적으로 달리 보고 윤리를 새롭게 정립해나가야 한다는 주장을 제기한다. 개인 양심의 회복을 위해 더욱 힘써야 하지만, 보다 더 큰 사회에 맞는 윤리관과 제도 개선도 필요하게 되었다. 예를 들어 효의 윤리가 약화되면서 노인 문제가 발생한다면 효 윤리를 위해 개인 양심의 회복을 호소하고 이를 위한 교육이 절실하지만, 그와 동시에 노인복지 정책을 더 발전시키면서 사회 계층 간의 분담 구조를 개선해나가지 않으면 안 된다는 점을 니버는 알려준다.

• 다음 물음에 답하시오.

1. 이황과 칸트에게 정직이 무엇이냐고 물으면 공통적으로 대답할 수 있는 것은 무엇인지 다음 답안 중에서 선택하시오.
   ① 정직은 인간의 행복을 위한 최선의 도구라고 생각할 것이다.
   ② 정직은 인간관계를 부드럽고 원만하게 만드는 윤활유 같은 것이라고 말할 것이다.
   ③ 정직은 인간이라면 마땅히 지켜야 할 양심에 따르는 태도라고 말할 것이다.

2. 위의 답안에 대한 이유를 말해보시오.

3. '정직한 사회 만들기 방식'에 대해 〈다〉의 관점은 〈가〉·〈나〉의 관점과는 다르다. 〈다〉와 〈가〉·〈나〉의 관점이 어떻게 다른지 비교 설명하시오.

_____

_____

_____

_____

■ 책임

'책임감이 강한 사람'이란 말은 단지 책무를 무겁게 느끼기만 하는 사람이 아니라 실제로 책임을 완수하는 사람을 의미한다. 책무에 대한 부담감만 잔뜩 가지고 몸소 실천하지 않으면 무용할 뿐 아니라 마음에 고통만 생기게 마련이다. 또 '책임완수'란 자신과의 약속이나 타인과의 약속을 제대로 이행한다는 말이다. 약속의 의미는 약속하는 데 있는 것이 아니라 약속을 지키는 데 있다. 약속을 하면서 지키지 않을 것을 생각하는 사람은 정직한 사람이 아니다. 개인 간의 약속보다 더 강력한 결속력을 지닌 것은 계약이다. 특히 국가와 시민의 관계도 엄중한 계약으로 이루어진다. 잘 지키면 국가도 안전하고 자신도 보호받을 수 있으나 그렇지 않으면 모두가 위태로워진다. 약속과 계약 모두를 안전하게 만드는 열쇠가 바로 책임이요 책임감이다.

- **전통사회의 책임**

  - 책임은 곧 정명正名: 직분에 따른 이름값을 다하는 태도

  - 약속을 제대로 실천하는 것

  - 신뢰사회를 만드는 기초

  - 정의의 원칙이 인간관계에서 분화되고 역할로 주어지는 것

  - 정직성이 충忠의 근간이라면 책임감은 서恕의 근간

- **현대사회의 책임**

  - 책임을 완수하는 사람

  - 자신에 대한 책임(자기애, 자살 금지)

  - 자신 · 타인 · 공동체와의 약속을 이해하는 것

  - 사회와 국가에 대한 책임(법의 준수)

  - 국민에 대한 국가의 책임(주권과 영토 보호, 국민 복리 추구)

[주요 논점]

● 이름에 맞는 역할

齊景公問政於孔子 孔子對曰 君君 臣臣 父父 子子 公曰 善哉
제 경 공 문 정 어 공 자 공 자 대 왈 군 군 신 신 부 부 자 자 공 왈 선 재

信如君不君 臣不臣 父不父 子不子 雖有粟 吾得而食諸
신 여 군 불 군 신 불 신 부 불 부 자 불 자 수 유 속 오 득 이 식 저

『論語』顏淵)

제나라 경공이 공자에게 물었다. "정치란 무엇입니까?" 공자께서 대답하되 "임금
은 임금답고, 신하는 신하답고, 어버이는 어버이답고, 자식은 자식답게 되는 것입
니다." "좋은 말씀입니다. 임금이 임금답지 못하고, 신하가 신하답지 못하고, 아
버지가 아버지답지 못하고, 자식이 자식답지 못하면 곡식이 있어도 임금인들 제
대로 먹을 수 있겠습니까?"

●인을 해치는 자는 적

齊宣王問曰 湯放桀 武王伐紂 有諸 孟子對曰 於傳有之 曰 臣弑其君
제 선 왕 문 왈 탕 방 걸 무 왕 벌 주 유 저 맹 자 대 왈 어 전 유 지 왈 신 시 기 군

可乎 曰 賊仁者謂之賊 賊義者謂之殘 殘賊之人謂之一夫 聞誅一夫紂矣
가 호 왈 적 인 자 위 지 적 적 의 자 위 지 잔 잔 적 지 인 위 지 일 부 문 주 일 부 주 의

未聞弑君也
미 문 시 군 야

(『孟子』梁惠王 下)

 제나라 선왕이 묻기를 "탕왕(중국 은나라를 창건한 왕)은 걸왕을 내쫓았고, 무왕(중국
주나라를 창건한 왕)은 주왕을 징벌했다고 하는데, 그런 사실이 있습니까?" 맹자가
대답하되 "전해 오는 기록에 그런 사실이 있습니다." 그러자 "신하가 임금을 시해
하는 것이 옳습니까?"라고 왕이 물었다. "인을 해치는 자를 적이라 하고, 의를 해
치는 자를 잔이라고 합니다. 잔적殘賊한 사람은 일개 필부에 지나지 않습니다. 남
의 재산을 빼앗거나(적賊) 생명을 해친(잔殘) 잔적인 결과 주를 처벌했다는 말을 들
었어도 임금을 죽였다는 말은 듣지 못했습니다."라고 맹자가 말했다.

●사회에 대한 우리 모두의 책임: 라과디아(Fiorello La Guardia) 판사

1930년대 겨울, 미국 뉴욕 빈민가에 있는 한 법정에서 재판이 열렸다. 피고
는 남루한 옷차림을 한 할머니였다. 할머니는 병들어 누운 딸을 대신하여 어
린 손녀들을 홀로 키워왔는데, 하루는 음식이 다 떨어지고 손녀에게 먹일 빵
을 살 수 없게 되자 빵가게에서 빵을 훔쳤다. 할머니의 딱한 사정을 알게 된

라과디아 판사는 빵집 주인에게 관용을 베풀 수 없겠느냐고 물었다. 그러나 빵집 주인은 처지는 이해하지만 하루도 빵이 도난당하지 않는 날이 없을 정도여서 어쩔 수 없다고 했다. 방청객은 판사가 불쌍한 할머니를 선처할 것을 은근히 기대했다. 그러나 뜻밖에도 판사는 할머니에게 10달러의 벌금형을 선고했다. 실망한 방청객에게 라과디아 판사는 또 한 번의 판결을 내렸다.

"법은 예외 없이 평등하게 적용되어야 합니다. 딱한 할머니이지만 어쩔 수 없습니다. 그러나 가난한 할머니가 굶주리는 손녀들을 먹이기 위해 빵을 훔쳐야 하는 이 비정한 도시에 사는 우리에게도 가난한 사람들을 돌보지 않은 책임을 묻고자 합니다. 그동안 좋은 음식을 많이 먹어온 저 자신에게 먼저 벌금 10달러를 선고합니다. 제 벌금으로 할머니의 벌금을 대신 내겠습니다. 뉴욕 시민 여러분에게도 각기 50센트씩의 벌금형을 선고하니 자발적으로 내시기 바랍니다."

판결을 내린 판사는 자기 지갑에서 10달러를 꺼내 모자에 넣은 다음 그 모자를 방청석에 돌렸다. 엉뚱하게 벌금을 선고받은 방청객이었지만 누구 하나 억울하다는 말 없이 밝은 표정으로 모자 속에 돈을 넣었다. 모두 57달러 50센트가 모아졌는데, 판사는 벌금 10달러를 제외한 나머지 47달러 50센트를 할머니 손에 쥐어주었다.

라과디아 판사는 뉴욕 시장을 세 차례나 연임할 정도로 훌륭한 업적을 쌓은 사람이다. 그는 인간애를 합리적인 정책으로 발전시킨 공적이 컸으나 안타깝게도 시장 재직 중 비행기 사고로 목숨을 잃었다. 뉴욕 시민은 그를 기념하기 위해 새로 건설한 공항의 이름을 '라과디아 공항'이라고 명명했다.

공자가 말했다. "나라에 도가 있는데 가난하고 천하면 수치요, 나라에 도가 없는데 부유하고 귀하면 수치이다." 개인이 능력을 발휘하여 삶을 잘 영위할 수 있다면 그것은 순전히 개인만의 능력의 대가가 아니라 사회의 덕택에 의한 결과도 있으므로 개인은 사회의 약자들에 대한 책임을 어느 정도 지고 있는 셈이다.

● 책임의 범위: 자신부터 미래 인류에게까지

책임을 어디까지 생각해야 하는가에 대한 질문과 숙고가 필요하다. 우리는 그것을 크게 자신에 대한 책임, 가정과 이웃에 대한 책임, 사회와 국가에 대한 책임, 환경과 미래사회에 대한 책임이라는 4단계로 나누어 생각해볼 수 있다.

첫째, 자신에 대한 책임으로 자기를 잘 보존하고 성장시켜나가야 할 책임이 있다. 자신을 사랑하고 자신의 소질과 능력 등을 잘 이해하고 이를 바탕으로 자신만의 목표를 설정해나가야 한다. 이런 과업을 수행하는 데 가장 필요한 것은 자기애自己愛라고 할 수 있다. 자기를 사랑하지 않으면 아무것도 이룰 수 없다. 여기에서 말하는 자기애는 교만이나 이기심과 다르다. 자신의 생명을 사랑하고 존중해야 한다. 칸트는 이를 중요한 정언명령의 하나로 보았다. 칸트는 '자살하지 말 것'으로 표현하지만, 이러한 구체적 표현 속에는 자신의 인격을 존엄하게 여기고 그것을 다른 어떤 수단으로 활용하지 말 것을 함의한다.

둘째, 가정과 이웃에 대한 책임이다. 현대사회에서 사람들은 원자화되고 소외되기 쉽다. 자신의 인격을 소중히 여기는 만큼 가족과 이웃을 소중히 여겨야 한다. 가족은 일생을 함께하면서 사랑과 존경, 우애를 나누는 과정에서 사회생활을 잘 영위할 수 있게 한다. 형제는 최초로 만나는 이웃이다. 형제는 동기간同氣間이라고 하여 부모로부터 같은 기운을 받고 태어난 혈육인 동시에 협동과 경쟁을 하는 관계이다. 형제간의 협동과 경쟁을 통해 사회생활과 규범을 미리 연습한다. 가족에 대한 사랑은 가족 사랑으로만 끝내서는 안 된다. 고독한 사회에서 이웃에게 건네는 따스한 인사 한마디가 삶의 의지를 불러일으킬 수 있고 안전한 사회를 만들어가는 데 도움을 줄 수도 있다.

셋째, 사회와 국가에 대한 책임이다. 특히 이 책임은 권리를 동반하는 것이 특징이다. 우리는 세금을 내는 대신 그 세금이 정당하고 행복한 사회를 만드는 데 기여할 수 있도록 요구할 권리가 있다. 사회와 국가에 대한 책임은 능력과 부를 공정하게 사용하고 분배할 책임과 준법에 대한 요구로 나타난다. 실제로 내가 지닌 능력은 대부분 사회의 타인으로부터 습득한 것들이다. 사회에서 배운 기술과 가치, 지식을 활용하여 권력이나 지위, 소득이나 부, 명예나 자존감을 획득했으므로 사회에 기여할 책무가 발생한다. 또한 우리는 준법에 대한 요구를 받아들여야 한다. 포장된 도로를 걸을 때나 차를 타고 갈 때에는 교통법규를 준수하기로 약속한 것이나 다름없다. 그러므로 법을 지키고 세금을 내고 국방의 의무를 지는 것은 그에 상응한 권리를 누리기로 계약한 것과 같다. 현대 시민사회에서 시민은 국가와 약속한 권리와 책임에 대해 잘 이해하고 그것들을 누리고 실천할 수 있어야 한다.

마지막으로 환경과 미래 세대에 대한 책임이다. 우리는 환경이나 다른 생명에게 의지하여 우리의 생명을 유지한다. 환경은 미래 세대로부터 빌려 쓰는 것이므로 깨끗한 상태로 물려주어야 한다. 또한 식물이든 동물이든 그들을 식물食物로 삼아서 생존할 수밖에 없는 인간은 유익을 주는 생명체에 대해 존엄한 의무를 갖게 된다. 특히 동물은 인간과 같이 고통과 쾌락을 감수感受하는 존재이므로 그들의 고통과 행복에 대해 주의를 기울일 필요가 있다. 동물에 대한 잔인성은 결국 인간에 대한 잔인성으로 이어질 수 있으며, 환경에 대한 몰이해와 남용은 인간의 생존을 위협하므로 지구 환경과 생명체는 인간과 공생적인 관계를 맺고 있음을 자각해야 한다.

• 제시문

〈가〉

　　포은 정몽주는 나라에 대한 책임에 대해서도 충실한 인물이다. 그는 문관으로 급제한 후 모두 네 차례에 걸쳐 국방을 위해 전장으로 나가 책무를 다했다. 첫 번째는 공민왕 12년(1363) 동북면도지휘사 한방신韓方信이 화주의 여진을 정벌할 때 종사관從事官으로 처음 참전했다. 두 번째 참전은 이듬해 삼선三善과 삼개三介가 화주까지 점령하자 최영, 이성계와 함께 참전하여 적을 패퇴시켰다. 세 번째는 우왕 6년(1380)의 운봉雲峰 전투 때 조전원수助戰元帥로서 참전하여 이성계를 따라 왜적의 큰 무리를 섬멸했다. 네 번째 참전은 동북면 조전원수로 참전한 것인데, 이때 이성계가 동북면조지휘사를 맡았다. 공명은 항상 다른 사람이 가져갔지만 포은 선생은 오로지 우국충정의 마음으로 나라에 대한 책무와 사랑을 다했다. 선생은 학문을 닦고 펴는 일, 가정에서 평안히 가족과 함께 보내고 싶은 감정이야 없지 않았을 것이지만 오로지 백성을 사랑하고, 백성의 안위를 걱정하는 단 하나의 마음으로 자신의 진실을 실천했다고 할 수 있다. 첫 번째 전투에 종군할 때 김구용이 써준 시詩에 대해 화주에서 쓴 답시答詩에서 그 외로움과 충직함을 엿볼 수 있다.

落葉正繽紛	낙엽은 어지러이 흩날리는데
思君不見君	그대를 생각하나 보지를 못하네.
元戎深入塞	원수는 변경으로 깊숙이 가고

驕將遠分軍	교만한 장수는 군사를 나눠 멀리 갔는데,
山寨行逢雨	산채에 가다가 비를 만나고
城樓起望雲	성루에서 일어나 구름을 보도다.
干戈盈四海	창과 방패 천하에 가득하니
何日是修文	어느 때나 문사를 닦아보려나.

〈나〉

한번은 증자曾子의 아내가 시장에 가는데 아들이 울면서 따라왔다. 증자의 아내가 말했다.

"얘야, 돌아가려무나. 엄마가 시장에 갔다 와서 돼지를 잡아줄게."

시장에 갔다 오니 증자가 돼지를 잡다가 죽이려 들었다. 증자의 아내가 이를 말렸다.

"아이를 달래기 위해 거짓으로 한 말이에요."

그러자 증자는 이렇게 말했다.

"아이들은 순진하여 임시변통을 할 수 있는 상대가 못 되오. 아이들은 아는 것이 없어서 부모에게서 보고 들은 것을 배우려고 들며, 부모의 가르침을 뭐든지 받아들이려고 하는 것인데 지금 당신은 아이를 속이고 거짓말을 가르치고 있소. 어미가 자식을 속이고 그 아들이 자식이면서도 어미를 믿지 않는다면 그것은 가르침이 이루어진 행동이 못 되는 것이오."

〈다〉

케팔로스 옹은 나이가 들어 재물을 많이 가지는 것이 좋다고 했다. 그 이유인즉 재물이 마지못하여 남을 속이거나 거짓말을 하지 않게 해주거나 신께 제물을 빚지거나 남한테 빚진 상태로 저승으로 가버리지 않을까 두려워할 필요가 없기 때문이라고 말했다. 이에 대해 소크라테스는 이렇게 말했다.

"아주 훌륭한 말씀이십니다, 케팔로스님! 하지만 올바름(올바른 상태, dikaiosyne)을 정직함과 남한테서 받은 것을 갚는 것이라는 식으로 단순히 말한 것인지요, 아니면 이런 걸 행하는 것도 때로는 옳지만 때로는 옳지 못하다고 말한 것인지요? 제 말씀은 이를테면 이런 겁니다. 가령 어떤 사람이 멀쩡했을 때 친구한테서 무기를 받았다가(맡았다가) 나중에 그 친구가 미친 상태로 와서 그것을 되돌려주기를 요구한다면, 그런 걸 돌려주어서도 안 되거니와 그런 걸 되돌려주는 사람, 그리고 더 나아가 그와 같은 상태에 있는 사람에게 진실을 죄다 말해주려고 드는 사람이 올바른 것은 결코 아니라고 누구나 말할 것이라는 겁니다."

"옳은 말씀입니다." 케팔레스 옹께서 말씀하셨네.

"그렇다면 진실을 말함과 받은 것을 갚아주는 것, 이것이 올바름의 의미 규정은 못 됩니다." 내가 말했네.

폴레마르코스가 케팔로스 옹의 논의를 이어 받아서 말하기 시작한다. (중략) "각자에게 갚을 것을 갚는 것이 올바르다고 했습니다. 그의 이 말은 제가 보기엔 훌륭한 말인 것 같습니다."

• 출처
<가>:『圃隱集』卷2
<나>:『韓非子』, 外儲說 左上篇
<다>: 플라톤,『국가』, 권1

- 요지

<가>: 포은 정몽주는 개인의 인성과 나라의 일원으로서 인성이 다르지 않다는 생각을 갖고 이를 그대로 실천하려고 노력했다. 위의 시는 포은 선생이 처음으로 전장에 나갈 때 김구용이 선생을 위해 시를 써주었는데, 그에 대한 답례로 쓴 시이다.

<나>: 『한비자』에 나오는 증자의 이야기이다. 『논어』 이인 편에는 공자와 증자의 문답 중 세상에서 선생이 갈 길은 오직 충忠과 서恕만 있을 뿐이라고 답한 적이 있다. 충은 양심의 순수함이나 정직과 통하는 말이고, 서는 그 정신이 미쳐서 남에게까지 이르러 관용하고 배려한다는 뜻이다. 증자가 전 재산에 해당할 만한 돼지를 단순한 약속 하나 때문에 잡아서 아들에게 먹인 행위는 어떻게 보면 어리석고 아둔한 짓이라고 생각할 수도 있으나 책임 이행으로서의 충과 관용으로서의 서를 제대로 실천했기 때문에 긍정적이라고 할 수 있다.

<다>: 위의 글은 플라톤(실제로는 소크라테스로 생각됨)이 올바름에 대해 트라시마코스의 '올바름[正義]은 강한 자의 편익'이라는 잘못된 정의定義를 논박論駁하는 대화 과정이 들어 있는 『국가』 제1편 중의 한 부분이다. 트라시마코스 같은 대부분의 소피스트들은 올바름이 어떤 행위들을 지칭한 데 반해 소크라테스는 올바름은 단순히 어떤 개별적 행위들인 '빌린 것을 그대로 갚는 것' 같은 올바른 행위들이 아니라 그 행위들의 근원에 있는 올바름 자체인 이데아를 인식하는 것이라고 했다. 감각적으로 경험되는 것들은 그림자이며 진실한 실체는 우리의 감각기관이 아닌 이성의 빛에 의해 파악되는 것이라고 한다. 눈으로 보고 귀로 들어서 아는 경험이나 의견들이 아니라 오직 지성이나 이성에 의해 파악되는 앎이 진실한 이데아적인 앎이라고 한다.

• 다음 물음에 답하시오.

1. 위의 〈가〉, 〈나〉, 〈다〉의 요지를 제대로 설명하지 못한 것을 골라보시오.

　① 〈가〉 포은: 개인의 책임은 나라에 대한 책임과 근본적으로 동일한 것이다.

　② 〈나〉 증자: 책임은 약속을 정직하게 이행하는 데서 구체적으로 실현될 수 있다.

　③ 〈다〉 소크라테스: 어떤 경우에든 사실을 그대로 말하거나 받은 것을 그대로 갚아주는 것이 정의正義이다.

2. 위의 답안을 제시한 이유는 무엇인지 말해보시오.

_____

_____

_____

3. 〈나〉와 〈다〉를 바탕으로 어떤 경우에도 약속을 그대로 지키는 것이 좋은지 토론해보시오.

_____

_____

_____

3) 존중과 배려

　사회생활에서 중요한 덕목 중의 하나가 존중과 배려이다. 존중과 배려는 인간이 삶을 살아갈 때 반드시 필요한 공동체적 삶의 원리이다. 즉, 자신 이외의 사람들을 인격적인 존재로 인정하는 행위이며 인간평등에 대한 인식의 근거이다. 이처럼 존중과 배려가 중요하지만, 현대사회에서는 잘 지켜지지 않는다. 공동체적 삶의 원리보다는 개인적인 삶을 더 중시한다. 타인에 대한 존중과 배려가 부족하기 때문에 '님비현상'이 표출되고, 자신에 대한 존중과 배려가 희박하기 때문에 '극단적 선택'으로 생을 마감하는 경우도 비일비재해졌다. 존중과 배려가 상보적 관계이고 자신과 타인에 대한 존중과 배려도 불이적不二的 관계라는 점을 상기할 때, 타인도 자기 자신만큼 인격적으로 존중되고 배려해야 할 당위적 존재임을 깨닫지 않으면 안 된다.

■ 존중

　존중은 '높이다尊'라는 말과 '소중하다重'라는 말의 한자 합성어이다. '높이어 소중히 여기다'라는 의미로서, 존중은 타인을 귀중하게 여기는 마음이며, 타인에게 친절한 마음가짐이다. 또한 존중은 자기 자신을 알고 사랑하는 자기애도 포함한다. 그러므로 존중은 타인 존중과 자기 존중으로 구분할 수 있다.

　공자는 "군자는 어진 이를 존경하고 대중을 포용하며, 잘하는 이를 아름답게 여기고 능치 못한 이를 불쌍히 여긴다(君子尊賢而容衆 嘉善而矜不能 ·

『論語』子張)."라고 했다. 즉, 도덕적 자아실현을 이룬 존재인 군자나 성인은 마땅히 어진 이를 존중해야 한다. 맹자는 "천하에 통용되는 존중은 세 가지이다. 관작官爵, 나이, 덕이다. 조정朝廷에는 벼슬만 한 것이 없고, 동네에는 나이만 한 것이 없고, 세상을 보존하고 백성을 성장시킴에는 덕만 한 것이 없다(天下有達尊三 爵一 齒一 德一 朝廷莫如爵 鄕黨莫如齒 輔世長民莫如德 · 『孟子』 公孫丑 下)."고 했다. 여기서 맹자는 벼슬도 중요하지만, 그보다 치서齒序에 의한 어른의 존중과 세상의 존속과 백성의 성장을 위해 존중의 덕이 중요하다고 강조했다.

한편, 퇴계는 타고난 성품이 순선하기도 했지만, 남에게 자상했고 공손하여 다른 사람을 존중했다. 「언행록」에서 즉 "선생은 따뜻하고 공손하며, 자상하고 조용하여 성난 모습이나 거친 자세를 하는 일이 없었다. 멀리서 바라보면 엄연儼然하여 그 풍도를 존경할 만했으나, 가까이 대하면 따뜻하여 사랑할 만한 너그러운 덕성이 있었다(先生 溫良恭謹 端詳閒泰 暴慢之容 忿戾之氣 未嘗加諸身 瞻之也 儼然 有可敬之儀則 卽之也 溫然 有可愛之容德 · 『退溪全書』言行錄, 資品)."고 했으므로 퇴계가 남을 얼마나 존중했는지를 알 수 있다.

인간은 본질적으로 사회적 관계를 형성하면서 삶을 영위한다. 그렇기 때문에 인간은 다른 사람들과의 관계 속에서 자아성찰을 추구하며, 사회적 역할을 수행한다. 즉, 인간관계에 있어 자아를 탐색하고 사회적 역할을 수행하는 데 가장 중요한 덕목 중 하나가 바로 존중이다. 타인 존중이든 자기 존중이든 존중은 인간이 삶을 살아가는 데 있어 반드시 필요한 공동체적 삶의 원리이다. 또한 존중은 자신 이외의 사람들을 인격적인 존재로 인정하는 행위이며, 인간평등에 대한 인식의 근거이기도 하다. 따라서 타인을 존중하는 것은 결국 자신을 존중하는 것으로 귀결된다.

그러나 현대사회는 공동체적 삶의 원리보다는 개인적인 삶을 더욱 중요시한다. 더욱이 현대인은 '남의 불행'이 '나의 행복'이라는 잘못된 환상에 사로잡혀 있고, 극한의 이기주의에 빠져 있다. 이는 개인적 가치와 이익을 지나치게 중요시할 뿐만 아니라 사회구성원이 공동으로 추구해야 할 공동선을 등한시하는 것으로 나타나고 있다. 그러므로 타인에 대한 존중이 부족할 뿐만 아니라 자신에 대한 존중도 미약하다.

[핵심 내용]

• 전통사회의 존중
  – 인격적인 존재로서 대우
  – 사회적 관계로서 직분에 대한 존경
  – 친절한 마음가짐의 원리
  – 인간평등에 기초
  – 상대방을 위한 열린 사고와 태도
  – 인간관계의 수용적 원리

• 현대사회의 존중
  – 인간관계에 있어 가장 핵심적인 상호 인식의 윤리
  – 인간의 가치를 높이고, 경의를 표시하는 기초적인 조건
  – 행복하고 만족스러운 삶을 위한 근간
  – 인격적인 존재로 인식되는 도덕적 근거
  – 사회질서를 유지하기 위한 최소한의 공통분모
  – 인간의 존엄성을 준수하는 기본 원리

● 자신을 업신여기면 남도 얕본다.

王何必曰利 亦有仁義而已矣 人必自侮然後人侮之 家必自毀以後人毀之
왕 하 필 왈 리 역 유 인 의 이 이 의 인 필 자 모 연 후 인 모 지 가 필 자 훼 이 후 인 훼 지

國必自伐以後人伐之
국 필 자 벌 이 후 인 벌 지

(『孟子』 離婁)

 왕께서는 하필이면 이익을 말하십니까? 또한 인의가 있을 뿐입니다. 사람은 반드시 스스로를 업신여긴 연후에 남이 그를 업신여기고, 집안은 반드시 스스로를 훼손한 이후에야 남이 그 집을 훼손하며, 나라는 반드시 스스로 내분을 거친 이후에 남이 그 나라를 정벌한다. 이처럼 상대방에 대한 존중은 자기 스스로에 대한 존중에서부터 시작된다. 상대방을 제대로 존중하는 능력을 키우려면, 먼저 스스로를 존중하는 법을 배워야 한다.

● 사회적 관계로서 직분에 대한 존경: 부모 존중과 경장 사상

孝子之至 莫大乎尊親 尊親之至 莫大乎以天下養 爲天子父 尊之至也
효 자 지 지 막 대 호 존 친 존 친 지 지 막 대 호 이 천 하 양 위 천 자 부 존 지 지 야

(『孟子』 萬章 上)

 효자의 지극함은 어버이를 존중하는 것보다 더 큰 것이 없다. 어버이를 존중하는 지극함은 천하를 봉양하는 것보다 더 큰 것이 없다. 천자의 부친이 되는 것은 존중의 지극함이다. 이처럼 부모에 대한 존중은 효자의 지극함에서 출발하지만, 효자의 지극함은 천하를 봉양하는 것과 같다고 주장한다.

年長以倍則父事之 十年以長則兄事之 五年以長則肩隨之
연 장 이 배 즉 부 사 지 십 년 이 장 즉 형 사 지 오 년 이 장 즉 견 수 지

(『童蒙先習』 長幼有序)

 나이가 나보다 배가 많으면 부모를 섬기듯이 하고, 열 살이 많으면 형을 섬기듯이 하며, 다섯 살이 많으면 어깨를 견주어 뒤에서 따라간다. 이처럼 어른은 아이를

사랑하고 아이는 어른을 존중하고 공경하여 사람이 지켜야 할 도리를 실천할 때 올바른 사회질서가 유지될 수 있다.

●인간평등 추구: 장자의 대우주 정신

古之人其備乎 配神明 醇天地 育萬物 和天下 澤及百姓 明於本數
고 지 인 기 비 호 배 신 명 순 천 지 육 만 물 화 천 하 택 급 백 성 명 어 본 수

係於末度 六通四辟 小大精粗 其運无乎不在
계 어 말 도 육 통 사 벽 소 대 정 조 기 운 무 호 부 재

(『莊子』雜篇 天下)

 옛날 사람들은 본성을 완비하고 있어 신명과 합치되고, 천지와 어울리어 만물을 생육시키고, 천하 사람들을 화합하여 은택이 온 백성에게 도달하게 했다. 그들은 근본적인 원리에도 분명했지만, 말단적인 법도에도 잘 적응했다. 그리하여 그들의 도리는 천지 사방으로 통해 크고 작거나 정밀하고 어설픈 모든 사물의 운행에 도리가 적용되지 않는 것이 없었다.

[토론 문제]

• 제시문

〈가〉

　존중은 사람이 갖춰야 할 중요한 도덕적 요건 중 하나이며, 개인의 존엄에 대한 존중을 행동과 마음속에서뿐만 아니라 사회 속에서도 실제로 보여주는 자세가 필요하다. 존중은 자아에 대한 존중, 모든 사람의 권리 및 존엄성에 대한 존중, 모든 사람을 지속시켜주는 환경에 대한 존중으로 분류할 수 있다. 자아에 대한 존중, 즉 자기 존중은 모든 도덕적 행위의 출발점이자 자신의 도덕적 권리에 대한 올바른 인식이

며 자신의 도덕적 의무에 대한 원리이기도 하다. 모든 사람의 권리 및 존엄성에 대한 존중, 즉 타인에 대한 존중은 존엄한 인간의 존재를 가치 있게 여기는 마음으로 우리가 타인을 대할 때 채택해야 하는 방식을 개괄하는 원리이다. 환경에 대한 존중은 인간의 관점을 벗어나 사물에 대한 존중을 설명하는 것으로, 자연 존중과 노동 존중에서 그 의미를 찾아볼 수 있다.

⟨나⟩

나는 살려고 하는 여러 생명 중의 하나로 이 세상에 살고 있다. 생명에 관해 생각할 때, 어떤 생명체도 나와 똑같이 살려고 하는 의지를 가지고 있다. 다른 모든 생명도 나의 생명과 같으며, 신비한 가치를 가졌고, 따라서 존중할 의무를 느낀다. 선의 근본은 생명을 존중하고 사랑하고 보호하고 높이는 데 있으며, 악은 이와 반대로 생명을 죽이고 해치고 올바른 성장을 막는 것을 뜻한다.

⟨다⟩

존중이라는 것은 일종의 감정이지만, 이 감정은 다른 사람의 영향으로 생기는 것이 아니라 합리적 개념에 의해 자발적으로 생긴다. 내가 아무런 고려도 거치지 않고 법이라고 인정하는 그것에 대해 나는 존경하는 마음을 가진다. 존경의 대상이 되는 것은 오직 법뿐이며, 그 중에서도 특히 우리가 우리 자신에게 부과하는 법, 그러면서도 그 자체로서 필요하다고 생각하는 법뿐이다. 인간존중의 의미는 법의 존중이며, 우리가 이 법을 존중하는 것은 우리가 존중하는 인간 또한 이 법을 따르고 있기 때문이다.

• 출처

　<가>: 조동길, 『생활국어』, 비상교육, 2000.

　<나>: 알베르트 슈바이처(Albert Schweitzer, 1875~1965)

　<다>: 피터스, 이홍우 역, 『윤리학과 교육』, 교육과학사, 2003.

• 요지

　<가>: 존중은 도덕적 요건이며, 개인의 존엄에 대한 행동표시이다. 존중은 자아에 대한 존중, 타인에 대한 존중, 환경에 대한 존중으로 구분할 수 있다.

　<나>: 인간은 생명 중의 하나이며, 다른 생명체도 생명이라는 관점에서는 동일한 가치를 지녔다. 그렇기 때문에 모든 생명체는 존중의 대상일 뿐만 아니라 사랑하고 보호해야 할 가치가 있다.

　<다>: 존중은 일종의 감정이지만, 합리적 개념에 의해 생기는 자발적 감정이다. 법은 존경의 대상이기 때문에 인간은 법을 존중하고 따라야 한다.

• 제시문에 대한 이해

　1. <가>의 내용은 도덕적 요건의 하나로서 존중을 설명하고 있으며, 존중의 실천이 내면적 마음의 영역뿐만 아니라 사회적 도덕윤리로 확대되기를 바라고 있다. 즉, 인간관계라는 측면에서 존중은 처세법의 선행조건이다.

　2. <나>에서는 슈바이처의 생명체에 대한 존중 사상을 엿볼 수 있다. 슈바이처는 프랑스 알자스 지방에서 출생한 신학자이자 철학자, 음악가, 의사이다. 신학자로서 철저한 종말론을 주장했지만, 철학적으로는 생명에 대한 외경을 윤리의 기초라고 강조했다. 또한 원자폭탄 실험에 적극적으로 항의했으며, 1952년 노벨 평화상을 수상했다. 그는 특히 살아있는 모든 생명체

는 동일한 존중의 대상이 되어야 한다고 주장했다.

3. <다>는 칸트_{Kant}가 주장한 형식주의적인 인간존중을 비판한 내용이다. 칸트는 법이나 인간존중의 원리는 합리적인 존재들에 의해 만들어진 것으로 모든 사람은 이 법과 원리를 준수해야 한다고 주장했다. 피터스는 칸트의 주장을 그대로 답습하여 인간존중을 자명한 도덕적 원리로 인식했다. 그러나 피터스는 인간존중을 "어떻게 해야 하는가?"에 대한 실천적 논의를 제시하지 못하여 칸트의 한계를 벗어나지 못했다.

• 다음 물음에 답하시오.

1. <가>에서 분류한 존중의 구체적 사례를 설명하고, 구체적 사례로 제시한 논거를 서술하시오.

2. <나>의 입장에서 주장한 존중의 당위성을 설명하고, <다>의 입장에서 <나>의 주장을 비판해보시오.

■ 배려

배려는 한자로 표기하면 配慮이다. 배配는 술독〔酉〕 옆에 사람이 꿇어 앉아 있는 모습〔己〕이다. 원래 술의 색을 가리키는 말이었지만, 나중에 배 필이라는 '짝'의 의미로 바뀌었다. '려慮'는 호虎와 '사思'가 합쳐진 글자로 '호'는 소리를 나타내고, '사'는 의미를 담고 있다. '려'는 생각과 관계되는 것으로 '마음을 깊이 쓰다, 헤아리다, 이해하다' 등 내면의 잠재되어 있는 생각이다.

배려는 상대방의 입장에서 어려움이나 필요에 응답해주고, 상대방의 입장을 경청하고 이해하는 마음이나 태도이다. 결국, 타인을 향한 마음이나 태도이므로 배려는 보살핌이나 돌봄 등의 뜻도 포함하고 있다. 현대사회는 다양한 인간관계를 요구한다. 가정에서의 가족관계뿐만 아니라 복잡한 사회적 관계를 필요로 한다. 이때 필요한 도덕적 덕목이 바로 배려인데, 이 배려야말로 올바른 인간관계를 정립하고 인간 상호 간의 조화와 화해를 도모하게 만든다. 따라서 배려의 진정성은 인간관계에서 상대방을 공경하고 존중하는 마음가짐에서 나온다고 할 수 있다.

전통사회에서 천지만물의 생성은 자연 질서의 조화이며, 천명天命의 실천이라고 보았다. 그렇기 때문에 작은 돌이나 한 그루 나무조차 우주 정신의 표현으로 해석한다. 더욱이 만물의 영장인 인간의 탄생에는 천지의 오묘한 의지가 반영된 것으로 본다. 이처럼 천지의 조화는 독단으로 운행되는 것이 아니라 천지의 질서와 인간의 의지가 상호 배려하면서 성립된다. 그러므로 천지의 창조는 본질적으로 배려의 원리에 의해 이루어진다.

맹자는 "타인의 불선을 말하면, 뒷날의 후환을 어찌할 것인가言人之不

善 當如後患何 · 『孟子』離婁 下)."라고 언급하면서 타인의 불선도 배려해야 한다고 했다. 그리고 퇴계는 제자를 붕우朋友처럼 여겨 예의에 맞게 겸손한 태도로 대우했다. 즉 "제자를 대접함에 마치 붕우를 대접하듯이 했다. 비록 젊은이라도 이름을 부르거나 '너'라고 호칭하지 않았다. 보내고 맞이하는 것에 예의를 갖추어 겸손한 태도로 두루 힘쓰니 공경함에 이르고, 자리에 앉으면 반드시 먼저 부형의 안부를 물었다待門弟子 如待朋友 雖少者 亦未嘗斥名稱汝 送迎周旋揖遜 致其敬 坐定 必先問父兄安否 · 『退溪全書』言行錄, 交際 金誠一)."라고 기록했다. 그래서 퇴계와 그의 제자들은 학문적인 진리와 인격적인 만남을 통해 퇴계학파라는 310명의 거대한 '정신산맥'을 형성했다.

전통사회에서는 인간존중의 미덕을 지니고 있었는데, 이것이 바로 인간에 대한 배려의 마음이다. 우리 민족의 정체성을 가장 잘 표현해주는 것이 단군신화檀君神話이다. 단군신화에 담겨 있는 정신은 바로 홍익인간弘益人間이다. 홍익인간의 의미는 "널리 인간 세상을 이롭게 한다"는 것이다. 인간 세상을 이롭게 하는 것이 바로 배려정신의 실천이다. 그리고 전통사회에서는 역지사지易地思之와 추기급인推己及人를 중시했다. 역지사지는 상대방의 입장에서 생각하고 행동하는 것인데, 이는 상대의 마음을 존중하는 것이다. 또한 추기급인은 자신의 처지를 미루어 타인의 형편을 고려한다는 뜻인데, 이는 사물에 대해 이해할 때 자기중심적인 생각에서 벗어나야 한다는 것이다. 그러므로 역지사지와 추기급인은 배려정신의 실천이라고 볼 수 있다.

한편, 현대사회는 핵가족 중심으로 가정이 구성되어 있기 때문에 가족 이외의 사람에 대한 관심과 이해가 부족하다. 하물며 같은 아파트에 사는 이웃조차 누구인지 잘 모르는 경우가 허다하다. 자신 이외의 존재에 대한 무관심은 현대사회의 인간을 더욱 고독하게 할 뿐만 아니라 공동체사회의 해체를 촉진할 것이다. 그러므로 우리는 이웃에 대한 관심과 이해를 가지기 위해 노력해야 한다. 자신 이외의 상대방에게 관심을 갖는 것은 공감하는 마음의 표시이다. 또한 현대사회의 배려는 타인에 대한 겸손과 공경의 마음가짐이다. 현대인은 사회생활에서 다양한 관계적 삶을 영위하는데, 이때 상호 간에 필요한 덕목이 바로 겸손과 공경이다.

[핵심 내용]

• **전통사회의 배려**

　- 천지창조의 조화 원리

　- 인간존중의 미덕

　- 사람 사이의 삶의 방식

　- 역지사지易地思之하는 자세

　- 추기급인推己及人의 마음

• **현대사회의 배려**

　- 공감과 이해의 근원적 조건

　- 타인에 대한 겸손과 공경의 마음가짐

　- 사랑과 다양성을 존중하는 도리

　- 공동체의 선을 실천하는 원리

　- 행복한 사회생활을 위한 기본원칙

● 천지의 덕과 짝함: 천지의 조화는 상호 배려하면서 운행

廣大配天地 變通配四時 陰陽之義配日月 易簡之善配至德

광 대 배 천 지 변 통 배 사 시 음 양 지 의 배 일 월 이 간 지 선 배 지 덕

(『周易』繫辭 上)

 넓고 큰 것은 천지와 짝하고, 바뀌고 두루 미침은 사계절과 짝하며, 밤과 낮의 순환은 해와 달과 짝하고, 쉽고 간단한 것은 최고의 덕과 짝한다.

● 내가 싫은 것은 남도 싫다: 배려는 마음을 움직이는 힘

己所不欲 勿施於人

기 소 불 욕 물 시 어 인

(『論語』衛靈公)

 내가 하고 싶지 않은 것을 다른 사람에게 베풀지 말라.

仲弓問仁 子曰 出門如見大賓 使民如承大祭 施諸己而不願 亦勿施於人

중 궁 문 인 자 왈 출 문 여 견 대 빈 사 민 여 승 대 제 시 저 기 이 불 원 역 물 시 어 인

(『中庸』第13章)

 중궁이 인仁에 관해 질문하자 공자께서 대답하시기를, "대문을 나서면 큰 손님을 만난 듯이 하고, 백성에게 명령할 때는 큰 제사를 받들 듯이 하여라. 내 몸에 베풀어보아 원하지 않는 것을 다른 사람에게 베풀지 말라."

● 사람 사이의 삶의 방식: 타인을 우선하는 배려정신

夫仁者 己欲立而立人 己欲達而達人

부 인 자 기 욕 입 이 입 인 기 욕 달 이 달 인

(『論語』雍也)

 인자仁者는 자신이 서려고 하는 곳에 타인도 세워주고, 자신이 도달하려고 하는 곳에 타인도 도달하게 한다.

● 타인을 이해하지 못함을 걱정함: 다른 사람을 인식하는 것이 중요

子曰 不患人之不己知 患不知人也
자 왈 불 환 인 지 불 기 지 환 부 지 인 야

(『論語』學而)

 공자께서 말씀하시기를, "다른 사람이 자기를 알아주지 않는 것을 우려하지 말고, 내가 남에 대해 알고 있지 못한 것을 근심해야 한다."

[토론 문제]

• 제시문

〈가〉

　　귀산은 사량부 사람으로서 아버지는 아간의 직책을 역임한 무은이다. 귀산은 젊어서 같은 마을의 추항을 친구로 삼았다. 두 사람은 서로 말했다. "우리가 선비나 군자와 함께 교유하기를 기대하면서도 먼저 마음을 바르게 하고 몸을 닦지 않는다면 아마도 치욕을 당하지 않을 수 없을 것이니, 어찌 어진 사람 옆에서 도를 배우지 않겠는가?" 당시 원광법사가 수나라에 유학을 다녀와서 가실사에 있었는데, 그때 사람들이 그를 높이 예우했다. 귀산 등이 그 거처에 가서 옷자락을 여미고, "속세의 선비가 어리석고 몽매하여 아는 것이 없사오니, 한 말씀 해주시어 평생의 계명으로 삼게 해주소서."라고 공손히 말했다. 법사가 말했다. "불가의 계율에 보살계라는 것이 있는데, 그것은 열 가지로 구별되어 있으나 그대들이 남의 신하로서는 아마 감당할 수 없을 것이다. 지금 세속오계가 있으니, 첫째는 임금을 충성으로 섬기는 것이요, 둘째는 부모를 효성으로 섬기는 것이요, 셋째는 벗을 신의로 사귀는 것이요, 넷째는 전쟁에 임하여 물러서지 않는 것이요, 다섯째는 살아

있는 것을 죽일 때는 가려서 죽여야 한다는 것이니, 그대들은 이를 실행함에 소홀치 말라."

귀산 등이 말했다. "다른 것은 말씀대로 하겠습니다만, 소위 살아있는 것을 죽일 때는 가려서 죽여야 한다는 말씀만은 잘 모르겠습니다." 법사가 대답했다. "육재일과 봄이나 여름에는 살생치 아니한다는 뜻이니, 이는 죽이는 시기를 선택하는 것이다. 가축은 죽이지 않는 법이니 이는 말, 소, 닭, 개를 죽여서는 안 된다는 말이며, 하찮은 것을 죽여서는 안 되나니 고기 한 점도 되지 못하는 것을 죽여서는 안 된다는 것을 뜻한다. 이는 죽이는 대상을 선택하는 것이다. 이와 같이 오직 소용되는 경우에만 죽이고 그 이상은 죽이지 말 것이니, 이는 세속의 좋은 계율이라고 할 만하다." 귀산 등이 말했다. "지금부터는 이 가르침을 받들어 두루 실행하고, 감히 어기는 일이 없을 것입니다."

〈나〉

"배려와 경쟁은 이율배반적인 것이지만, 우리의 삶을 지탱시켜주는 게임의 기본 룰이야. 마치 인내하고 포용하는 인仁의 정신과 판단하고 배척하는 의義의 정신이 공존해야 하듯 말이야. 하지만 공동의 생존을 위해 때로는 배려를 중지하는 지혜가 필요할 때도 있지. 우리는 살기 위해 룰을 지키는 것이지, 룰을 위해 사는 것은 아니잖아."

〈다〉

말로만이 아니라 진정으로 타인을 사랑하려고 생각한다면, 역시 말로만이 아니라 실제로 자기 자신을 사랑하는 것을 그만두지 않으면 안 된다. 그런데 우리는 흔히 남을 사랑하고 있다고 생각하며 자신은 물론 남에게도 그것을 믿게 하려고 한다. 그러나 남을 사랑하는 것은 그지 말뿐이고 실제로는 자기 자신을 사랑하고 있는 것이다. 남에게 먹을 것을 주고 잠자리를 제공하는 것은 잊어버리지만, 자기 자신에 대해서는 절대로 잊지 않는다. 그러므로 남을 실천적으로 사랑하기 위해서는 남에 대해 종종 잊어버리듯이 자기 자신에게 먹을 것을 주고 잠자리를 제공하는 것을 잊어버리지 않으면 안 된다. 희생이 크면 클수록 사랑도 크고, 사랑이 크면 클수록 그 사람의 행위는 많은 결실을 맺으며 다른 사람들에게도 크게 이로움을 준다.

인간의 삶에는 두 가지 극한이 있다. 하나는 남을 위해 자신의 생명을 버리는 것이고, 또 하나는 자신의 삶을 전혀 바꾸지 않고 살아가는 것이다. 모든 사람은 이 두 가지 극한의 중간에서 살고 있다. 전자는 모든 것을 버리고 그리스도의 뒤를 따르는 제자에 비유할 만한 삶을 살고 있고, 후자는 삶을 바꾸라는 말을 들으면 이내 돌아서서 가버리는 부자 청년 같은 삶을 살고 있다. 이 양극 사이에 생활의 일부분만 바꾼 자카이 사람들이 있다. 최소한 자카이가 되기 위해서라도 우리는 전자의 삶을 향해 끊임없이 정진하지 않으면 안 된다.

• **출처**

<가> : 金富軾, 『三國史記』 新羅本紀

<나> : 한상복, 『배려』, 위즈덤하우스, 2006.

<다> : 톨스토이, 채수동 역, 『인생이란 무엇인가』, 동서문화사, 2005.

• **요지**

<가> : 귀산은 친구 추항과 함께 정심正心과 수신修身을 다짐하고 원광법사圓

光法師를 찾아가 평생의 계율을 부탁했다. 원광법사는 세속오계를 알려주고 실행함에 소홀하지 말라고 말했다. 살생유택에 대해 다시 질문하자, 죽이는 시기를 선택하도록 알려주었다.

〈나〉: 배려와 경쟁은 이율배반적이지만, 삶을 지탱하는 기본 규칙이다. 인의仁義가 공존하듯이 공동의 생존을 위해 배려를 중지할 필요도 있다.

〈다〉: 진정한 타인의 사랑을 위해 자신을 사랑하는 것을 중지해야 한다. 즉, 자기 자신을 희생해야만 타인에게 더 큰 사랑을 줄 수 있다. 인간에게는 두 가지 극단적인 선택이 있다. 하나는 남을 위해 자신을 헌신하는 것이며, 다른 하나는 자신을 위해 살아가는 것이다. 많은 사람은 이 두 가지 극한의 중간에 살고 있지만, 타인을 위해 자신을 끊임없이 정진해야 한다.

• 다음 물음에 답하시오.

1. 〈가〉에서 주장하는 '시기를 선택하라'는 의미는 구체적으로 무엇이며, 배려의 관점에서 시기에 따른 식물食物의 처지를 어떻게 해야 하는지를 설명해보시오.

_____

_____

2. 〈나〉의 입장에서 스포츠경기에 함의된 도덕적 딜레마를 설명해보고, 〈다〉의 관점에서 타인을 배려하는 자신의 헌신적인 행동을 열거해보시오.

_____

_____

4) 소통과 협동

인간을 한자로 쓰면 人間이다. '人'은 홀로 설 수 없는 형상으로 서로를 의지하도록 되어 있는 구조이다. '間'은 '틈, 사이, 끼다, 섞이다'라는 뜻을 지닌다. 이 둘을 묶어 '人間'을 보면, 서로 기댈 수밖에 없는 존재들이 서로 관계를 맺고 살아간다. 관계를 맺는다는 것은 서로 간의 소통에 의해 이루어지게 된다. 소통이 하나의 뜻으로 결집하여 협동하면 인간은 더 이상 나약한 존재가 아니다. 맹자孟子의 성선설性善說에 의거할 때, 소통과 협동은 지극한 선의 세계[止於至善]로 나아가는 수단이다. 그러나 인간의 욕심이 본성을 이기면 상황은 달라진다. 소통과 협동은 사욕의 지배를 받아 거대한 욕심 덩어리가 되어 선善한 본성을 갉아먹게 된다. 인간의 도덕적 수양이 필요한 이유가 여기에 있다. 소통과 협동이 본연의 역할을 다하도록 하기 위해서는 어떻게 해야 하는가? 전통사회와 현대사회에서 그 답을 찾아보기로 한다.

■ 소통

소통은 '막힘 없이 잘 통하다'라는 의미를 지닌다. 이를 인간관계에 적용시켜보면, 다름 아닌 '공감과 배려'가 된다. 간혹 수직적 질서가 성했던 전통사회를 소통이 아닌 불통의 시대로 인식하는 경우가 있다. 수평적 질서하에서만 소통이 이루어질 수 있다고 본다면 불통이 틀림없지만, 수직적 질서하에서도 소통이 가능하다고 본다면 사정은 달라진다. 소통이 지닌 본래의 의미처럼 인간관계 속에서 서로의 생각에 막힘과 오해 없이 잘 통하기만 한다면 수직적 질서 속에서도 소통은 얼마든지 가능하다. 소통이 시대를 초월하여 존재한다고 볼 때, 전통사회의 소통 양상과 현대사회의 소통 양상을 정리해보지 않을 수 없다.

[핵심 내용]

• 전통사회의 소통

  - 오륜五倫과 소통

  - 소통의 핵심은 경청敬聽

  - 인간본성의 감응感應과 소통

  - 공론公論 지향과 소통

• 현대사회의 소통

  - 마음으로 전하는 소통

  - 인터넷, 소통이 빚은 불통不通인가?

  - 의사소통, 무엇이 문제인가?

[주요 논점]

●오륜五倫과 소통의 관계

〈오륜五倫〉

  - **부자유친**父子有親: 부모와 자식 사이는 혈연으로 맺어진 관계이므로 임의대로 선택하거나 바꿀 수 없는 관계다. 그런 까닭에 부자관계를 하늘이 맺어

준 천륜天倫이라고 한다. 천륜인 부자는 친함이 있어야 한다고 했다. 친함이 부자를 소통하게 하는 여결고리가 된다. 즉, 자식에 대한 부모의 어질고 자애로운 배려와 부모에 대한 자식의 극진한 효도와 존경의 배려가 부자를 맺어주는 소통 역할을 하는 것이다.

- **군신유의**君臣有義: 부자유친이 혈연적 관계에 의한 것이라면 임금과 신하는 인위적 결합에 의한 것이다. 군주와 신하는 표면상 상하 수직의 관계인 듯하지만 실상 상호보조 관계다. 군주가 통치의 주체라면 신하는 군주를 보좌하는 역할을 하는데, 이들을 결속하는 것이 의리義理이다. 군주와 신하는 서로에 대한 의리로 소통이 이루어질 때 올바른 군신관계가 이루어질 수 있다.

- **부부유별**夫婦有別: 부부유별을 종속적 관계로 보는 경향이 있는데, 이는 잘못된 인식이다. 부부간에 분별이 있다는 것은 남편과 아내로서 각자의 본분을 헤아려 잘 지켜나가야 한다는 뜻이다. 부부는 남편과 아내로서의 본분에 충실해야 하며 그 과정에서 서로의 인격을 존중하여 공손히 대하는 배려가 있어야 한다. 부부간에 이루어지는 유별有別은 평등에 기초한 상호 공경의 의미이며, 그 유별이 부부간의 진정한 소통이 된다.

- **장유유서**長幼有序: 장유유서는 연령적 질서 규범이 사회윤리로 발전한 것이다. 형우제공兄友弟恭의 가정 윤리가 장유유서라는 사회윤리로 확대된 것이므로 자칫 장유를 통한 수직적 질서 체계를 세우려는 잘못된 생각은 금물이다. 어른과 아이는 사랑과 공경으로 소통한다. 따라서 유서有序에 있는 질서 또는 차례는 어른과 아이를 분별하는 것이 아니라 사랑과 공경이라는 통로를 통해 상하관계의 사회적 윤리규범을 확립하는 것이다.

- **붕우유신**朋友有信: 붕우유신은 벗과의 사귐에서 믿음을 기반으로 한 수평적 인간관계를 통해 인격적 유대를 공고히 하자는 데 있다. 벗은 서로 동등한 사이로, 진실이 동반되어야 한다. 진실이라는 믿음을 통해 만난 벗이라야

어진 마음과 너그러운 덕성〔補仁〕을 쌓아갈 수 있다. 그런 점에서 벗과의 사귐은 진실한 믿음이라는 소통을 경로로 하고 있다.

● **소통의 핵심은 경청**敬聽

令人盡其言 只此一事 可以進德
영 인 진 기 언 지 차 일 사 가 이 진 덕

(柳麟錫,『毅菴集』雜著)

 상대에게 자신의 말을 다 하게 하는 것, 이 한 가지 일만 해도 덕을 높일 수 있다.

人言逆于其志 易其不擇是非而去之 人言遜于其志 易其不擇是非而取之
인 언 역 우 기 지 이 기 불 택 시 비 이 거 지 인 언 손 우 기 지 이 기 불 택 시 비 이 취 지

(李昭應,『習齋先生文集』察人言)

 다른 사람의 말이 나의 뜻에 거슬리면 시비를 가리지 않고 그 말을 버리기 쉽고,
다른 사람의 말이 나의 뜻에 알맞으면 시비를 가리지 않고 그 말을 취하기 쉽다.

防民之口 甚於防水
방 민 지 구 심 어 방 수

(『國語』周語 上)

 백성의 입을 막는 것은 물길을 막는 것보다 위험하다.

子曰 舜其大知也與 舜好問而好察邇言 隱惡而揚善 執其兩端
자 왈 순 기 대 지 야 여 순 호 문 이 호 찰 이 언 은 악 이 양 선 집 기 양 단

用其中於民 其斯以爲舜乎
용 기 중 어 민 기 사 이 위 순 호

(『中庸』)

 공자가 말씀하시길, "순임금은 매우 지혜로운 분이셨다. 순임금은 묻기를 좋아하
셨고, 천근한 말 살피기를 좋아하셨다. 나쁜 말은 못들은 척하고 좋은 말은 드러
내시어 양 극단을 잡으시어 그 한가운데를 백성에게 베풀었으니 이것이 순임금
된 까닭이다."

●인간본성의 감응感應과 소통

孟子曰 萬物皆備於我矣 反身而誠 樂莫大焉 强恕而行 求仁莫近焉
맹 자 왈 만 물 개 비 어 아 의 반 신 이 성 락 막 대 언 강 서 이 행 구 인 막 근 언

(『孟子』盡心 上)

 맹자가 말하기를 "모든 사물의 이치는 나에게 갖추어져 있다. 자신을 돌이켜보고
성실하게 하면 즐거움이 그보다 클 데가 없고, 힘써 용서하는 마음으로 실천하면
인자함을 구하는 데 그보다 가까운 길은 없다."

我若處之不盡其道 則反諸我身 必有欠焉而餒矣 反之而無所欠闕
아 약 처 지 부 진 기 도 즉 반 저 아 신 필 유 감 언 이 뇌 의 반 지 이 무 소 흠 궐

其樂當如何哉 故曰 强恕而行 求仁莫近焉 求仁得仁 所謂反身而樂也
기 락 당 여 하 재 고 왈 강 서 이 행 구 인 막 근 언 구 인 득 인 소 위 반 신 이 락 야

(李瀷, 『星湖僿說』萬物備我)

 내가 만물을 접할 때 처리하는 방도가 극진하지 못하면 나 자신을 돌이켜볼 때 필
시 무언가 미흡하여 허전하게 느껴질 터이지만, 나 자신을 돌이켜보아 부족한 바
가 없다면 그 즐거움이 어떠하겠는가! 그러므로 "서恕(推己及人)를 힘써 실행하면
인仁을 구함이 이보다 더 가까울 수 없다."고 했으니, 인을 구해서 인을 얻는 것이
이른바 자신을 돌이켜 진실하면 즐겁다는 것이다.

大臣聞人之善 若己有之 休休然有樂善之誠 則百執事各恭其職
대 신 문 인 지 선 약 기 유 지 휴 휴 연 유 락 선 지 성 즉 백 집 사 각 공 기 직

奔走無暇矣 上以感動人主 下以感化百姓者 責在大臣 大臣誠能協心
분 주 무 가 의 상 이 감 동 인 주 하 이 감 화 백 성 자 책 재 대 신 대 신 성 능 협 심

與其爲善 而正其不善 三公正六卿 六卿正百官 則百僚師師
여 기 위 선 이 정 기 불 선 삼 공 정 육 경 육 경 정 백 관 즉 백 료 사 사

而朝廷淸明矣 故大臣必得老成之人 可也
이 조 정 청 명 의 고 대 신 필 득 로 성 지 인 가 야

(趙光祖, 『靜菴集』大司憲時啓四)

 대신이 남의 선행을 듣고 마치 자기의 선행처럼 기뻐하여 기쁜 마음으로 선을
즐거워하는 정성이 있다면, 모든 집사는 각자의 직분에 부지런히 힘써 한가할
겨를이 없을 것입니다. 위로는 군주를 감동시키고 아래로는 백성을 감화시키는
것은 대신의 책임입니다. 대신이 진실로 협심하여 선을 행하고 그 불선을 바로

조광조

잡으면, 삼공은 육공을 바로잡고 육공은 백관을 바로잡아 모든 관료가 스승처럼 섬기어 조정이 청명하게 될 것입니다. 그러므로 대신은 노성한 사람을 얻는 것이 옳습니다.

● 공론公論 지향과 소통

孟子曰 子路人告之以有過則喜 禹聞善言則拜 大舜有大焉善與人同
맹 자 왈   자 로 인 고 지 이 유 과 즉 희   우 문 선 언 즉 배   대 순 유 대 언 선 여 인 동

捨己從人 樂取於人 以爲善 自耕稼陶漁 以至爲帝 無非取於人者
사 기 종 인   락 취 어 인   이 위 선   자 경 가 도 어   이 지 위 제   무 비 취 어 인 자

取諸人以爲善 是與人爲善者也 故 君子莫大乎 與人爲善
취 저 인 이 위 선   시 여 인 위 선 자 야   고   군 자 막 대 호   여 인 위 선

(『孟子』公孫丑 上)

 맹자가 말씀하시길, "자로는 남이 자기 결함을 지적해주면 기뻐했고, 우임금은 좋은 말을 들으면 절을 했다. 위대한 순임금은 더 훌륭했으니, 남과 함께하기를 잘해서 자기를 버리고 남을 좇아 남의 의견을 취해 선을 행하기를 즐거워했다. 농사

짓고 도자기 굽고 고기 잡던 그가 임금까지 올랐는데, 어느 하나라도 남에게 배우지 않는 것이 없다. 남의 장점을 따라 배워 자기를 제고함으로써 여러 사람에게 보다 많고 좋은 일을 하게 하는 것, 그것이 바로 남이 잘되도록 도와주는 것이다."

代言等畏王怒不敢啓 夢周與同列上疏曰 信者人君之大寶也 國保於民
대언등외왕노불감계 몽주여동렬상소왈 신자인군지대보야 국보어민

民保於信 近日殿下 下敎求言曰 言之者無罪 於是 人皆抗
민보어신 근일전하 하교구언왈 언지자무죄 어시 인개항

極論政事之得失 民生之休戚 眞所謂不諱之朝也
극론정사지득실 민생지휴척 진소위불휘지조야

(鄭夢周, 『圃隱集』請赦金貂發佛罪疏)

 대언 등이 왕의 노여움을 겁내 감히 간언하지 못하자 정몽주가 대신들과 함께 상소했다. "신뢰야말로 임금이 지녀야 할 큰 보배이니 나라는 백성에 의해 보존되고 백성은 신뢰에 의해 보존됩니다. 최근 전하께서 간언을 구한다고 하시면서 '간언하는 자에게는 어떤 죄도 묻지 않겠다'고 했습니다. 이에 따라 사람들이 모두 상소하여 정치의 잘잘못과 민생의 애환을 다 털어놓았으니 정말 말 그대로 숨김이 없는 조정이라고 하겠습니다."

정몽주

與一人相關之事 不可只從我所欲而勒行 與千百人相關之事
여 일 인 상 관 지 사 불 가 지 종 아 소 욕 이 륵 행 여 천 백 인 상 관 지 사

當從公論而措處 不可肆己見而獨斷 況萬姓安危生死攸係之選擧職官
당 종 공 론 이 조 처 불 가 사 기 견 이 독 단 황 만 성 안 위 생 사 유 계 지 선 거 직 관

豈可不循萬姓之至願 而獨行己之私情乎
기 가 불 순 만 성 지 지 원 이 독 행 기 지 사 정 호

(崔漢綺,『人政』從萬民願)

 다만 한 사람과 관계된 일이라도 내가 하고자 하는 것만을 좋아서 억눌러 행하여 서는 안 되며, 수많은 사람과 관계되는 일도 마땅히 공론을 따라 조처해야지 자기 의 견해만으로 결단을 내려서는 안 된다. 더욱이 만백성의 안위와 생사가 달려 있 는 선거의 직분을 맡은 관리가 어떻게 만백성의 지극한 소원을 따르지 않고 단독 으로 자기의 사정만을 행할 수 있겠는가?

● **마음으로 전하는 소통**

"세상에서 가장 어려운 일이 뭔지 아니?"

"흠…… 글쎄요. 돈 버는 일? 밥 먹는 일?"

"세상에서 가장 어려운 일은 사람이 사람의 마음을 얻는 일이란다. 각각의 얼굴만큼 다양한 각양각색의 마음을. …… 순간에도 수만 가지의 생각이 떠 오르는데 그 바람 같은 마음이 머물게 한다는 건 정말 어려운 거란다."

(생텍쥐페리,『어린 왕자』)

 이 글에는 어린 왕자와 여우의 대화 내용이 담겨 있다. 여우가 어린 왕자에게 던 진 말은 소통의 본질을 생각하게 한다. '마음을 얻는 것'은 서로를 이해하고 받아 들일 때 가능하다. 바람 같이 머물고 가는 마음을 잡기 위해서는 서로를 내보이지 않으면 안 된다. 진심이 온전하게 전달되어야 마음을 얻을 수 있고, 서로의 마음 이 통할 때 진정한 소통이 이루어질 수 있다.

이야기를 들어달라고 하면 당신은 충고를 시작하지.

나는 그런 부탁을 한 적이 없어.

이야기를 들어달라고 하면 그런 식으로 생각하면 안 된다고 당신은 말하지.

당신은 내 마음을 짓뭉개지.

이야기를 들어달라고 하면 나 대신 문제를 해결해주려고 하지.

내가 원하는 것은 그런 것이 아니야.

들어주세요! 내가 원하는 것은 이것뿐.

아무 말 하지 않아도 돼. 아무것도 해주지 않아도 좋아. 그저 내 얘기만 들어주면 돼.

(조신영, 『경청』)

 이 글은 조신영의 『경청』 중 일부로서, 소통 부재의 시대를 단적으로 보여준다. 화자는 자신의 이야기를 들어달라는 간단한 요구만 하고 있다. 그런데 경청 대신 충고나 비판 또는 문제 해결을 답으로 내놓고 있다. 들어달라고 한 것뿐인데 듣는 것은 사라지고 각각의 대답만을 쏟아내고 있다. 진정한 소통은 어디에서 출발하는 것인지 생각하게 하는 글이다.

● 인터넷, 소통이 빚은 불통不通인가?

○ [Saturday] 알맹이 빼고 가십만 남기는 '페북 · 트위터 깔때기'

지난해 6월 서울교육감 선거에는 자립형 사립고와 혁신학교의 존폐, 무상급식 확산 여부 등 굵직한 이슈가 있었다. 그러나 후보 간 폭로전이 소셜네트워크서비스(SNS)를 뒤덮은 뒤 남은 것은 눈을 질끈 감고 오른손을 위로 뻗은 고승덕 후보의 사진 한 장과 "미안하다"는 말이었다.

(「중앙일보」, 2015. 5. 2)

위 기사는 사건에 대한 본질은 사라지고 SNS를 통해 가십거리만 난무하는 사실을 비판한 글이다. 첫 번째 사진은 오바마와 롬니 후보 간 TV토론 상황을 보여준다. 토론의 핵심 내용은 '국가와 국민', '일자리'와 관련된 것이다. 그러나 트위터는 롬니 후보가 상대방의 주장을 반박하며 "나랑 1만 달러 내기 하겠느냐?"에 집중되었다. 토론 내용이 트위터의 깔때기를 거치면서 본질은 사라지고 가십만 남게 된 것을 말한다. 마지막 사진도 이런 문제를 안고 있다. 조희연과 고승덕 후보 간 서울교육감 선거 시 주장했던 굵직한 이슈들은 사라지고 고승덕 후보의 영주권 문제만 부각되어 SNS에 나돌게 된 것이다. 온전한 소통은 사라지고 그 자리를 대신해서 왜곡된 소통만이 난무하는 문제점을 지적하고 있다.

○ '내 편'과 '네 편'을 구분하는 집단주의 사고방식

채선당 종업원이 잘못했다는 생각을 가진 사람들이 모여서 더욱 극단적인 생각을 가지게 되는 것은 '집단 극단화'로 볼 수 있다. 집단 극단화가 일어나면 추가로 제공되는 정보에 대한 이성적 검증이 진행되지 않는다. 극단화는 트위터 등의 SNS를 통해 심화된다. 성향이 비슷한 사람끼리 팔로우를 하는 트위터에 같은 생각을 가진 사람들이 모여 '내 편과 네 편'을 나누는 편 가르기 현상이 일어나기도 한다. 황상민 연세대 심리학과 교수는 "자신의 생각과 다른 여러 정보가 있었지만 이를 검증하는 과정은 일어나지 않았다."고 했다.

(「조선일보」, 2012. 2)

 위 신문 기사는 현대사회의 소통 문제를 여실히 보여주고 있다. 소통은 열린 사고에서 출발해야 한다. 편 가르기 식의 소통은 자기들만의 생각을 공유하고 그것이 절대적이라는 잘못된 가치 판단을 초래한다. 문제의 잘못을 지적하는 것은 좋다. 잘못된 점을 알아야 개선의 여지가 있다. 그러나 채선당 종업원의 잘못을 마녀사냥 식으로 몰고 가는 것은 왜곡된 진실의 전파가 될 수 있으며 또 다른 피해자를 불러오게 된다. 자신들만이 절대적인 가치기준이라는 집단주의적 사고방식은 제거되어야 한다. 소통의 방해 요인을 소통 당사자와 조직구조에 따라 나누었지만 문제의 근원에는 인간이 있다. 인간 존엄성에 대한 상실, 상대에 대한 이해와 배려의 부재, 지나친 자기중심주의 등이 실상 온전한 소통을 방해하는 요인들이다.

이와 같은 소통의 방해 요인을 제거하여 건전한 소통 문화를 만들어야 한다. 사랑의 마음으로 상대를 배려하고 포용할 수 있다면 나머지는 자연스럽게 해결될 일이다.

● 의사소통, 무엇이 문제인가?

〈유재석의 소통 법칙 10가지〉

1. '앞'에서 할 수 없는 말은 '뒤'에서도 하지 마라.

   뒷말이 가장 나쁘다.

2. '말'을 독점하면 '적'이 많아진다. 적게 말하고 많이 들어라.

   들을수록 내 편이 많아진다.

3. 목소리의 '톤'이 높아질수록 '뜻'은 왜곡된다. 흥분하지 마라.

   낮은 목소리가 힘이 있다.

4. '귀'를 훔치지 말고 '가슴'을 흔드는 말을 하라.

   듣기 좋은 소리보다 마음에 남는 말을 하라.

5. 내가 '하고' 싶어 하는 말보다 상대방이 '듣고' 싶은 말을 하라.

   하기 쉬운 말보다 알아듣기 쉽게 말하라.

6. 칭찬에 '발'이 달렸다면, 험담에는 '날개'가 달려 있다.

   나의 말은 반드시 전달된다. 허물은 덮어주고 칭찬은 자주 하라.

7. '뻔'한 이야기보단 '펀(fun)'한 이야기를 하라.

   디즈니만큼 재미나게 하라.

8. 말을 '혀'로만 하지 말고 '눈'과 '표정'으로 하라.

   비언어적 요소가 언어적 요소보다 더 힘이 있다.

9. 입술의 '30초'가 마음의 '30년'이 된다.

   나의 말 한마디가 누군가의 인생을 바꿀 수도 있다.

10. '혀'를 다스리는 건 나이지만, 내뱉어진 '말'은 나를 다스린다.

함부로 말하지 말고, 한 번 말한 것은 책임져라.

 항간에 화제가 되고 있는 유재석의 평범한 소통 법칙이 의미 있게 다가온다. 모든
소통의 출발은 상대에 대한 배려에서 출발한다. 상대의 말을 귀담아 들을 수 있어
야 하고, 상대에 대한 험담보다는 칭찬이 앞서야 하며, 상대에게 기쁨을 줄 수 있
는 말 한마디가 전해질 때 마음은 열리고 진정한 소통으로 나아가게 된다. 평범한
진리가 담고 있는 의미를 다시금 생각하게 한다.

● 소통하라

마음의 문을 닫고 고집 부리고 있으면 막힌다.

소통하라 그리하면 풀릴 것이다.

찜통더위엔 대청마루 앞문 뒷문을 열어야 새 바람이 온다.

육합六合으로 봐도 숨김없는 무사無私 정신을 지녀라.

소통이란 강물처럼 온갖 물을 받아들이는 것이다.

바둑판에서 흑과 백을 따로 보지 말고 크게 보라.

도통道通하면 복통腹痛하고 소통疏通한다.

높낮이가 없고 의심과 오해가 씻긴다.

온유한 마음으로 인내심으로 입은 다물고 귀는 열어라.

차이를 인정하고 이것저것을 가리지 마라.

성한 돌이나 깨진 돌이나 두루 써라.

용庸에 맞게 마음의 소리와 몸의 소리를 들어라.

시든 꽃도 꽃이다.

혁신하라, 새롭게 변화한다.

소통하면 봄이 오고, 불통하면 겨울 온다.

소통을 잊지 마라.

무지개처럼 통합된 날이

강불처럼 하나 된 날이 오리니,

막혔던 길을 뚫어라, 상생하리니.

(차영섭 「소통하라」)

 인간은 의사소통을 통해 인간관계를 원활하게 유지해나가지만, 항상 소통의 단절을 내재하고 있다. 원활한 인간관계를 유지하기 위해 의사소통의 방해 요인을 알아야만 대처 방안을 세울 수 있다. 의사소통을 방해하는 요인은 크게 두 가지로 나눌 수 있다. 첫째는 소통 당사자 간에 기인한 장애 요인 때문이며, 둘째는 조직 구조에 기인한 장애 요인 때문이다. 첫 번째 요인으로는 ① 가치관이나 사고 기준의 차이로 인한 해석의 차이, ② 전달자의 자기 방어기제적防禦機制的 측면, ③ 전달자에 대한 불신이나 편견, ④ 원만하지 못한 인간관계 등을 들 수 있다. 두 번째 요인으로는 ① 조직구조에 따른 수직적 의사전달, ② 조직 내 극단적 편 가르기, ③ 조직 내 의사소통 채널의 부족 등이 이에 해당한다. 이러한 방해 요소들이 제거될 때 의사소통은 원활하게 이루어질 수 있다.

[토론 문제]

• 제시문

〈가〉

　　주나라 여왕厲王은 방약무인傍若無人한 사람이었다. 여왕이 즉위한 후 영이공榮夷公이란 사람을 좋아했다. 천자에게 여러 가지 방법으로 재물 챙기는 방법을 조언하는 영악한 사람이었던 모양이다. 천자가 그를 요직에 앉히려 하자 충신 예량부가 간언했다.

　　"영이공은 욕심에 눈이 멀어 이익을 독점하면서도 그로 인해 다가

올 재앙에 대해서는 전혀 알지 못하는 사람입니다. 무릇 이익이란 만물에서 생겨나 천지가 공유하는 것이므로 그것을 누군가 독점하면 만인의 분노를 불러일으키게 됩니다. 그가 이런 길로 천자를 인도하니 천자께서 오래도록 무사하게 지내실 수 있겠습니까? 보통 사람이 이익을 독점해도 도적이라 하거늘 왕이면서 사리사욕을 챙기신다면 천자를 따르는 사람은 찾아보기 어렵게 될 것입니다. 영이공을 등용하시면 필시 나라가 망합니다."

그러나 왕은 듣지 않았다. 영이공을 대신으로 삼아 국사를 주관하게 했다. 왕이 더욱 포악하고 사치하며 오만하므로 백성의 비방하는 소리가 높아졌다. 대부 소공이 이를 알리며,

"백성이 왕의 명령을 다 감당하기 어려워 원성이 높습니다."

라고 하자 여왕은 백성 가운데 왕명을 비방하는 자들을 색출하게 했다. 위나라에서 무당을 불러다가 비방하는 사람들을 점찍어 찾아내게 하고 그가 백성 사이를 사찰하여 고발하는 자는 즉시 죽여버렸다. 그러자 백성은 감히 불만을 입 밖에 내지 못하고, 길에서 마주치면 서로 눈짓만 주고받았다. 이를 도로이목道路以目이라 한다. 어찌됐든 불평불만의 소리가 쏙 들어갔다. 여왕은 소공에게 자랑했다.

"보시오. 이제 백성 사이에서 원성이 사라졌습니다. 내가 비방하는 것을 소멸시켰습니다."

소공이 개탄했다.

"백성의 입을 틀어막는 것은 물길을 막는 것보다 위험합니다〔防民之口 甚於防水〕. 물이 막혔다가 터지면 다치는 사람이 많듯, 민의 또한 마찬가지입니다. 물을 다스리는 사람은 수로를 열어 물이 흐르게 해야 하고, 백성을 다스리는 사람은 그들을 이끌어 말하게 해야 합니다. 그

래서 천자는 관원과 백성에게 글과 노래와 잠언과 간언과 역사서를 짓게 하고 그 말을 듣는 것입니다."

왕은 그 말을 듣지 않았다.

과연 3년이 지나자 막혀 있던 백성의 원망이 걷잡을 수 없이 터져 나왔다. 백성이 들고일어나 왕을 체(彘) 땅으로 쫓아버렸다.

⟨나⟩

너는 들어보지 못했느냐? 옛날 바닷새가 노나라 서울 밖에 날아와 앉았다. 노나라 임금은 이 새를 친히 종묘 안으로 데리고 와 술을 권하고, 구소의 음악을 연주해주고, 소와 돼지와 양을 잡아 대접했다. 그러나 새는 어리둥절해하고 슬퍼할 뿐 고기 한 점 먹지 않고 술도 한 잔 마시지 않은 채 사흘 만에 죽고 말았다. 이것은 자기와 같은 사람을 기르는 방법으로 새를 기른 것이지, 새를 기르는 방법으로 기르지 않은 것이다.

⟨다⟩

진나라의 평공(平公)이 신하들과 술을 마시다가 문득 탄식하며 말하길,

"임금이 되어도 이렇다 할 즐거움이 있는 것은 아니지만 다만 무슨 말을 해도 거역하는 자가 없는 것이 즐겁도다."

그러자 옆에 앉아 있던 장님 악사인 사광(師曠)이 거문고를 집어 들어 던졌다. 평공이 옷깃을 잡고 피하는 바람에 거문고는 벽에 부딪혀 부서졌다. 평공이 묻기를,

"태사는 누구를 치려 했더냐?"

사광이 아뢰길,

"방금 옆에서 소인이 하는 말이 들리기에 그에게 던졌습니다."

그러자 공이 말하길,

"그게 바로 과인일세."

사광이 말하길,

"아, 그건 임금으로서 하실 말씀이 아니옵니다."

좌우에서 부서진 거문고를 치우려고 하자 평공이 말하길,

"그대로 두어라. 과인의 경계로 삼겠다." 했다.

〈라〉

庭前菊花嘆(뜰 앞의 국화를 탄식함)

(앞부분 생략)

人雖可與語	사람은 함께 말할 수 있으나,
吾惡其心狂	거만한 그 마음 나는 싫어라.
花雖不解語	꽃은 말을 알아듣지 못해도
我愛其心芳	꽃다운 그 마음 나는 사랑한다.
平生不飮酒	평소에 술을 마시지 않지만,
爲汝擧一觴	너를 위해 한 잔 술을 들리.
平生不啓齒	평생 웃지 못하지만,
爲汝笑一場	너를 위해 한바탕 웃어보리라.
菊花我所思	국화는 내가 사랑하는 꽃이요,
桃李多風光	도리화는 풍광이 좋다.

• 출처

<가>:『國語』周語 上

<나>:『莊子』至樂

<다>:『韓非子』難一

<라>:『圃隱集』卷2

• 제시문에 대한 이해

1. <가>의 요지는 소공의 개탄을 보여준다. 여왕의 결정적 잘못은 언론 차단
   에 있다. 강물이 막혀 고이면 결과적으로 둑이 터져 큰 재앙이 일어나게 마
   련이다. 여왕은 백성의 언론을 차단할 것이 아니라 그들의 이야기에 귀를
   기울여야 한다.

2. <나>의 요지는 온전한 소통을 말한다. 새를 기른다는 것은 나와 관계를 맺
   는다는 것이다. 관계는 소통에 의해 이루어진다. 소통의 전제는 상대에 대
   한 이해와 배려가 깔려 있어야 한다. 노나라 임금이 새에게 한 행동은 소통
   의 일면으로 볼 수 있지만, 실상은 고착된 자의식에 의해 이루어진 것이다.
   상대에 대한 이해 없이 이루어진 일방적 소통은 오히려 강요가 된다. 소통
   은 내가 중심이 아니라 상대를 중심에 두어야 한다. 새라는 타자와 소통하
   고 삶의 짝으로 받아들이기 위해서는 그를 이해하고 그의 목소리에 귀를
   기울여야 한다.

3. <다>는 상하 간의 소통을 생각하게 한다. 내용은 진나라 평공이 임금의 권
   능을 마음대로 부리고자 한 데 대한 악사 사광의 일침이다. 사광의 말과
   행동을 통해 임금의 도리가 무엇인지를 일깨우고 있다.

4. <라>는 진정한 소통이 무엇인지를 말하고 있다. 시 가운데 '화불해어花不解
   語'라는 어구가 나온다. 글자를 그대로 풀이하면 '꽃은 말을 이해하지 못한
   다'이다. 여기서 말하는 꽃은 제목을 통해 볼 때 국화를 지칭한다. 말[語]은
   사람의 말을 가리키므로 국화는 사람의 말을 이해하지 못한다는 의미가
   된다. 사람의 말을 국화가 이해하지 못함은 당연한 사실이다. 그러나 정작

포은 선생과 통하는 것은 말이 통하는 사람이 아니라 국화다. 포은 선생은 말을 하는 대상이 사람이기에 함께 말할 수는 있으나 거친 마음을 가진 사람을 미워한다고 했다. 반면 국화는 말을 알아듣지 못하지만 국화의 그 마음을 사랑한다고 했으니 포은 선생과 진정으로 통하는 것은 사람이 아니라 국화가 된다. 말을 이해할 수 없는 국화가 어떻게 사람과 통할 수 있는지 생각해볼 필요가 있다.

• 다음 물음에 답하시오.

1. 〈가〉와 〈다〉에서는 군신의 잘못에 대한 신하의 간언이 나타난다. 신하의 간언에 대한 군왕의 행동은 각각 다르다. 상하 간 소통의 관점에서 두 군왕을 비판해보시오.

2. 〈라〉의 관점에서 〈나〉가 보인 소통의 문제점을 비판해보시오.

3. 〈나〉와 〈라〉는 수직적 관계에서 보여주는 소통을 말하고 있다. 우리 시대에도 수직적 관계는 여전히 존재하고 있다. 수직적 관계가 왜 불통으로 이어질 수 있는지를 논의하고, 우리 시대가 지향해야 할 바람직한 수직적 소통에 대해 자신의 생각을 말해보시오.

■ 협동協同

협동協同은 '힘을 합하여 서로 돕다'라는 뜻을 지닌다. 사회 구성원에게 협동은 필수적이다. 어느 누구든 간에 부족한 부분을 채우고 남은 부분을 돌려주며 살아가기 때문이다. 특히 농경 중심의 공동체사회에서는 협동이 더욱 절실했다. 두레, 품앗이, 계, 향약 등이 그 좋은 예이다. 이 중에서 두레와 품앗이는 농경사회의 필요성에 따라 생겨난 협동으로서, 그 밑바탕에는 공생共生의 지혜와 인간관계의 정情이 녹아 있다. 비록 전통사회의 협동이 시대의 옷을 바꾸어 입었지만, 상부상조의 호혜적 협동은 여전히 유효하다. 지구촌의 문제가 나날이 심각해지고 있는 이때, 호혜적 협동은 사회 구성원 및 세계 시민을 하나로 묶는 진정한 사랑의 동아줄이 아닐까 한다.

[핵심 내용]

• 전통사회의 협동
  - 공동가치 실현의 협동
  - 마을 공동체의 협동
  - 자선을 통한 협동

• 현대사회의 협동
  - 현대사회 협동의 특징
  - 협동을 통한 봉사
  - 협동을 통한 상생相生

● 공동가치 실현의 협동

〈향약 4대 덕목〉

덕업상권德業相勸 - 좋은 일은 서로 권한다.

과실상규過失相規 - 잘못은 서로 규제한다.

예속상교禮俗相交 - 좋은 풍속은 서로 교환한다.

환난상휼患難相恤 - 어려운 일을 당하면 서로 돕는다.

이이 선생과 해주향약

鄰里或有緩急 雖非同約而先聞知者 亦當救助 或力不能救助
인 리 혹 유 완 급 수 비 동 약 이 선 문 지 자 역 당 구 조 혹 력 불 능 구 조

則爲之告于同約而謀之 有能如此者 則亦書善於籍 以告鄕人
즉 위 지 고 우 동 약 이 모 지 유 능 여 차 자 즉 역 서 선 어 적 이 고 향 인

(李珥, 『栗谷全書』 海州鄕約)

이웃에 급한 일이 생기면 비록 동약이 아니라 하더라도 먼저 이를 들어 알게 된
사람이 마땅히 구조해야 한다. 혹 힘이 부족하여 구조할 수 없으면 그를 위해 동
약에게 알려 대책을 상의해야 한다. 이와 같이 하는 사람이 있으면 선행을 문서에
기록하고 고을 사람에게 알린다.

●마을 공동체의 협동

大道之行也 天下爲公 選賢與能 講信修睦 故人不獨親其親 不獨子其子
대 도 지 행 야 천 하 위 공 선 현 여 능 강 신 수 목 고 인 부 독 친 기 친 부 독 자 기 자

使老有所終 壯有所用 幼有所長 鰥寡孤獨廢疾者 皆有所養 男有分
사 로 유 소 종 장 유 소 용 유 유 소 장 환 과 고 독 폐 질 자 개 유 소 양 남 유 분

女有歸 貨惡其棄於地也 不必藏於己 力惡其不出於身也 不必爲己
여 유 귀 화 오 기 기 어 지 야 불 필 장 어 기 역 오 기 불 출 어 신 야 불 필 위 기

是故謀閉而不興 盜竊亂賊而不作 故外戶而不閉 是謂大同
시 고 모 폐 이 불 흥 도 절 난 적 이 부 작 고 외 호 이 불 폐 시 위 대 동

(『禮記』 禮運篇)

 대도가 행해지는 세계에서는 천하가 공평무사하게 된다. 어진 자를 등용하고 재
주 있는 자가 정치에 참여해 신의를 가르치고 화목함을 이루기 때문에 사람들은
자기 부모만을 친하지 않고 자기 아들만을 귀여워하지 않는다. 나이든 사람들이
그 삶을 편안히 마치고 젊은이들은 쓰이는 바가 있으며 어린이들은 안전하게 자
라날 수 있고 홀아비·과부·고아, 자식 없는 노인, 병든 자들이 모두 부양되며,
남자는 모두 일정한 직분이 있고 여자는 모두 시집갈 곳이 있도록 한다. 땅바닥에
떨어진 남의 재물을 반드시 자기가 가지려고 하지 않는다. 사회적으로 책임져야
할 일들은 자기가 하려 하지만, 반드시 자기만이 할 수 있다고 생각하지는 않는
다. 이 때문에 간사한 모의가 끊어져 일어나지 않고 도둑이나 폭력배들이 생기지
않는다. 그러므로 문을 열어놓고 닫지 않으니 이를 대동이라 한다.

●전통사회의 협동 노동들

– 두레: 농번기에 농사일을 공동으로 하여 부족한 노동력을 메우기 위해 조직

된 마을·부락 단위의 노동협동체이다. 전통사회의 협동에서 두레가 특히 의미 있는 것은 대동사회大同社會을 지향하는 민주적 협동조직이기 때문이다.

- 품앗이: 역사적으로 가장 오래된 협동 노동으로, 힘든 일이 있을 때 서로 거들어주면서 품을 지고 갚고 하는 방식이다. 품앗이는 일을 하는 '품'과 교환한다는 '앗이'가 결합되어 노동력을 주고받는 형식이다. 품앗이는 시기와 계절을 가리지 않고, 또 작업의 종류에 관계없이 농가에서 자가의 힘만으로는 노동력이 부족한 작업을 할 때 수시로 조직되는 특징이 있다.

- 공굴公屈: '공회公會'라고도 불리는 공굴은 마을 안에 중병자나 불구자, 과부 그리고 초상을 당한 사람의 농사를 마을 사람들이 함께 도와주는 협동 노동이다. 촌락공동체적 유대감에 의한 사회협동 방식이다.

- 부근附近: 주로 북한 지방에서 널리 행해지던 풍습으로, 공굴보다 봉사범위가 넓어 농사일뿐만 아니라 집을 지을 때나 10세 미만의 사자死者가 났을 때도 협동하여 노동력을 제공했다. 보수를 바라지 않는 봉사라는 데 특징이 있다.

- 울력: 마을사람 중에서 길흉사나 병, 기타 어려운 여건으로 일을 할 수 없게 되었을 때 마을사람들이 무보수로 노동력을 제공하여 농사일이나 가사를 거들어주는 협동 노동방식이다.

- 화막꾸리기: 화막꾸리기는 동네사람 집에 큰불이 나거나 홍수로 재산을 모두 소진 당했을 때 짚 서너 단, 이엉 한 마름, 서까래 하나, 기둥재목 하나 등 형편에 따라 갖고 와서 협동하여 새로 집을 지어주는 관행이다.

● 원조를 통한 협동들
- 걸립: 어떤 집단에 특별히 경비를 쓸 일이 있을 때 풍물을 치고 집집마다 다니며 돈과 곡식을 얻는 일로, '걸궁' 또는 '걸량'이라고도 한다. 걸립을 통해

갹출된 재화는 마을의 안녕을 위해 지내는 동제 또는 별신굿의 재원으로 쓰이거나 마을에 식량이 떨어진 집을 도와줄 때 지출한다. 그런 점에서 걸립에 담긴 정신은 공공성, 공익성, 대동성을 바탕으로 하고 있다.

- **된장서리**: 과거에는 소위 '보릿고개'라는 춘궁기가 있었다. 마을의 가난한 사람들이 춘궁기를 넘기 위해 부잣집에 의존했는데, 그때 사용하는 하나의 방법이 된장서리다. 아낙들이 산에서 나물을 캐서 부잣집에 가져다주면, 안주인은 빈 그릇을 그냥 돌려줄 수 없어서 된장이나 쌀 등을 나누어주는 방식의 도움이다. 일방적 원조가 아니라 상대를 배려한 따스한 마음의 협동이다.

- **마당쓸이**: 부잣집 하인이 비를 들고 있을 때 가난한 사람이 와서 대신 마당을 쓸어주면 그 사람 집에 식량이 떨어졌다는 것을 의미한다. 그러면 하인은 주인에게 이를 알리고 마당 쓴 대가로 곡식을 나누어준다.

有六急 垂死貧民 急飦粥 疾病貧民 急醫藥 起死貧民 急湯水 旣死貧民
유 륙 급 수 사 빈 민 급 전 죽 질 병 빈 민 급 의 약 기 사 빈 민 급 탕 수 기 사 빈 민
急墓瘞 遺棄小兒 急收養 輕重繫囚 急寬恤
급 묘 예 유 승 소 아 급 수 양 경 중 계 인 급 관 휼

(丁若鏞,『牧民心書』賑荒六條, 規模)

해석 여섯 가지 급함이 있으니, 죽어가는 빈민에게는 죽을 먹이는 것이 급하고, 병든 빈민에게는 약을 쓰는 것이 급하며, 죽어가다가 살아난 빈민에게는 끓는 물이 급하고, 죽은 빈민은 묻어주는 것이 급하며, 버려진 어린아이는 거두어 길러주는 것이 급하고, 경중의 죄수는 너그럽게 용서해주는 것이 급하다.

● **현대사회 협동의 특징**

협동 경영을 위해서는 내가 원하는 방향으로 타인의 역량을 최대한 잘 발휘할 수 있도록 여건을 만들어주어야 한다. 그것이 상대에게도 도움이 되는 상생이어야 함은 말할 것도 없다. 현재 보편화되고 있는 아웃소싱이나 크라우드소

싱 등은 협동 경영의 토대가 갖추어져야 좋은 결실을 맺는다. 비단 대기업과 중소기업 간의 동반성장만이 아니라 중견기업과 중소기업, 중소기업 간 협동을 통한 경영성과 극대화가 필수이다. '나도 잘되고 남도 잘되는' 상생정신이 목표를 향해 가장 빨리 가는 바른 경영이라는 것을 명심해야 한다. 상대방을 위험한 지뢰밭으로 둘 것인지, 든든한 파트너로 둘 것인지는 대기업 하기 나름이다. 이것은 기업 간의 협동이 어느 때보다 중요해지고 있는 시대이기 때문에 더욱 그렇다.

(「경기신문」 김종국, 2014. 3. 4)

- 아웃소싱(outsourcing): 경영 효과 및 효율의 극대화를 위한 방안으로 기업 업무의 일부 프로세스를 제3자에게 위탁해 처리하는 것을 말한다.
- 크라우드소싱(crowd sourcing): 대중을 제품이나 창작물 생산 과정에 참여시키는 방식을 말한다.

● 협동과 나눔을 통한 봉사

"얼마 전 한 부유한 힌두 부인이 나를 만나러 왔습니다. 그녀는 내게 '저도 당신의 일에 뭔가 나눔이 되고 싶어요.' 하고 말했습니다. 그녀와 마찬가지로 점점 더 많은 인도인이 도움의 손길을 건네옵니다. '정말 좋습니다.' 하고 나는 말했습니다. 이 가엾은 여인은 자기의 약점을 이렇게 고백했습니다. '저는 우아한 옷을 너무 좋아해요.' 사실 그녀는 대략 800루피나 되는 값비싼 사리를 입고 있었습니다. 내 것은 겨우 8루피밖에 안 됩니다. 그녀의 옷은 내가 입은 사리의 100배 이상 비싼 것이었습니다. 그래서 나는 우리 일을 도와주고 싶어 하는 그녀에게 어떻게 대답해야 좋을지 성모 마리아께 도움을 청했습니다. 그리고 '저라면 사리에서부터 시작하겠어요. 다음에 사리를 사러 갈 때는 500루피짜리로 사십시오. 그리고 남은 300루피로 가난한 사람들을 위해 사리를 사십시오.' 하고 말했습니다. 그 착한 여인은 지금은 100루피짜리 사리를 입고 있습니다. 그것도 사실은 더 이상 싼 것은 안 된다고 그녀에게 충고했기 때문에 그 정도에 머무른 것입니다. 그녀는 내게 이것이 자신의 인생을 바꾸었노라고 고백했습니다. 이제 그녀도 진정한 나눔의 의미가 무엇인지를 알게 되었습니다. 그녀는 자신이 준 것보다 훨씬 더 많은 것을 받았음을 내게 확신시켜줍니다."

(마더 테레사, 봉사에 대하여)

● 협동을 통한 상생相生

[태안 앞바다 대재앙] 40여 km 기름해안엔 '자원봉사 밀물'

　　유조선 기름 유출사고로 검은 기름에 뒤덮인 충남 태안군 만리포해수욕장 백사장에서 10일 자원봉사자들이 모래에 달라붙은 기름을 흡착포로 닦아내는 작업을 하고 있다.(태안=김재명 기자)

[화보] 기름으로 얼룩진 청정해역 …… 재앙 드리운 서해안

충남 태안군 기름 유출사고 방제작업 3일째인 10일 오전 11시 태안군 소원면 만리포해수욕장. 백사장에는 검은 파도에서 코를 찌르는 기름 냄새가 풍기고 있었다.

서울에서 온 자원봉사자 이미지(24 · 여 · 연세대 대학원) 씨는 기름때에 전 방제복을 입고 장갑을 낀 채 백사장에 낀 검은 기름을 흡착포로 떠내는 작업에 여념이 없었다.

젖은 옷을 입은 채 쌀쌀한 바닷바람을 쐬여 볼이 얼어 있었고 얼굴에는 피곤이 가득했다.

하지만 그녀는 "제가 힘들다고 해봐야 큰 사고를 당한 어민들만큼 힘들겠느냐?"고 하면서 "오늘 서울로 올라가 친구들도 함께하자고 졸라보고 안 되면 혼자라도 다시 올 것"이라며 밝게 웃었다.

주변에서는 충남 서산의료원의 의사 정태은(42) 씨가 구호 활동을 벌이고 있었다.

마을 전체에 진동하는 기름 냄새로 구토, 두통, 어지럼증을 호소하는 이 지역 주민과 자원봉사자들을 치료하는 것이 그의 역할.

정 씨는 "기름이 엄청나게 유출돼 불편을 느끼는 분들이 있을 것 같아 도움을 드리려고 원장선생님과 함께 5명이 나왔다."며 "오전에만 50여 명이 다녀갔는데 대부분 두통을 호소했고 일부는 작업을 하다가 다친 경우도 있었다."고 말했다.

이날 태안군의 40여 km 해안에는 이처럼 자원봉사의 물결이 넘쳤다. 흡착포로 기름을 걷어내는 사람, 양동이로 기름을 떠내는 사람, 오일펜스 설치 작업을 돕는 사람…….

해양오염방제대책본부는 이날 하루 주민, 군인, 경찰, 행정공무원, 회사 직원 등 8,800여 명이 방제작업에 투입된 것으로 집계했다. 하지만 각종 장비나 물품의 부족으로 힘들게 찾아온 인력을 효율적으로 활용하지 못하는 사례도 많았다.

이날 오전 충남 태안해양경찰서와 태안군에는 소원면 모항리 어촌계 대의원 국현민(48) 씨 등 어민들이 찾아와 "자원봉사자들이 방제 물품이 없어 작업을 못하고 그대로 돌아가야 한다니 말이 되느냐?"며 강하게 항의했다.

하루 전인 9일 오전 10시 반경에도 모항리에 군인 200여 명이 도착했지만 장갑, 방제복, 바가지, 흡착포 등이 모자라 이 중 20여 명만 작업에 투입됐기 때문이다.

나머지 인력들은 물품이 오후 2시 반에야 도착하는 바람에 고작 2시간 반 정도만 작업하고 돌아갔다.

현장에서는 유출된 원유를 제거하는 작업을 하는 과정에서 기름이 옷에 엉겨 붙어 갈아입을 옷이 크게 부족한 상황도 발생하고 있다.

미美 해안경비대 "복구 돕겠다"

한편 미국 해안경비대(Coast Guard)가 8일 국무부를 통해 충남 태안군 만리포 인근 해상에서 발생한 기름 유출사고의 수습을 돕겠다는 뜻을 전달해왔다. 외교통상부 당국자는 10일 "기름 유출사고를 수습했던 경험이 있는 미국 해안경비대가 오염 방제 작업을 지원하겠다는 제안을 해왔다."며 "필요할 경우 미국에 물자와 자재, 전문인력 지원을 요청하는 것을 검토하고 있다."고 말했다.

(「동아일보」, 2007. 12. 11)

• 제시문

〈가〉

다문화가정 자녀의 학업 포기 이유

친구와 선생님과의 관계 때문에	23%
가정형편 때문에	18.6%
학교 공부가 어려워서	5%
문화가 달라서	5%
한국어를 몰라서	5%
부모의 이혼 등 가족 문제 때문에	5%
기타	4%

　경기도 내 다문화가정 자녀가 크게 늘었지만 10명 중 4명꼴로 중도에 학업을 포기해 대책 마련이 시급하다. 특히 고등학생 나이의 다문화가정 자녀는 약 69%가 학교를 다니지 않는 것으로 나타났다. (중략)

　다문화가정의 자녀 중 학교에 다닐 나이지만 중도에 포기한 학교 미등록률은 평균 43.8%다. 초·중·고교별로는 초등학생 나이의 경우 35.9%, 중학생 나이는 50.7%, 고등학생 나이는 68.6%가 학교에 등록하지 않았다.

　실제로 학부모들은 한국어 능력 부족으로 학교 통신문을 제대로 이해하지 못하는가 하면 자녀들은 과제물 제출에 어려움을 겪고, 일부는 수업 진도를 못 따라가거나 심지어 학교에서 동료 학생들로부터 놀림을 당한다고 털어났다.

〈나〉

　[사설] '교도소' 유치하려는 청송군의 역발상

　청송군은 법무부와 경상북도 등 관계 기관에 '경북 북부 제5교도소 (가칭) 유치를 희망한다'는 건의서를 냈다. 세계에서 유일하게 4곳의 교정시설이 한 지자체에 있는 청송이 내친김에 새로운 교정시설을 더 유치해 국내 최고의 '교정도시'가 되기를 원하는 것이다. 교도소가 자리잡은 진보읍 주민도 지난해부터 '청송 교정시설 유치 추진위원회'를 발족시켜 다섯 번째 교도소 유치에 나섰다. 또 청송군은 여자교도소 유치도 바라고 있다. 이는 법무부가 내년에 신규 교도소 타당성 평가를 실행할 예정이어서 청송에 교도소 추가 건립 가능성은 더욱 커졌다.

　청송군이 이처럼 교도소 유치에 나선 것은 교도소의 존재가 지역경제 활성화에 큰 역할을 하기 때문이다. 다른 농촌지역과는 달리 학교에 학생이 줄지 않고 가게와 음식점에 활기가 가득하다. 주민도 교정시설 직원들과 정이 들었다. 기피시설이 지역 활성화의 받침돌이 된 것이다.

　'종합 교정타운 조성'을 통해 지역에 새로운 활력을 불어넣으려는 청송군의 전략은 혐오시설이 자기 지역에 들어서는 것을 반대하는 이른바 '님비(NIMBY) 현상'의 극복 사례가 될 전망이다. 청송군은 기존 제1교도소 유휴부지에 '교도소 체험관'을 건립해달라는 건의안도 내놓았다.

　이와 함께 농작물을 훔쳐 먹는 옛 풍습을 주제로 한 '도둑놈 축제'(가칭)와도 연계해 관광산업 활성화와 농산물 판매 증진의 기회로도 활용한다는 계획이다. 교정시설을 이용한 체험관 운영과 교화의 메시지를 담은 축제 개최는 범죄 예방이란 긍정적인 효과까지 얻을 수 있을 것이다. 이를 청송군이 이미 운영하는 '장난끼공화국'과도 연계해

명물 청송을 알리는 '회심의 역발상'을 이루어낼 것을 기대한다.

〈다〉

춘추시대 말엽 패자의 한 사람인 진晉나라 헌공獻公은 괵虢나라를 치기 위해 통과국인 우虞나라 우공虞公에게 그곳을 지나도록 허락해줄 것을 요청했다. 우나라의 현인 궁지기宮之奇는 헌공의 속셈을 알고 우왕에게 간언했다.

"괵나라와 우나라는 한 몸이나 다름없는 사이오라 괵나라가 망하면 우나라도 망할 것이옵니다. 옛 속담에도 수레의 짐받이 판자와 수레는 서로 의지하고, 입술이 없어지면 이가 시리다고 했습니다. 이는 바로 괵나라와 우나라의 관계를 말한 것입니다. 결코 길을 빌려주어서는 안 될 것입니다."

그러나 뇌물에 눈이 어두워진 우왕은 "진과 우리는 주황실에서 갈라져 나온 한 집안 출신인데 어찌 우리를 해하겠는가?"라며 듣지 않았다. 궁지기는 후환이 두려워 "우리나라는 올해를 넘기지 못할 것이다."라는 말을 남기고 가족과 함께 우나라를 떠났다. 궁지기의 예견대로 진나라는 12월에 괵나라를 정벌하고 돌아오는 길에 우나라도 정복하고 우왕을 사로잡았다. 순망치한脣亡齒寒은 입술이 없어지면 이가 드러나 시리다는 뜻으로 "서로 의지하고 돕는 사이에서 한쪽이 망하면 다른 한쪽도 따라 망하게 됨"을 비유하는 말이다.

〈라〉

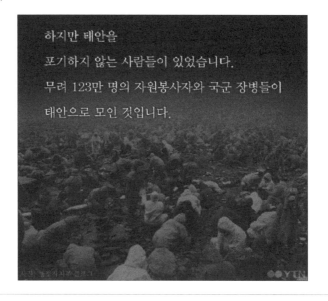

하지만 태안을
포기하지 않는 사람들이 있었습니다.
무려 123만 명의 자원봉사자와 국군 장병들이
태안으로 모인 것입니다.

• 출처

    <가>:「한겨레」2012. 8. 15 사회면 기사

    <나>:「매일신문」2015. 7. 1 사설 중에서

    <다>:『춘추좌씨전春秋左氏傳』

    <라>: 글-YTN / 그림-행정자치부 블로그

• 제시문에 대한 이해

  1. <가>의 신문기사 내용은 다문화가정 자녀의 학업 포기 실태를 보여주고 있다. 학업 포기 비율과 학업 포기 이유를 통해 다문화가정 자녀의 학업 포기의 심각성을 경각시키고 있다. 다문화에 대한 우리 사회의 인식이 어떤지를 보여주는 한 단면이다.

2. <나>에서 우리 사회의 한 병폐인 집단이기주의를 말하고 있다. 그 대표적 사례로 님비(NIMBY: Not In My Back Yard) 현상과 핌피(PIMFY: Please in my front yard) 현상*을 들 수 있다. 위 사설은 님비 현상을 극복한 사례를 보여준다.

 *님비 현상과 핌피 현상

님비 현상이란 공공 목적을 지닌 혐오시설(화장터, 쓰레기 매립장)이나 위해시설(핵발전소, 핵폐기물 처리장)의 설치를 기피하는 현상이다. 이런 현상은 '우리 동네에 들어서서는 안 된다'는 지역이기주의에서 비롯된다. 한편, 핌피 현상은 님비 현상과 반대로 자기 지역에 이익이 되는 시설들을 끌어오고자 한다. 산업단지, 위락시설, 대학교나 종합병원 등과 같이 지역의 복지 증진 및 재정 수입 증가가 예상되는 경우가 이에 해당한다.

3. 순망치한脣亡齒寒은 입술이 없으면 이가 시리다는 뜻이다. 순망치한은 우나라 현인 궁지기가 진나라 헌공의 침공을 염두에 두고 괵나라를 입술〔脣〕에, 우나라를 이〔齒〕에 비유하면서 나온 고사성어로 협동의 중요성을 일깨우는 내용이다. 절전지훈折箭之訓이란 말이 있다. 가는 화살도 여러 개가 모이면 꺾기가 힘들 듯이 여럿이 협동하면 어떤 어려움도 극복할 수 있다는 것을 뜻한다. 협동의 지혜를 생각해야 한다.

4. <라>의 사진은 기름으로 뒤덮인 태안 앞바다를 자원봉사자가 일일이 기름을 제거하는 장면이다. 이 사건은 2007년 12월 7일 해상 크레인을 실은 유조선과 정박 중이던 '허베이 스피리트호'의 충돌로 발생했다. 충돌로 인해 유조선에서 15,000~19,000t가량의 원유가 새어 나와 태안 앞바다를 오염시켰다. 기름때를 제거하기 위해 모인 123만 명의 자원봉사자가 보여준 모습을 통해 진정한 봉사의 정신을 읽을 수 있다.

• 다음 물음에 답하시오.

1. 〈가〉는 다문화 시대의 문제점을 보여준 신문기사이다. 그래프를 통해 볼 때, 다문화가정 자녀의 학업 포기의 첫 번째 이유로 '친구와 선생님과의 관계 때문에'라고 되어 있다. 이 문제는 관심과 협동을 통해 충분히 해결할 수 있다고 본다. 친구와 선생님의 입장으로 나누어 문제의 해결점을 찾아 토론해보시오. 토론 내용을 바탕으로 자신의 생각을 글로 작성하시오.

2. 〈나〉는 님비 현상을 극복한 청송의 사례를 보여준다. 님비 현상과 핌피 현상은 집단이기주의의 산물이란 점에서 비판을 받고 있지만 나름의 정당성을 가지고 있다. 두 현상이 지닌 정당성이 무엇인지 논의한 후, 사설의 내용을 각자의 입장이나 관점에서 서술해보시오.

3. 〈다〉와 〈라〉는 협동의 다른 모습이다. 〈라〉의 관점에서 〈다〉의 협동에 대해 비판해보시오.

_____

_____

_____

_____

_____

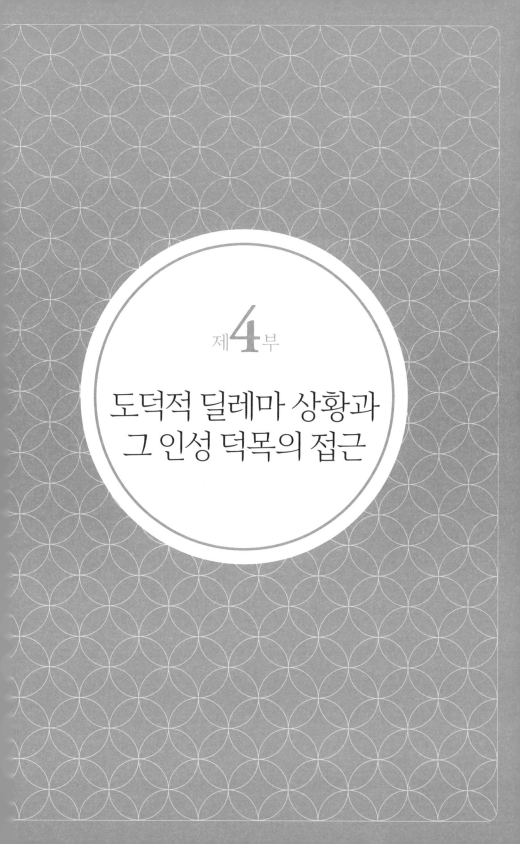

제4부

도덕적 딜레마 상황과
그 인성 덕목의 접근

인성 덕목의 내용과 효능을 많이 안다고 해도 실천하기는 쉽지 않다. 전통시대와 달리, 오늘날은 상황과 여건이 복잡하고 다양한 가치가 존재하기 때문에 문제도 그만큼 복잡하다. 복잡한 문제 중 가장 곤혹스러운 사례가 도덕적 딜레마 상황이다. '도덕적 딜레마 상황'이란 "둘 중 하나만을 선택해야 할 때 그 어느 쪽을 선택해도 바람직하지 않은 도덕적 결과가 나오는 곤란한 상황"을 가리킨다. 전통사회에도 도덕적 딜레마 상황은 있었지만, 현대사회에서는 빈도수가 매우 많아졌다. 좀 더 정확하게 말하면, 도덕적 딜레마 상황의 빈도수가 너무나 많아 도리어 보편성을 지닌다고 할 정도가 되었다. 그렇다면 도덕적 딜레마 상황을 어떻게 타개해야 좋은가? 도덕적 딜레마 상황을 정리하고 인성 덕목의 적용 방향을 제시해볼 필요가 있다.

논점을 예각화하기 위해서는 도덕적 딜레마 상황을 적절하게 추출하지 않으면 안 된다. 도덕적 딜레마 상황은 삶의 전 영역에서 무수하게 발생하므로 유형화시켜 나타내는 방법 외에는 없다. 교육부에서 제시한 인성 8대 덕목은 유형화 작업에 좋은 지침이 된다. 예와 효, 정직과 책임, 존중과 배려, 소통과 협동이 그것이다. 각 유형에 명칭을 부여해보면 기본적 가치, 성찰적 가치, 의리적 가치, 상생적 가치가 된다. 이렇게 유형화하고 보니, 도덕적 딜레마 상황을 추출하고 나열하기가 용이하다. 도덕적 딜레마 상황이 기본적 가치 영역에서 발생하는 경우, 성찰적 가치 영역에서 발생하는 경우, 의리적 가치 영역에서 발생하는 경우, 상생적 가치 영역에서 발생하는 경우로 나누면 되기 때문이다. 이 점을 고려하여 도덕적 딜레마 상황과 인성 덕목의 적용 방향을 제시해본다.

가치 영역	도덕적 딜레마 상황	인성 덕목의 적용
기본적 가치	인륜人倫인가, 반륜反倫인가?	예와 효
성찰적 가치	정의正義인가, 기망欺罔인가?	정직과 책임
의리적 가치	지선至善인가, 인욕人欲인가?	존중과 배려
상생적 가치	상리相利인가, 편리片利인가?	소통과 협동

　도덕적 딜레마 상황에 인성 덕목을 처방한다고 할 때, 인성 덕목을 어떻게 처방할 것인지가 관건이다. 인지발달 이론가인 콜버그(L. Kohlberg), 헤어(R. M. Hare), 리코나(T. Lickona) 등의 분석윤리학자들이라면 연령이나 인지능력을 고려하여 도덕추리의 발달과정을 설정하고 해법을 다층적으로 제시할 터이다. 한 인물이 연령이나 인지능력이 향상되면서 도덕추리의 수준이 높아진다는 점을 감안하면, 분석윤리학자들의 견해는 경청해볼 만한 측면이 분명히 있다. 물론, 인지발달 이론이 인성교육 분야의 유일한 방법론은 아니다. 엄연히 인성 8대 덕목이 제시된 이상 도덕적 딜레마 상황에 인성 8대 덕목을 대입시키는 방법이 가장 효율적이라 여겨진다. 각 가치 영역에 인성 덕목이 두 가지씩 배속되어 있으니, 해법은 모두 세 가지가 된다. 두 가지 인성 덕목으로 도덕적 딜레마 상황에 접근하는 경우와 각각의 인성 덕목으로 도덕적 딜레마 상황에 접근하는 경우가 그것이다.

1.
인륜人倫인가, 반륜反倫인가?

사회 구성원으로서 지켜야 할 도리를 인륜이라고 할 때, 인륜을 어떻게 보아야 할 것인지가 관건이다. 즉 어느 시대에나 지켜야 할 만고불변의 법칙인가, 아니면 지키거나 지키지 않거나 하는 상황논리인가? 전통사회에서 긍정적이던 윤리가 현대사회에서 부정적으로 인식되는 경우를 상기할 때, 만고불변의 법칙이 아니라 상황논리라고 해야 옳을 성싶다. 상황논리라고 할 경우에는 지켜도 되고 지키지 않아도 되는가? 결론부터 범박하게 말하면, 반드시 지켜야 한다. 상황논리라고 하여 임의성 또는 즉흥성을 가리키지는 않으며, 그때그때의 시대적 · 사회적 요청에 부응해야 하는 도덕적 의무를 가리킨다. 인륜이 상황논리이되 시대적 · 사회적 요청이라고 보는 근거는 무엇인가? 전통사회와 현대사회에서 사례를 뽑아 이 문제에 접근하기로 한다.

1) 사례 제시

〈사례 1〉

섭공이 공자에게 말했다.

"우리 고을에 정직한 사람이 있는데, 아버지가 양을 훔치자 아들이 들추어냈습니다."

공자가 말했다.

"우리 고을의 정직한 사람은 그와 다릅니다. 아버지는 아들을 위해 숨기고 아들은 아버지를 위해 숨기니, 정직은 그 가운데 있는 것입니다."

(『論語』 子路)

〈사례 2〉

4월에 왕자 호동好童이 옥저沃沮에서 유람하고 있었다. 낙랑왕樂浪王 최리崔理가 길을 나섰다가 마주쳐서 물었다.

"그대의 얼굴을 보니 예사 사람이 아니오. 북국北國 신왕神王의 아드님이시죠?"

그러고는 함께 돌아가서 자기 딸을 아내로 삼게 했다. 뒤에 호동이 귀국해서는 사람을 시켜 최리의 딸에게 몰래 전갈했다.

"만약 그대 나라의 무기고에 들어가서 고각鼓角을 부숴버리면 내가 혼인의 예를 갖추어 맞이할 것이고, 그렇지 않으면 그만두겠소."

예전부터 낙랑에는 적병이 올 때마다 스스로 소리를 내는 고각이 있었다. 그래서 그것을 부수도록 한 것이다. 이에 최리의 딸이 예리한 칼을 가지고 무기고 안에 몰래 들어가 고각을 부수어버리고 호동에게 알려주었다. 호동은 왕에게 권해 낙랑을 기습하게 했다. 최리는 고각이 울리지 않으니 대비하지 못하고 있었다. 고구려 군대가 성 아래까지 엄습해온 다음에야 고각이 부수어진 것을 알고는 딸을 죽이고 나와서 항복했다. (다른 기록에 의하면 고구려 왕이 낙랑을 멸망시키기 위해 청혼하여 그 딸을 호동의 처로 삼아 데려왔다가 뒤에 낙랑에 돌아가서 고각을 부수도록 시켰다고 한다.)

같은 해 11월에 왕자 호동이 자살했다. 호동은 왕의 차비次妃인 갈사왕葛思王 손녀의 소생이다. 아주 잘생겨서 왕이 매우 사랑했다. 그래서 이름을 호동이라 했다. 원비元妃는 왕이 적자嫡子의 자리를 빼앗아 호동을 태자로 삼을까 염려하여 왕에게 참소했다.

"호동이 저를 예로 대하지 않으니 왕실을 어지럽히려고 할지 모릅니다."

왕이 말했다.

"당신은 남의 자식이라고 미워하는 것 아니오?"

원비는 왕이 자기의 말을 믿지 않는 것을 알고는 장차 화가 자기에게 미칠까 염려해 눈물을 흘리면서 고했다.

"대왕께서 은밀히 조사해보시기 바랍니다. 그런 일이 없으면 제가 죄를 받겠습니다."

이에 대왕은 호동을 의심하지 않을 수 없게 되어 장차 죄를 주려고 했다. 어떤 사람이 호동에게 이렇게 말했다.

"그대는 어찌 스스로 밝히려고 하지 않는가?"

호동이 대답했다.

"내가 밝히면 어머니의 잘못을 드러내게 되고, 그러면 대왕에게 근심을 끼치게 되니, 효라 할 수 있겠는가?"

그러고는 칼에 엎어져 죽었다.

(『三國史記』高麗本紀 大武神王)

〈사례 3〉

미국 대법원이 지난 6월 동성결혼을 합법화하는 역사적인 결정을 내렸는데도 일선에서는 '종교적 신념'을 들어 이를 거부하는 사례가 잇따르고 있다. 일간 「뉴욕타임스(NYT)」 등 미국 언론들의 14일(현지시각) 보도에 따르면 켄터키 주 로완 카운티의 서기인 킴 데이비스는 전날 결혼증명서를 발급받으러 온 동성 커플들에게 증명서 발급을 거부한 것으로 알려졌다.

동부 켄터키 지방법원이 12일 이들 커플의 입장을 대표하는 '미국시민자유연맹'의 제소에 따라 로완 카운티에 증명서를 발급할 것을 명령했으나, 데이비스는 이를 따르지 않고 항소할 뜻을 밝혔다. 로완 카운티는 기독교 계통의 로펌으로부터 법률자문을 받는 것으로 전해졌다. 「NYT」는 앨라배마 주에서도 67개 카운티 중 13개 카운티의 공증 담당 판사들이 누구에게도 결혼증명서를 발급하지 않겠다며 똑같은 입장을 보이고 있다고 전했다. 콜로라도 주에서는 한 제빵업자가 게이 커플들의 결혼식을 위해서는 웨딩케이크를 만들 수 없다고 '반기'를 들었다. 덴버에서 가족 경영 방식의 제과점인 '매스터피스 케이크숍'을 운영하는 잭 필립스는 기독교 신앙에 반할 수 없다면서 이들을 위한 케이크를 만들어 파는 것은 수정 헌법 제1항을 침해하는 것이라고 소송을 냈다.

그러나 콜로라도 항소법원은 13일에 "동성 커플에게 웨딩케이크를 파는 게 반드시 제과업자가 고객의 행동을 지지하는 것이라고 볼 수 없다."고 동성 커플의 손을 들어줬다.

「연합뉴스」, 2015. 8. 15)

〈사례 4〉

어느 날 경찰서에 한 여학생으로부터 긴급한 전화가 걸려왔다.

"형사님! 제 아버지가 술에 취하기만 하면 저를 막 때려요. 전 잘못한 게 없거든요. 와서 말려주세요. 이런 일이 한두 번이 아니에요."

전화를 받은 A형사는 상황을 나름대로 정리해보았다. 잘못하지 않았음에도 불구하고 여러 번 때렸다고 하니, 가정폭력을 상습적으로 저지르는 아버지일 터이다. 어쩌면 그 아버지는 의붓아버지일지도 모른다. 의붓아버지가 상습적으로 다 큰 딸을 때리다니 혹시 성폭행인가? 문득 A형사는 불길한 생각이 들었다. 발걸음이 빨라졌다. 그 집에 도착해서 벨을 눌렀다. 집안에서는 아무런 반응이 없었다. 다급한 마음에 담을 뛰어넘어 갔다.

집안을 들여다보니 고3 여고생으로 보이는 학생이 아버지에게 따지고 있었다.

"왜 아빠는 술만 드시면 집안 식구를 못 살게 굴어요? 지금까지 엄마와 저를 아무 이유 없이 때리더니 오늘은 저를 때리네요. 왜 때려요?"

"다 우리 집이 잘되라고 한 것뿐이야. 내가 네 아빠인데, 좀 때리면 어떠냐? 이게 까불고 있어. 왜 공부하지 않고 빈둥거려?"

"지난번에는 심부름하지 않는다고 때리더니 이번에는 공부하지 않는다고 때려요? 못 견디겠어요. 아빠! 제발 좀 때리지 마세요. 참다못해 제가 경찰서에 신고했어요. 아빠가 절 때린다고 했으니까 형사들이 곧 올 거예요."

"뭐가 어쩌고 어째?"

"아빠, 제발! 더 이상 못 참겠어요. 만약 다음번에 또 때리시면 경찰서에 고발할 수밖에 없어요."

"이년이 뒈지려고, 어디에다 주둥이를 나불거려? 이리 와서 좀 맞아봐라."

현관 어귀에 바람이 세차게 분다. 금방 그칠 바람이 아니다. A형사는 고개를 숙이고 묵묵히 있었다. 그의 표정은 어두웠다.

(2015년 모 신문의 기사 내용을 필자 나름대로 윤색함)

2) 도덕적 딜레마 상황과 인성 덕목 찾기

사례 네 가지는 시대적으로 상호 차이가 많다. 시대를 파악하기 위해서는 출처를 주목하면 된다. 〈사례 1〉은 『논어』가 출처이므로 기원전 450년경의 글이고, 〈사례 2〉는 『삼국사기』가 출처이므로 12세기의 글이며, 〈사례 3〉과 〈사례 4〉는 2015년의 신문이 출처이므로 근래의 글이다. 뭉뚱그려보면 〈사례 1〉과 〈사례 2〉는 전통사회의 글이고, 〈사례 3〉과 〈사례 4〉는 현대사회의 글이다. 전통사회와 현대사회의 시차가 크기 때문에 도덕적 딜레마 상황이 나타나더라도 인물의 행동이나 인식이 일정할 수 없다. 정황이 이렇다면, 도덕적 딜레마 상황을 통해 인물을 판단하지 말고 인물을 통해 도덕적 딜레마 상황을 판단할 필요가 있다. 이 점을 고려하여 각 사례에 나타난 인물을 통해 도덕적 딜레마 상황과 인성 덕목을 추출해보기로 한다.

〈사례 1〉에서는 '곧음[直]'에 대한 섭공과 공자의 논쟁이 나타난다. 논쟁의 핵심은 "어떻게 해야 곧은 것인가?"이다. 섭공은 아들이 부친을 고발하는 사례를 들어 잘못을 고발해야 곧다고 하고, 공자는 생득적 성정[性情]을 왜곡하지 않아야 곧다고 한다. '곧음'에 대한 섭공과 공자의 논쟁은 후대에 이르러 '법과 윤리 논쟁'으로 전환되는 추이를 보였다. 장자[莊子], 한비자[韓非子], 주자[朱子] 등이 논쟁의 주역이다. 이들은 "자식이 아버지를 숨겨주어야 하는가, 관청에 고발해야 하는가?" 하는 도덕적 딜레마 상황을 놓고 제각기 엇갈린 견해를 개진했다. 견해는 두 가지 유형이다. 자식이 아버지를 숨기면 범인 은닉죄가 된다는 견해와 자식이 아버지를 고발하면 생득적 성정에 위배된다고 하는 견해가 그것이다. 모두 타당성이 있으니 그야말로 만고의 과제이다. 섭공과 공자 간에 형성된 도덕적 딜레마 상황이 오늘날에도 논란이 되기 때문이다.

인성 덕목에 비추어볼 때, 〈사례 1〉에서 섭공은 예[禮]를 강조했고 공자는 효[孝]를 강조했다. 섭공은 가족관계의 윤리가 사회제도를 벗어나지 않아야 한다고 여긴다. 가족관계의 윤리를 효라 하고 사회제도의 윤리를 예라 할 때, 섭공은 예를 효보다 높은 위치에 올려놓는다. 자식의 행위를 칭송한 까닭이 여기에 있다. 한편, 공자는 자식이 아버지의 잘못을 숨겨주면 효라는 논법을 취한다. 공자가 언급하는 효란 '본능적 사랑'이다. 혈육으로 맺어진 관계에서 본능적 사랑이 나온다고 볼 때, 공자는 본능적 사랑으로서의 효를 최상위에 올려놓는다. 효는 선善·불선不善의 지표가 아니라 친親·불친不親의 지표라는 생각을 읽어낼 수 있다. 인성 덕목에 비추어보면, 예와 효는 상반관계라기보다는 표리관계이다. 사회제도의 윤리인 예도 삶의 한 측면이고, 가족관계의 윤리인 효도 삶의 한 측면이기 때문이다. 다만, 우선순위가 다를 따름이다.

〈사례 2〉에서는 호동왕자의 딜레마 상황이 두 번이나 나타난다. 한 번은 "최리와 공주의 호의를 신뢰로써 보답해야 하는가, 국가 이익에 활용해야 하는가?"하는 딜레마 상황이다. 최리는 낙랑국 왕이기 때문에 호동왕자를 대할 때 목적의식이 있어 보이지만, 공주의 연정에는 목적의식이 없어 보인다. 호동왕자가 지니는 딜레마 상황은 공주와의 관계에서 발생한다. 다른 한 번은 "개인적 가치를 지키기 위해 원비의 죄를 들추어낼 것인가, 국가가 분열하지 않기 위해 죄를 홀로 안고 죽을 것인가?"하는 딜레마 상황이다. 효孝의 대상이 국왕인 바에야 국가적 차원인 후자쪽에 주안점이 놓일 수밖에 없다. 원비가 유력가의 자손이라고 볼 때, 원비가 벌을 받는다면 반란이 일어날 수 있다. 호동왕자는 이 점을 깨닫고 자살로서 딜레마 상황을 덮어버렸다. 있는 것을 없는 듯이 하려는 호동왕자에게서 삶의 고뇌가 묻어나온다.

인성 덕목에 비추어볼 때, 〈사례 2〉에서는 예보다 효가 훨씬 더 두드러진다. "어머니의 잘못을 드러내면 대왕에게 근심을 끼치니, 효라 할 수 있겠는가?"라고 한 점이 그 근거이다. 호동왕자는 차가운 이성과 따뜻한 감성을 모두 가지고 있다. 시종일관 이성적으로 판단했더라면 어머니의 잘못을 드러냈을 터이나, 호동왕자는 감성적으로 판단하는 길을 택했다. 아버지에게 근심을 주지 않기 위함이다. 다시 말해, 시비를 가려 얻는 기쁨보다는 국가를 분열시키는 슬픔이 더 크다고 여긴 까닭이다. 호동왕자의 효는 단순한 효가 아니다. 임금의 아들로서 아버지의 정치적 입장까지 고려한다는 점에서 혈육의 효라는 일차원적 경지를 벗어나서 비장하되 숭고한 효라는 이차원적 경지로 나아간다. 호동왕자에게 있어서 예는 가깝고 효는 멀다. 가까운 예를 피하고 멀리 있는 효로 나아갔으니, 호동왕자야말로 효의 영웅이다.

〈사례 3〉에서는 동성결혼에 대한 딜레마 상황이 나타난다. "인권 차원에서 동성결혼을 지지해야 하는가, 가족윤리 차원에서 동성결혼을 부정해야 하는가?" 하는 도덕적 딜레마 상황이 그것이다. 2015년 미연방 대법원에서 동성결혼의 합법화 조치를 발표한 이래 도덕적 딜레마 상황이 급부상했다. 그 결과, 대중은 지지하는 쪽과 부정하는 쪽으로 양분되었다. 〈사례 3〉의 신문기사는 후자에 속한다. 신문기사에 의하면, 반대론자들은 동성결혼에 대해 시비를 논할 필요는 없다고 여기고 '보고도 못 본 체하기' 전략을 구사했다. "대중이 성 소수자를 무시한다면 무슨 수로 살아갈 것인가?" 하는 논리에 입각해 있으니, 노신魯迅의 『아큐정전阿Q正傳』에서 언급한 정신승리법을 연상케 한다. 여러 업자들의 거부 선언은 이런 차원에서 이해될 수 있다. 동성결혼 지지론자나 반대론자나 간에 나름의 논리가 뚜렷하기 때문에 결판이 나기 어렵다.

인성 덕목에 비추어볼 때, 〈사례 3〉에서는 예와 불효가 나타난다. 동성결혼이 가족윤리에 어긋나기 때문에 효일 수 없되, 사회제도로서 인정받기 때문에 예로서의 성격을 지닌다. 동성결혼이 불효인 까닭은 자명하다. 동성끼리 결혼하므로 자손을 낳지 못하고 정상적인 가족공동체도 형성하지 못한다. 이 점이 불효인 까닭이다. 한편, 동성결혼이 사회제도로서 인정받는 까닭은 주자에게서 연유한다. 주자는 맹자의 도덕규범과 순자의 사회제도를 통합하여 예가 도덕규범인 '천리의 절문'과 사회제도인

'인사의 의칙'을 동시에 지닌다고 했다. 이에 의거하면, 동성결혼은 예의 절반만 확보했다. 즉 합법화 조치로 인해 '인사의 의칙'은 확보했지만, '천리의 절문'은 확보하지 못했다. 이 점이 사회제도로서만 인정받는 까닭이다. 이렇게 보니, 동성결혼은 예이면서 효인 이성결혼異性結婚과는 달리, 예이기는 해도 효이지는 않다.

〈사례 4〉에서는 가장家長의 가정폭력에 대한 자식의 딜레마 상황이 나타난다. "아버지를 고발할 것인가, 아버지이기 때문에 참아야 하는가?" 하는 딜레마 상황이 그것이다. 아버지는 술에 취하면 자식을 때린다고 한다. 자식을 때리는 빌미는 공부를 열심히 하지 않는다거나 심부름을 하지 않는다거나 하는 것들이다. 가정폭력이 있는 곳에서는 거개 비슷한 광경이 벌어진다. 가장은 자식을 때리기 위해 엉뚱한 빌미를 동원하고, 자식은 폭력을 이기지 못해 전전긍긍한다. 주변인들은 훈육이라 여기고 말리려 하지 않는다. 자식은 무인지경에 놓이고, 생명의 위협에 시달리다가 고발하기에 이른다. 이 정도이면 원인이 어디에 있든지 간에 가족공동체는 붕괴되었다고 할 수 있다. 경찰이 현관 앞에 있을 때 가장이 또 딸을 때리려고 하니, 가족공동체의 회복은 거의 불가능해 보인다. 경찰의 어두운 표정은 그런 점을 시사한다.

인성 덕목에 비추어볼 때, 〈사례 4〉에서는 온통 부정적인 현상만이 나타난다. 가장은 딸을 자꾸 때리려고 하고, 딸은 가장을 고발해버리겠다고 한 점이 그 단적인 증거이다. 예가 사회규범과 도덕규범을 동시에 함의한다고 볼 때, 가장이 상습적으로 아무 이유 없이 자식을 때리는 행위는 사회제도로서의 예에 합당하지 않다. 만약 가장이 자식을 훈육시키느라고 불가피하게 매를 든다면 예에 어긋날 리가 없겠으나, 아무 이유 없이 구타하기만 한다면 예가 아니라 폭력이 되고 만다. 한편, 딸이 아버지를 경찰서에 고발하는 행위는 예와 효 모두에 어긋난다. 아버지가 잘 못하면 자식은 충간忠諫으로써 아버지 스스로 잘못을 고치도록 해야 옳 다. 딸은 끝까지 참아내지 못하고 마침내 경찰서에 고발하고 말았으니, 도덕규범으로서의 예와 인륜으로서의 효에 합당할 수 없다. 이렇게 보 니, 〈사례 4〉에는 온통 비례와 불효만이 난무한다.

　인물을 통해 도덕적 딜레마 상황과 인성 덕목을 추출해보니 서로 많 이 다르다. 〈사례 1〉의 경우는 법과 윤리 간의 도덕적 딜레마 상황에서 예와 효의 덕목이 나타나고, 〈사례 2〉의 경우는 개인적 가치와 국가적 가 치 간의 도덕적 딜레마 상황에서 효의 덕목만 나타나고, 〈사례 3〉의 경우 는 인권과 윤리 간의 도덕적 딜레마 상황에서 예의 덕목만 나타나고, 〈사 례 4〉의 경우는 법과 윤리 간의 도덕적 딜레마 상황에서 인성 덕목이 전 무하다는 점이 그 근거이다. 네 가지 사례는 〈사례 1〉과 〈사례 2〉, 〈사례 3〉과 〈사례 4〉로 구분된다. 〈사례 1〉과 〈사례 2〉에는 효의 덕목이 나타나 고, 〈사례 3〉과 〈사례 4〉에는 사회제도로서의 예의 덕목이 나타난다. 전 자는 전통사회의 글이고 후자는 현대사회의 글임을 감안하면, 도덕적 딜 레마 상황이 전통사회에서는 기본 덕목을 벗어나지 않는 데 비해 현대사 회에서는 기본 덕목을 벗어난다고 할 수 있다.

3) 인성 덕목으로 도덕적 딜레마 상황 타개하기

　도덕적 딜레마 상황을 어떻게 타개할 것인지가 관건이다. 〈사례 1〉~〈사례 4〉는 기본적 가치 영역에서 발생하는 도덕적 딜레마 상황이므로 예와 효로써 타개 방법을 찾아내면 된다. 얼핏 보면 예와 효의 덕목 모두를 동원한다면 무엇보다 바람직할 듯하나, 그렇지만도 않다. 예와 효의 상이한 개념이 서로 발목을 잡기 때문에 최적이라 하기 어렵다. 타개 방법으로서의 선명성은 예의 덕목이나 효의 덕목 어느 한 가지만으로 구성할 때 나타난다. 즉, 예의 덕목으로 도덕적 딜레마 상황을 타개하는 경우나 효의 덕목으로 도덕적 딜레마 상황을 타개하는 경우가 예와 효의 덕목 모두를 동원하는 방법보다 오히려 선명하다. 인성 덕목으로 도덕적 딜레마 상황을 타개하는 방법은 세 가지이므로 각기 나누어서 살펴보기로 한다.

■ 예와 효의 덕목으로 도덕적 딜레마 상황 타개하기

개념 차원에서 볼 때, 예와 효는 서로 겹치는 부분이 있다. 예는 도덕규범과 사회제도를 포괄한다. 도덕규범으로서의 예는 도덕적 이상을 가리키고, 사회제도로서의 예는 일상의 형식을 가리킨다. 한편, 효는 천리天理와 긴밀한 연관성을 지니는 개념이다. 정이程頤가 "인성人性이 천리이고 효와 일통一統"이라고 선언한 점이 그 근거이다. 효가 인성과 긴밀하다고 할 때 부모의 위격은 하늘과 같게 된다. 이렇게 보니, 예 개념 중의 '도덕규범'과 효 개념 중의 '천리와의 연관성'이 겹치는 부분이다. 주자朱子가 별개였던 예와 효를 결합시키다 보니 겹치는 부분이 생겼다. 예는 사회제도에 주안점이 있고 효는 도덕규범에 주안점이 있으므로 양자가 결합한다면 예는 효가 극한의 도덕규범을 지향하지 않도록 제어하는 기능을 한다. 압축하면, '부모를 하늘처럼 받들되 일상의 형식 또는 절차를 벗어나지 않는 방법'이 도출될 수 있다.

'부모를 하늘처럼 받들되 일상의 형식 또는 절차를 벗어나지 않는 방법'에 의거하여 도덕적 딜레마 상황의 타개 방법을 찾기로 한다. 〈사례 1〉의 자식은 아버지의 비행을 인식하되 고발해서는 안 되고, 〈사례 2〉의 호동왕자는 원비의 허물을 혐오하되 그 허물을 감추어야 하고, 〈사례 3〉의 동성결혼자는 동성결혼을 하되 주변인을 의식해야 하고, 〈사례 4〉의 딸은 아버지를 혐오하되 경찰서에 고발해서는 안 된다. 이러한 타개 방법에 입각하여 사례의 호好·불호不好를 평가해볼 수 있다. 〈사례 1〉의 자식은 아버지를 고발했으므로 부당하고, 〈사례 2〉의 호동왕자는 개인적·국가적 차원에서 효를 구현했으므로 정당하고, 〈사례 3〉의 동성결혼자는 주변인의 심경을 헤아리지 않았으므로 부당하고, 〈사례 4〉의 딸은 아버지를 고발했으므로 부당하다. 〈사례 2〉의 경우가 가장 바람직하고, 여타 사례의 경우는 모두 문제가 많다.

오늘날의 시각에서 〈사례 2〉의 호동왕자를 어떻게 평가할 것인지가 관건이다. 개인주의가 현대인을 지배한다고 볼 때, 호동왕자는 긍정적이기도 하고 부정적이기도 하다. 긍정적 측면은 살신성인殺身成仁했다는 점이다. 자기희생을 통해 개인적 가치와 국가적 가치가 충돌하지 않도록 봉합했기 때문에 개인주의에 경종을 울린다고 할 수 있다. 부정적 측면은 사태를 홀로 파악하고 타인을 납득시키지 않았다는 점이다. 그 증거는 〈사례 2〉에 대한 김부식金富軾의 사평史評에서 찾을 수 있다. 김부식은 호동왕자의 의식은 국가적 가치와는 무관하고 개인적 가치에 입각해 있다고 보았고, 자살을 불효라고 규정했다. 김부식조차 곡해할 정도로 타인을 납득시키지 못했으니 개인주의의 단절성이 문제가 된다. 현시점에서는 부정적 측면이 더 커 보인다. 호동왕자의 '거룩한 희생'보다는 '폐쇄

된 성정'이 더욱 두드러지게 나타나기 때문이다.

■ 예의 덕목으로 도덕적 딜레마 상황 타개하기

삶의 현장에서 예의 덕목은 다른 덕목과 같이 동원되지만, 논리적으로는 예의 덕목만을 별도로 떼어놓고 생각해볼 수 있다. 예는 도덕적 이상과 일상적 현실을 모두 포괄하는 개념인데, 개념 내에서 항시 도덕적 이상이 일상적 현실보다 비중이 높은지 일상적 현실이 도덕적 이상보다 비중이 높은지가 관건이 된다. 도덕적 이상이 일상적 현실보다 비중이 높다면 이념적 도덕규범이 법률적 형식을 이끌어갈 터이고, 그 반대로 일상적 현실이 도덕적 이상보다 비중이 높다면 법률적 형식이 이념적 도덕규범을 이끌어갈 터이다. 만약 예의 덕목이 단독으로 동원된다면, 후자 쪽이 나타날 개연성이 높다. 인간은 범백일상에 부딪힐 때 멀리 있는 이념적 도덕규범보다 가까이 있는 법률적 형식을 우선적으로 취하게 되기 때문이다. "법대로 해!"라는 말이 일상에서 통용되는 현상이 그런 점을 뒷받침한다.

일상적 현실이 도덕적 이상보다 비중이 높다고 보고, 이에 의거하여 도덕적 딜레마 상황의 타개 방법을 찾기로 한다. 〈사례 1〉의 자식은 아버지의 비행을 숨겨주기보다는 고발해야 옳고, 〈사례 2〉의 호동왕자는 원비의 허물을 감추기보다는 들추어내야 하고, 〈사례 3〉의 동성결혼자는 법적 정당성에 힘입어 주변인의 시선을 의식할 필요가 없고, 〈사례 4〉의 딸은 아버지의 폭력을 견디기보다는 고발해야 옳다. 이 타개 방법에 입각하여 사례의 호好·불호不好를 평가해볼 수 있다. 〈사례 1〉의 자식과

〈사례 4〉의 딸은 바람직하다. 〈사례 2〉의 호동왕자는 일상적 현실과 어긋나므로 부당하고, 〈사례 3〉의 동성결혼자는 부당하지는 않되 소극적이어서 미진하다. 바람직한 사례끼리도 구별이 필요하다. 〈사례 1〉의 경우는 사회 문제를 봉쇄한 셈이므로 가정 문제를 봉쇄하고자 한 〈사례 4〉의 경우보다는 바람직하다.

네 가지 사례 중에서 〈사례 1〉이 가장 바람직하다고 할 때, 오늘날 〈사례 1〉의 자식을 어떻게 평가할 것인지가 관건이다. 긍정적 측면도 있고, 부정적 측면도 있다. 긍정적 측면은 강력한 사회제도로 치안을 도모한다는 점이다. 법규 또는 상벌체계 등의 사회제도가 소공동체나 대공동체에 파고들 때 흉악한 범죄는 발생하기 어렵다. 사회제도가 강력하면 강력할수록 치안은 더 잘 확보될 터이다. 한편, 부정적 측면은 가족공동체가 붕괴된다는 점이다. 자식이 아버지의 허물을 고발하고 아버지가 자식의 허물을 고발한다면 불신이 만연하게 되고 유대관계는 깨어지고 만다. 긍정적 측면보다 부정적 측면이 더 크기 때문에 문제이다. 기초 부분이 와해될 때 지상의 구조도 무너지듯이 가족공동체가 와해될 때 사회치안은 곧 무너지고 만다. 아랫돌 없이 윗돌이 놓이기 어렵고, 하단부 없이 상단부가 존재하기 어렵다.

■ 효의 덕목으로 도덕적 딜레마 상황 타개하기

'효'의 개념은 시대가 흐를수록 복잡해진다. 공자 연간에는 '인仁을 실천하는 근본'이었다가, 맹자에 이르러 왕도정치의 조건으로 부상했다가, 송대 유가에 의해 우주론적 의미로 올라섰다. 오늘날에는 송대 유가

가 정립한 개념이 통용되는 추세이다. 장재張載는 아버지를 하늘이라 하며 부모에게 효도하면 하늘을 경외하는 것과 같다고 했고, 정이程頤는 효가 인성을 확충하는 수단이라 했다. 성즉리설性即理說에 의하면 인성이 천리이므로 인성과 연관되는 효는 천리와도 긴밀한 관계를 형성한다. 효를 잘 실천하면 선한 인성을 회복할 뿐 아니라 천리에 도달한다는 의미가 된다. 효를 어떻게 실천할 것인지가 관건인데, 여러 성리학자들의 견해를 수합하면 세 가지 실천 방법이 나타난다. 절대적 순종과 봉양 그리고 충간이 그것이다. 세 가지 실천 방법은 필수 사항이다. 다시 말해, 세 가지 실천 방법을 겸비해야 온전한 효가 된다.

절대적 순종과 봉양 그리고 충간에 의거하여 도덕적 딜레마 상황의 타개 방법을 찾기로 한다. 〈사례 1〉의 자식은 아버지를 하늘처럼 받들며 고발하겠다는 생각조차 하지 않아야 하고, 〈사례 2〉의 호동왕자는 원비에게 효성을 지극히 하여 아예 질시의 마음이 생기지 않도록 해야 하고, 〈사례 3〉의 동성결혼자는 주변인이 거부하거나 부모가 염려하기 전에 동성결혼 그 자체를 하지 말아야 하고, 〈사례 4〉의 딸은 아버지를 하늘처럼 받들며 행동을 교정하기까지 충간을 해야 한다. 이 타개 방법에 입각하여 사례의 호好·불호不好를 평가해볼 수 있다. 〈사례 2〉의 호동왕자는 어느 정도 정당하고, 〈사례 1〉의 자식과 〈사례 3〉의 동성결혼자나 〈사례 4〉의 딸은 매우 부당하다. 결국, 사례 중에서 〈사례 2〉의 호동왕자가 그나마 바람직하다. 최고 수준으로 정당하지는 않으나, 여타 사례에 비해 정당성을 지니기 때문이다.

〈사례 2〉의 호동왕자가 바람직하되 최고 수준은 아니기 때문에 최고 수준의 효행을 놓고 오늘날 어떻게 평가해야 옳을 것인지를 따져보기로 한다. 최고 수준의 효행은 절대적 순종과 봉양 그리고 충간이므로 이에 대해 평가하면 된다. 절대적 순종과 봉양 그리고 충간은 긍정적 측면과 부정적 측면을 지닌다. 긍정적 측면은 효행의 방법과 지향점을 선도한다는 점이다. 효를 행하되 어느 정도까지 행해야 하는지를 놓고 고심하는 현대인에게 최고 수준의 효행은 가이드라인 기능을 한다. 부정적 측면은 효행의 조건이 까다롭고 힘겹다는 데 있다. 절대적 순종과 봉양 그리고 충간을 다하기 위해 목숨 외에는 모두 바쳐야 한다. 다양한 역할을 감당해야 하는 현대인에게는 무리한 요구라는 생각을 지울 수 없다. 현대인은 다음과 같은 선택의 기로에 있다. "최고 수준의 효를 행할까, 적정 수준의 효를 행할까?"

2.
정의正義인가, 기망欺罔인가?

　　진실하고 정의롭게 사는 것은 사람의 마땅한 도리이다. 진실한 개인 들이 모여 사는 사회는 정의로운 사회이다. 진실은 사람들의 행동과 사 회를 안내하는 푯대가 되지만, 실제로는 삶의 현상 이면에 숨어서 드러 나지 않는 경우가 많다. 진실이 드러나지 않을 때 삶의 방향은 모호해진 다. 그러면 모호한 삶을 살아야 하는가? 결코 그렇지 않다. 오히려 거짓 을 찾아내는 매의 눈을 가지고 그것을 배격하고 정의로운 사회를 만들기 위해 노력해야 한다. 진실한 삶을 살아가려고 애쓰는 과정에서 적지 않 게 문제 상황에 부딪히게 된다. 문제 상황이란 여러 가지 양태로 나타날 수 있겠는데, 여기서는 두 간극 사이의 도덕적 딜레마 상황을 가리킨다. 도덕적 딜레마 상황에 있다고 해서 해결책이 없는 것은 아니므로 도덕적 딜레마 상황을 분석하고 그 해결책을 찾아야 한다.

1) 사례 제시

〈사례 1〉

(1)

맹자께서 양梁나라 혜왕惠王을 찾아보셨다.

양 혜왕이 말했다.

"선생께서 천리를 멀다 않고 오셨으니, 장차 내 나라를 이롭게 함이 있겠습니까?"

맹자께서 대답했다.

"왕께서는 하필 이利만을 말씀하십니까? 역시 인仁과 의義가 있을 뿐입니다. 왕께서 말씀하시기를 '어떻게 하면 내 나라를 이롭게 할까?' 하시면, 대부들은 말하기를 '어떻게 하면 내 집을 이롭게 할까?' 하며, 선비와 서인들은 말하기를 '어떻게 하면 내 몸을 이롭게 할까?' 하여 위와 아래가 서로 이익만을 취하면 나라는 위태로울 것입니다."

(『孟子』梁惠王)

(2)

정신질환을 앓고 있던 한 남자가 대구 ○○거리에서 5만 원짜리 지폐 160장을 뿌렸다. 당시 주변에 있던 운전자와 행인들이 앞 다퉈 지폐를 주워갔다. 이 사건은 당시 '대구 돈벼락 사건'으로 널리 알려졌다. 대구지방경찰청은 한 달이 지난 30일 오전 9시쯤 신원을 밝히지 않은 60대 초반의 남자가 "돈벼락 사건이 연일 언론에 보도되고 돈을 뿌린 사람의 사정을 알게 돼 주운 돈을 반납한다."고 하면서 현금 15만 원이 든 봉투를 해당 파출소로 전달했다고 알렸다.

처음에는 사라졌던 돈이 한 달이 다 되도록 돌아오지 않았으나 '평생 고물 수집을 한 할아버지가 아픈 손자를 위해 물려준 귀한 돈'이라는 점과 돈을 뿌린 사람이 장애를 앓고 있다는 점이 경찰의 SNS를 통해 알려지면서 돈이 되돌아오게 되었다고 한다.

앞서 50대 후반의 남성이 지난 27일 「매일신문」을 방문해 500만 원을 기부했고, 이달 초순부터 시민 6명이 차례로 285만 원을 반환했다. 이 때문에 길거리에 뿌려진 돈 800만 원 중 15만 원만 돌아오지 않은 상태였다. 나중에 나머지 15만 원도 기부금으로 채워짐으로써 문제는 일단락되었다.

(「경향신문」 2015. 1. 30 기사와 SBS 방송 중에서 간추려 재구성함)

〈사례 2〉

(1)

공자와 그의 제자들이 길을 잘못 들어 산중에서 일주일이나 헤매게 되었다. 양식도 다 떨어져 산나물만 뜯어먹고 겨우 목숨을 부지한 채 어느 빈집에서 하룻밤 잠을 자게 되었다. 밤사이에 안회가 쌀을 조금 구해와 선생님께 밥을 지어드리려고 밥솥에 불을 지피고 끓였다. 공자가 설핏 잠이 깨었는데 오랜만에 나는 밥 냄새가 구수하여 눈을 뜨고 살펴보니 안회가 밥을 짓고 있었다. 그런데 공자는 안회가 다 지은 밥솥의 뚜껑을 열고 밥을 한 주걱 떠서 입에 넣는 모습을 보고 말았다. 공자는 일어나려다가 이 장면을 보고서는 모르는 척했다. 공자는 한편으로 '어떻게 저런 일이 있을 수 있는가?' 하면서 잘못 가르쳤다는 생각을 했으나, 한 편으로는 안회처럼 청렴하며 인仁에 가까운 사람이 없다고 생각하니 무엇인가 잘못된 것이 있으리라 판단하게 되었다. 그래서 공자는 슬며시 안회를 떠보려고 작정했다. 안회가 공자에게 밥을 올리려고 하자 공자는 안회에게 말했다.

"회야, 내가 지난밤에 꿈을 꾸었는데, 꿈속에서 선친이 나타나 밥이 다 지어지면 먼저 조상님께 바치라고 하더구나. 그런데 아무도 손을 대지 않은 깨끗한 밥을 바치라는구나."

"선생님, 이 밥은 조상님께 바칠 수 없습니다."

"아니, 왜?"

"선생님, 이 밥은 깨끗하지 않습니다. 제가 밥이 다 되었는지 솥뚜껑을 여는 순간 천장에서 흙이 떨어졌습니다. 흙이 섞인 밥을 버리자니 아깝고 해서 제가 그 부분을 한 주걱 덜어내어 먹었습니다."

"예전에 나는 나의 눈을 믿었는데, 이제 나의 눈도 믿을 만한 것이 못되는구나."

(『여씨춘추呂氏春秋』에서 추려서 윤색함)

(2)

세관 공무원이 국경에서 트럭을 검사한다. 뭔가 수상하다고 생각한 세관원은 트럭을 샅샅이 조사했지만 단 하나의 밀수품도 찾지 못한다. 그다음 주에 같은 운전자가 다시 국경에 도착한다. 세관원은 이 트럭 운전자가 밀수업자란 확신을 갖고 다시 트럭을 수색하지만 역시 허탕치고 만다. 세관원은 매주 똑같은 운전자를 음파탐지기, 엑스레이 등 생각할 수 있는 모든 수단을 동원해 조사했지만 아무것도 찾아내지 못한다. 그렇게 세월이 흘러 세관원이 은퇴할 때가 됐다. 그 운전자가 다시 나타났다. 세관원이 말했다.

"당신이 밀수업자라는 것을 나는 알고 있다. 애써 부정할 필요는 없다. 나는 곧 퇴직한다. 당신에게 어떤 피해도 끼치지 않겠다. 정말 궁금해서 그러는데, 당신이 수년간 밀수한 것이 무엇인지 알려주지 않겠는가?"

그러자 트럭 운전자가 말했다.

"트럭."

(토드 기틀린, 『무한 미디어』)

〈사례 3〉

(1)

아들 형진이가 학생 때는 '싸이월드'를 즐겼고, 나중에는 '대항해시대' 게임을 즐겼다. 나도 그 당시에는 이따금 하이텔 PC통신을 한 적이 있지만 도스〔DOS, 그래픽 기반의 윈도와 달리 텍스트 기반으로 된 초기 운영체제〕 세대여서 요즘 같은 프로슈머〔prosumer, 인터넷 시대에서 생산자와 소비자가 하나가 되는 현상〕 세대와는 한참 거리가 멀다. 요즘 손주는 뭘 하나 슬쩍 살펴보니 동영상을 자주 주고받는다. 내가 그래도 신식 할배라고 일흔 나이라도 우리 삼대는 카톡도 주고받고, 페이스북에도 같이 가입해 있어서 서로를 잘 볼 수 있다니 다행인 셈이고 그런 뜻에서 나는 젊은 노인이다. 그런데 마음에 들지 않는 행동들이 눈에 띈다. 아들도 그렇지만 손주 경환이와 윤지도 자기의 실명을 쓰는 일은 거의 없고 아이디만 쓰는데, 그 아이디가 여러 개란다. 왜 아이디를 한 개로 통일해서 쓰지 않느냐고 물으면 손주 녀석은 "각 사이트마다 성격이 다르고 제가 하는 일이 달라요." 하고 말한다.

생각해보건대 사이트마다 이름을 달리하면 자신을 숨기거나 쉽게 바꿀 수 있어서 인터넷 세상에서 활동하기에 편할 것이다. 또한 각 사이트마다 자기의 정체正體를 기능적으로 분할하여 각각의 역할을 수행할 수 있어서 다양한 역할을 할 수 있다고 본다. 긍정적으로 말하자면 자아自我를 실험해볼 수 있다고나 할까. 하여간 자아를 기능에 따라 분할하면 한 곳에서는 온순하며 예술에 취미가 많은 사람이 되고, 다른 곳에서는 조금은 혐오스러운 말을 쉽게 내뱉기도 하는 거칠고 못된 역할을 할 수도 있다. 가끔 가상세계 속의 자기가 진짜 자아라고 종종 착각하고 행동하는 사람들의 이야기가 뉴스에 나올 때 이건 아니라는 생각이 들곤 한다.

(변순용 외 8인, 『생활과 윤리』 '정보사회와 윤리'를 바탕으로 재구성)

(2)

남자 승무원 특유의 머리 모양을 한 50대 초반의 중년 조종사는 남부 특유의 사투리로 이렇게 말했다.

여러분, 근무할 때는 진심을 담아 웃어야 합니다. 미소는 여러분의 가장 큰 자산입니다. 나가서 그 자산을 활용하세요. 웃으세요. 진심을 담아서 웃는 겁니다. 진심으로 활짝 웃으세요.

이 조종사는 미소를 승무원의 자산이라고 말했다. 그러나 내 옆에 앉아 있는 사람 같은 신참들이 연수 과정을 거치는 동안 한 사람이 짓는 미소의 가치는 회사 방침을 드러내도록 다듬어진다. 승객들에게 이 항공사의 비행기는 사고가 나지 않는다는 신뢰감과 시간을 지킨다는 믿음을 주고, 항공사를 이용해준 것에 감사하는 마음과 다시금 이용해달라는 바람을 담는 미소가 되는 것이다. 연수 담당자들은 연수생들의 미소가 '전문적'으로 보일 수 있게끔 태도와 시선의 위치, 감정의 리듬 등을 훈련시킨다. 이렇게 전문적으로 웃는 태도가 한 번 몸에 깊게 배고 나면, 일과가 끝난 뒤에도 벗어나기가 쉽지만은 않다. (중략)

PSA 항공사의 광고 문구에 이런 구절이 있다.

"우리의 미소는 그냥 그려놓은 것이 아닙니다."
……

(중략) 두 번째 담론은 사람에게 더 밀접하게 관련되어 있고 노동의 전반적인 조직에서는 조금 더 동떨어져 있다. 이 사람들의 관심은 감정의 표현이다. 어빙 고프만은 카드 게임을 할 때나 엘리베이터를 탈 때, 길에서 또는 어느 정신병원에서 저녁 식탁에서 벌어지는 면대면 상호작용에 적용되는 사소한 규칙들을 소개한 적이 있다. 고프만은 사소한 규칙과 그런 규칙을 위반하는 행위, 그 행위에 따른 작은 처벌들이 쌓여 '작업'이라는 큰 단위가 되는 과정을 보여줌으로써 작은 일이라고 하찮은 것으로 치부하지 말라는 경고를 한다.

(앨리 러셀 혹실드, 『감정노동』)

2) 도덕적 딜레마 상황과 인성 덕목 찾기

　도덕적 딜레마 상황이 벌어지는 이야기는 모두 6개이다. 여러 시대의 상황들이 배경이 되어 있으나 갈등의 성격이 동일한 것도 있고 다른 것도 있다. 〈사례 1〉에서 (1)은 전국시대가 배경이고 (2)는 현대가 배경이며, 〈사례 2〉에서 (1)은 춘추시대가 배경이고 (2) 또한 현대가 배경이다. 〈사례 3〉의 (1)과 (2) 두 사례는 모두 현대사회에서 일어날 수 있는 도덕적 딜레마 상황을 보여준다. 이처럼 〈사례 1〉, 〈사례 2〉, 〈사례 3〉으로 묶었으나 시대 상황에 따른 것이 아니라 그 성격에 따라 분류한 것이다. 묶여진 각각의 사례에서 독립된 사건들은 각각의 사례 안에서 서로 도덕적인 연관성을 가지고 있다. 각각의 사례에 나타난 도덕적 딜레마 상황을 하나씩 살펴보면 다음과 같다.

　〈사례 1〉의 (1)에서 혜왕이 맹자를 초청한 이유와 맹자가 초청을 받고 방문한 기대감 사이에는 현격한 거리가 있다. 맹자는 양나라 혜왕을 찾아와서 정의로운 나라를 만드는 데 힘과 지혜를 보탤 요량으로 대화를 나눈다. 혜왕은 무엇인가 유익을 얻으려고 하지만 맹자는 의로움이 우선이고 이익은 종속적인 것이라고 한다. 맹자는 양나라와 백성에게 도덕과 정의의 정치를 위해 도움을 주려고 했을 것이나 혜왕은 단지 이익을 추구하는 욕망을 숨기고 그를 초청한 셈이다. 둘의 만남에서 비로소 맹자의 기대期待와 혜왕의 저의底意가 표면에 드러났음이 이를 설명해준다. (2)에 나타난 문제도 (1)의 그것과 크게 다르지 않다. 길에 뿌려진 돈이 모두 사라졌고, 이 돈은 한 달이 되도록 되돌아오지 않았다. 이는 (1)과 마찬가지로 정의의 가치가 탐욕에 의해 지배되는 상황을 보여준다. 특히 (2)에서는 지성과 감성에 호소하더라도 기망의 문제가 완전히 해결되기 어렵다는 점을 보인다. 500만 원은 돈을 주워간 사람이 돌려준 것이 아니라 다른 사람이 기부한 금액이다.

(1)과 (2)의 두 사례에 나타난 정의와 기망 사이의 딜레마는 인간의 욕망이 개재된 형태의 도덕적 딜레마이다. 정의를 추구해야 하는 선한 측면이 인간의 욕망에 의해 무너지는 현상을 보여주는 모습이 이를 뒷받침한다. 정의正義는 드러내는 성질이 있는 데 반해 욕망慾望은 숨기는 성질이 있다. (1)에서 혜왕은 공리주의라는 그럴듯한 이데올로기적 포장을 가지고 있으나 욕망이 개재된 속임수에 불과하다. (2) 역시 들키지 않으면 죄가 아니라는 식으로 생각하여 기망을 합리화할 가능성이 크다.

〈사례 2〉에서 (1)의 이야기는 공자의 시절에 있었던 이야기이므로 실제 그런 일이 있었는지 모른다. 기록을 보면서 그런 사실이 있었을 것이라고 추측할 뿐이지만 충분히 가능성 있는 이야기이다. 이 사례는 인간의 판단과정과 관련해서 중요한 메시지를 보여준다. 그것은 우선 눈에 보이는 많은 것들도 그것이 가치판단價値判斷으로 가기까지는 정확한 사실판단事實判斷이 전제되어야 한다는 점이다. 만약 선입견이 작용하여 사실관계를 정확히 헤아리지 않고 현상만을 보고 판단하면 진실과는 거리가 멀어진다. 현상이 모두 진실이라고 할 수는 없다. 진실을 확인하기 위해서는 관련된 여러 가지 조건을 병합하여 추리하지 않으면 안 된다. 진리는 많은 보이는 '것들'이 아니라 그렇게 보이게 하는 '것 자체'라는 플라톤의 말처럼 진실을 파악하는 일은 그리 쉽지 않다. (2)에 나타나 있는 은유隱喩는 (1)의 그것과 크게 다르지 않다. 현대 소비사회는 상품을 사기보다 이미지를 사는 시대이다. 오늘날은 이미지가 실체보다 더 실체처럼 다가온다. (2)에서 '트럭'은 실체를 담는 그릇이어야 하지만, 그 이미지 자체가 밀수상품이 되어 있음을 보여준다. 이름과 겉모습을 추구하는 오늘날은 브랜드로 일컬어지는 명칭이 상품의 가치를 훨씬 뛰어넘는 경우도 많다. '검정 치마'보다 '블랙 스커트'가 더 비싸게 팔린다는 것은 잘 알려진 사실이다.

〈사례 2〉에서 (1)과 (2) 두 사례에 나타난 정의와 기망 사이의 딜레마는 진리 문제가 결부된 형태의 도덕적 딜레마이다. 사람들이 겉으로 보이는 현상에만 몰입할수록 진실은 더욱 멀어진다. 진실과 괴리된 가치 판단이 개인의 삶에 반영되면 서로를 불신하게 되고, 정책에 반영되면 사회 정의를 구현하기 어려워진다. 현대는 겉으로 보이는 현상이나 이미지에 열광하는 시대이다. 외모지상주의 열풍도 같은 유類에 속하는 문제이다. 이미지가 주는 환희나 기쁨 또는 교환가치를 무시할 수는 없으나 이미지에 의존하여 능력이나 증험이 약화된 사회는 불신과 부정의不正義한 사회를 만든다. 오늘날은 유명한 브랜드와 좋은 포장이 상품가치를 높이는 시대이지만, 참된 자기와 포장된 외모 사이의 간격이 커질수록 도덕적 딜레마를 심각하게 겪게 된다.

〈사례 3〉의 (1)은 정보시대의 다중 정체성 문제에 관한 것들을 스토리로 재구성한 글이다. '자아自我 정체성正體性'에서 정체성이란 한 번 듣거나 보기만 하면 바로 그 사람이라는 것을 알아차릴 수 있게 하는 항상성恒常性을 뜻한다. 가상세계에서는 동일해야 할 정체가 여러 곳에서 기능적으로 분리된다. 즉 다중 자아 현상으로서, 자기가 자기를 기만하는 일이 된다. 속이는 행위에는 대상이 있어야 하는데, 그 대상이 타인이 아니라 자기 자신이다. 이런 경우는 해리장애解離障碍[인격이 분리되는 일종의 다중인격 증상]를 가진 사람이나 '지킬과 하이드 씨'에게나 가능한 일이지만 오늘날 정보시대에는 이런 일들이 일어날 수 있는 가능성이 커진다. 자기로부터 도피하는 사람, 두 개 이상의 자아를 가진 사람, 자기기만自己欺瞞을 하는 사람에게 이 사회를 정의롭게 할 역할과 책임을 부여하기는 어렵다. (2)에서는 딜레마가 더 명료하게 드러난다. 아름다운 미소와 친절은 확실히 사람들을 편안하고 행복한 느낌이 들게 하지만, 조작된 예의禮儀는 자기기만의 한 형태로서 도덕적 품성과는 완전히 다르다. 가장 사람다운 특성이라고 할 수 있는 사람의 인격이 현대사회의 소비시장에서는 다른 무엇을 얻기 위한 수단으로 사용된다. 감정 조절은 사람됨을 위한 것이 아니라 기업에서 더 나은 상품을 만들기 위해 필요한 요소이다. 감정노동자들은 예의와 도덕이라는 두 인성 덕목의 분리分離 경험을 통해 고통을 겪는다. 이런 자기기만이 성공의 영역에서 강조되면 교언영색巧言令色을 잘하는 사람이 더 나은 대우를 받게 된다. 심지어 인성이 기업뿐 아니라 개인의 성공 영역에 일반화되면 훌륭한 인성과 기망의 차이를 구분하는 것조차 어려워진다.

〈사례 3〉의 (1)과 (2)에서 나타나는 도덕적 딜레마 상황은 '자기기만'이 개재된 형태이다. (1)에서는 정보시대에서 가상공간의 자아가 현실의 실제적인 자아로부터 소외되고 분열된다. 소외와 분열의 모습으로 보이는 자기기만은 자신도 타인도 고통을 겪게 한다. (2)에서는 개인의 감정이 자기 본래의 인성으로부터 분리되어 기능적으로만 작동하는 모습을 보인다. 소비시대에서 감정은 자기로부터 분리되어 관리되고 훈련받는 대상이 된다. 감정을 포함한 인성의 본질적 가치가 교환가치交換價値로 전도되는 상황은 분명히 심각한 도덕적 딜레마 상황이다.

3) 인성 덕목으로 도덕적 딜레마 상황 타개하기

〈사례 1〉~〈사례 3〉은 모두 정직正直, 책임責任의 덕목과 관계가 있으나 강도에서 차이가 있다. 〈사례 1〉은 정직과 책임의 덕목이 모두 관련되지만 책임의 덕목이 더 강조되고, 〈사례 2〉에서는 정직 덕목이 더 중요하지만 책임 덕목은 상대적으로 약하게 관련되며, 〈사례 3〉은 정직·책임 덕목과 강하게 연결된다. 사례들에서 나타난 도덕적 딜레마는 정직과 책임이라는 덕목으로 해결 방안을 찾을 수 있다. 정직과 책임은 어떻게 보면 상이한 이름을 가지고 있으나 두 개의 덕목은 인과적 성격을 가지고 있으면서도 서로 다른 영역을 담당하는 부분들이 있다.

■ 정직과 책임의 덕목으로 도덕적 딜레마 타개하기

정직과 책임의 덕목으로 〈사례 1〉~〈사례 3〉에서 드러난 정의와 기망 사이에 있는 도덕적 딜레마를 타개할 수 있다. 정직의 덕목, 책임의 덕목 각각으로 나누어서 해법을 제시하면 다음과 같다.

우선, 정직의 덕목을 활용하여 〈사례 1〉~〈사례 3〉에서 공통적으로 적용할 수 있는 적절한 방법을 찾는다면 맹자의 지언知言과 순자의 지명知名이다. 맹자와 순자는 언어생활에서 정직한 삶의 방안을 찾았다. 맹자는 지언을 통해 심성의 수련을 설명했고, 순자는 지명을 통해 설명했다. 맹자에게 '말을 알다[知言]'라는 의미는 편벽된 말[詖辭], 음탕한 말[淫辭], 거짓된 말[邪辭], 둘러대는 말[循辭]이 무엇인지 아는 것이다. 순자가 거론하는 '이름을 안다[知名]'는 말의 의미에서 볼 때, 폐해가 되는 것은 삼혹三惑, 즉 용명난명用名亂名, 용명난실用名亂實, 용실난명用實亂名이다. 위의 사례들과 관련해서는 삼혹 중에서 특히 이름을 잘못 사용함으로써 미혹에 빠지는 용명난실을 경계해야 한다. 거짓된 말이나 미혹하는 말은 다른 부정직不正直을 재생산하고 사회를 불신하게 함으로써 실實을 어지럽힌다.

다음으로는 책임의 덕목으로서 〈사례 1〉~〈사례 3〉의 딜레마를 타개하기 위해 필요한 고전적 정의正義로서 적절한 것이 정명正名이다. 정명에는 공자의 정명이 있고, 순자의 정명이 있다. 두 정명은 같은 면도 있고 다른 면도 있다. 둘 다 공통적으로 군주, 신하, 부모, 자식의 역할에 대한 책임을 강조한다. 순자는 정명을 더욱 정교하게 가다듬어 명론名論으로 제시한다. 그는 "같은 사물에는 같은 이름을 붙여주고, 다른 사물에는 다른 이름을 붙여주는 것"이 정명이라고 한다. 순자는 교묘한 말솜씨와 속임수는 책임의식을 약화시키고 사회를 혼란케 하므로 배격할 것을 주장한다. 공자와 순자의 정명은 곧 책임의식을 발현하고 사회정의를 이루는 방법이다.

이상과 같이 고전에서 얻은 아이디어를 바탕으로 도덕적 딜레마 상황을 해결하는 것도 좋은 방법이다. 하지만 현대사회는 과거와 달리 매우 복잡다기하여 사회의 문제를 고전에 의지해서만 온전히 해결하기에는 충분하다고 할 수 없으므로 고전과 현대, 동양과 서양의 관점들을 융합할 필요가 있다.

■ 정직의 덕목으로 도덕적 딜레마 타개하기

정의와 기망의 딜레마 상황을 해결하기 위해 무엇보다 정직正直을 강조할 수밖에 없다. 정직은 두 가지로 생각할 수 있다. 타인에 대한 정직과 자신에 대한 정직이 그것이다. 기망欺罔하게 되는 이유는 부당한 방법으로 자신의 약점을 숨기거나 부당한 이익을 얻으려는 욕망 때문이다. 어떻게 하면 정직한 삶을 살 수 있을지 각 사례와 관련하여 살펴보기로 한다.

〈사례 1〉에서 양 혜왕이 유리주의唯利主義를 택한 것은 이기적 욕망이 정의감보다 앞섰기 때문이다. 즉 양 혜왕은 공리주의를 표방했지만, 실제로는 유리주의자이다. 문제를 해결하기 위해서는 정직의 덕목은 진실을 찾는 데서 출발해야 한다. 진실 또는 진리는 정직의 핵심이다. 진실 또는 진리는 거짓이 없는 상태를 말한다. 거짓이 없으려면 적어도 세 가지 측면을 늘 염두에 두어야 한다. 첫째로는 사실을 그대로 말하는 것이고, 둘째로는 사실을 말하더라도 양을 가감加減하기를 피할 것이고, 셋째로는 마음에 둔 것과 말하는 것을 일치시킬 것이다.

〈사례 2〉의 내용을 보면 현상의 이면을 이해하기 위해 노력해야 한다는 점을 알 수 있다. 현상은 사실 또는 진실과 다르다. (1)에서 공자가 안회의 행동을 본 것은 현상에 지나지 않는다. 현상 너머에 있는 진실을 파악하려는 노력이 필요하다. 예컨대 언론에 자주 인용되는 통계의 허상을 간파하려는 노력을 해야 한다. 빈부격차가 심한 나라에서 1인당 GNP는 아무런 의미가 없음은 잘 알려진 이야기이다. 현상의 이면을 이해하기 위해 배움과 사색의 연결이 필요하다. 공자는 사색의 중요성을 '학이불사즉망學而不思則罔〔배우고 생각하지 않으면 현혹되어 득이 없다〕'으로 표현했다. (2)에 나타난 이미지에 몰입하는 상황을 타개하기 위해서는 현대사회에서 브랜드 가치보다 실질 가치에 더 관심을 두는 인성교육이 필요하다. 이것은 실實의 교육과 관계가 깊다. 실은 성실誠實이다. 말과 행동을 일치시킬

때와 그 행동의 목표가 선한 결과로 맺어질 때 실이 된다. 정직은 실이라는 증험證驗이 있어야 비로소 그 가치가 빛난다.

〈사례 3〉에서는 타인他人을 속이는 일뿐 아니라 자기를 속이는 일에서도 벗어날 것을 요구한다. 타인 기망을 극복하는 일은 〈사례 1〉에서 언급했으므로 자기 기망에서 벗어나는 방법을 생각해보자. 인터넷에서 다중적인 자기 설정이나 처세적인 자기 변신은 현재의 실체적 자아에서 벗어난 것이다. 자아 변경 자체가 잘못된 것이라기보다 그 속에 몰입됨으로써 자아 정체의 혼란을 염려하는 것이다. 타인 모방이나 동일시同一視를 하려고 자아를 변경할 때에는 자기 성장에 도움이 된다. 하지만 모방과 동일시를 즐기는 사람은 자아 존중감尊重感이 약하다고 할 수 있다. 적절한 자아 존중감을 갖는 것도 정직한 삶을 사는 데 좋은 방법이다.

■ 책임의 덕목으로 도덕적 딜레마 상황 타개하기

책임의 덕목은 정직의 덕목과 긴밀한 관계를 가진다고 이미 언급했다. 부연하면 정직의 덕목이 초역사성과 개인성을 지니고 있다면, 책임의 덕목은 역사성과 사회성을 지닌다. 다른 면에서 정직이 내재성內在性을 기반으로 한 덕성이라면 책임은 구현성具現性을 가지고 실천적으로 작용하는 특성이 있다. 내재성과 구현성을 개념상의 측면에서 보면 성리학적으로 정직은 천지도天之道로서, 책임은 인지도人之道로서 설명될 수도 있다.

〈사례 1〉을 보면 맹자는 책임감이 강한 사람이다. 그가 맡은 책임은 자신뿐 아니라 나라와 천하를 위한 책임까지 포함한다. 책임이 내발적인 경우에는 정의감에서 발생하므로 자율적이다. 이에 반해 외발적인 경우는 개인 간의 약속이나 계약에 의해 발생하며 외적 구속이 따른다. 당연히 외적 구속보다 내적 구속이 더 지속적이고 강인하다. 정의를 채택하고 이익을 버리는 맹자의 의주리종義主利從은 궁극적으로 정의를 위해서는 목숨까지도 버릴 수 있다는 사생취의捨生取義의 정신으로 맺는다.

(2)의 문제를 해결하기 위해서도 강한 책임의식이 필요하다. 거리에 뿌려진 타인의 돈은 당연히 돌려주어야 하는 부정한 습득물이다. 언론의 비판과 감성 호소에도 실제 돌려주지 않은 돈이 훨씬 많았다는 사실에서 책임의식의 부재不在를 볼 수 있다. 책임의 덕목은 정의사회 구현에 직접적으로 관련되는 덕목이다. 우리는 이를 시정적是正的 정의正義〔부당한 이익과 손해를 바로잡아 동등성을 회복하는 것〕의 개념에서 생각할 수 있다. 시정적 정의는 순자의 정명正名과도 매우 흡사한 정의正義 개념이다. 어떤 한 사람이 다른 사람으로부터 손해를 입었다고 가정하면 이 손해는 다른 사람에게 이익이 됨으로써 원래의 균등 상태가 깨어져 부정의不正義한 상태가 된다. 원래의 균형 상태로 되돌려놓아서 바로잡는 것이 시정적 정의이다. (2)에서는 부당한 이익을 얻은 사람이 아닌 완전히 무관한 사람이 500만 원을 채워주었다. 이 사람이 선행을 했을지라도 사회의 정의는 이루어지지 않았다고 보아야 한다. 그러므로 (2)에서 부당한 이익을 얻은 사람은 손해를 입은 사람에게 되돌려줄 책임이 있다. 이 개념의 정의에 입각할 때, 공정한 태도가 시간적으로 선행의 실천에 앞선다. 다시 말해, 공정한 태도를 갖는 것은 바로잡는 행위보다 더 중요하다.

〈사례 2〉도 약하지만 책임의 덕목과 관련이 있다. 이미지나 겉모습에 매달리는 사람들이 사회적 책임을 잘 완수할 것인가의 문제는 별도의 연구가 필요하다. 그러나 기업이 사원을 채용할 때 외모를 능력보다 더 중시하여 선발하는 경향이 커진다면 기업의 이익 측면에서도 유리하지 않으며 사회적 책임의 윤리를 제대로 수행할 수 없다. 더욱이 외양의 가치를 중시하는 사람들이 사회의 중요한 직책을 맡는 일이 많아지면 사회적 기망이 확대되면서 공동선共同善을 저해할 가능성이 커진다.

〈사례 3〉과 연관된 책임의식은 앞의 경우와 다소 다르다. 여기에서는 사회에 대한 책임보다 자기에 대한 책임이 더욱 강조된다. 정의로우려면 자기다움을 위해 노력할 책임이 있다. 자기를 속이는 사람은 자신에 대한 책임을 지려고 하지 않는 사람이다. 자기를 사랑하고 자신의 정체성을 바로 세움으로써 자신의 책임을 다하려고 해야 한다. 정보사회에서 진정한 자아가 아닌 허위의 자아로써 타인을 속이고 사회를 어지럽히는 행위는 바람직하지 않다.

3.
지선至善인가, 인욕人欲인가?

전통사회는 지식과 행동, 그리고 학문과 인격이 밀접한 관계를 가지는 것으로 보았다. 삶과 앎이 하나였다. 예컨대 전통교육은 삶 속에서 앎을 추구하여 사람다움을 배우는 것이 핵심이었다. 이것이 바로 인성교육이었다. 그러나 현대사회는 정신적 가치보다는 물질적 가치를 더욱 중요시하고, 인간심성에 관한 형이상학적 지식보다는 현실생활에 관한 형이하학적인 지식을 우선시한다. 즉 인간생활의 도덕윤리적인 규범과 가치를 무시하고, 사회생활의 효용적인 정보와 기술지식을 요구하고 있다. 이러한 사회현상은 우리의 가치관에 혼란을 초래했으며, 교육에 대한 본질적인 생각마저 변하게 했다.

인간이 사회구성원으로 생활할 때 타인을 존중하고 배려하는 것은 지극히 당연한 도덕적 원리이다. 이를 최대한으로 실현하면, 지어지선止於至善의 경지에 도달하여 성인이 될 수 있다. 그러나 인간에게는 본원적 욕구인 인욕人欲이 내재되어 있어 타인에 대한 존중과 배려보다는 자신의 사욕邪欲을 우선하는 경우가 허다하다. 인간은 사욕을 극복하지 못한다면 지선至善을 달성할 수 없다. 그러므로 인간은 구인성학求仁聖學과 인욕

사이에서 늘 갈등하고, 이율배반적인 상황에서 선택의 문제에 직면한다. 여기서는 지선과 인욕의 딜레마 상황을 제시해본다.

1) 사례 제시

〈사례 1〉

어느 날 제자인 자공子貢이 공자에게 물었다.

"선생님, 자장子張과 자하子夏 중 어느 쪽이 더 현명합니까?"

공자는 두 제자를 비교한 다음 이렇게 말했다.

"자장은 아무래도 매사에 지나친 면이 있고, 자하는 부족한 점이 많은 것 같다."

"그렇다면 자장이 낫겠군요?"

자공이 다시 묻자 공자는 이렇게 대답했다.

"그렇지 않다. 지나침은 미치지 못한 것과 같다."

(『論語』先進)

〈사례 2〉

전학공부호내신塡壑工夫好耐辛

깊은 골짜기 메우듯 하는 공부를 괴로움 견디는 것처럼 좋아하면,

거성혈전기관인據城血戰豈關人

성벽에 의지하여 피비린내 나는 싸움을 어찌 남이 상관하리오.

약교불용여산경若敎不用如山徑

만약 힘쓰지 않아 산속의 오솔길처럼 버려둔다면,

야화춘풍초우신野火春風草又新

들불 꺼지기도 전에 봄바람 불어 풀 다시 돋아나네.

(『退溪全書』 卷2, 閒居, 次趙士敬, 具景瑞, 金舜擧, 權景受諸人唱酬韻 十四首 其二)

〈사례 3〉

의학적으로 환자가 의식의 회복 가능성이 없고, 생명과 관련된 중요한 생체 기능의 상실을 회복할 수 없으며, 환자의 신체 상태에 비추어 짧은 시간 내에 사망에 이를 수 있음이 명백한 경우(이하 '회복 불가능한 사망의 단계')에 이루어지는 진료 행위(이하 '연명 치료')는 원인이 되는 질병의 호전을 목적으로 하는 것이 아니라 질병의 호전을 사실상 포기한 상태에서 오로지 현 상태를 유지하기 위하여 이루어지는 치료에 불과하므로 그에 이르지 아니한 경우와 다른 기준으로 진료 중단 허용 가능성을 판단해야 한다. 이미 의식의 회복 가능성을 상실하여 더 이상 인격체로서의 활동을 기대할 수 없고, 자연적으로는 이미 죽음의 과정이 시작되었다고 볼 수 있는 회복 불가능한 사망의 단계에 이른 후에는 의학적으로 무의미한 신체 침해 행위에 해당하는 연명 치료를 환자에게 강요하는 것이 오히려 인간의 존엄과 가치를 해하게 되므로 이와 같은 예외적인 상황에서 죽음

을 맞이하려는 환자의 의사 결정을 존중하여 환자의 인간으로서의 존엄과 가치 및 행복추구권을 보호하는 것이 사회 상규에 부합되고 헌법 정신에도 어긋나지 아니한다. 그러므로 회복 불가능한 사망의 단계에 이른 후에 환자가 인간으로서의 존엄과 가치 및 행복추구권에 기초하여 자기 결정권을 행사하는 것으로 인정되는 경우에는 특별한 사정이 없는 한 연명 치료의 중단이 허용될 수 있다. 한편, 환자가 회복 불가능한 사망의 단계에 이르렀는지 여부는 주치의의 소견뿐 아니라 사실 조회, 진료기록 감정 등에 나타난 다른 전문 의사의 의학적 소견을 종합하여 신중하게 판단하여야 한다.

(대법원 2009다17417 무의미한 연명 치료 장치 제거 등 판례, 2009. 5. 21)

〈사례 4〉

난민인권센터에 따르면 2010년 423건이던 난민 신청은 지난해 2,896건으로 6.8배 늘었다. 올해만 해도 5월 말 기준 모두 1,633건의 난민 신청이 접수돼 하루 평균 10건꼴이다. 하지만 우리나라의 난민 인정 비율은 매우 낮은 수준이다. 2010년 난민 인정 건수는 47건으로 신청 건수의 11.1%였으나 지난해는 94건으로 3.2%에 그쳐 32개 OECD 국가 중 26위(5.3%)에 머물렀다. 난민 지위 인정 비율이 30%를 넘어서는 캐나다·영국·미국 등과 달리 아직도 우리 사회가 난민에 대한 인식이 낮고 거부감은 크다는 소리다.

낮은 난민 인정률은 무엇보다 난민 문제에 대한 사회적 합의 부재가 가장 큰 원인이다. 지난 20여 년 동안 국제화에 대한 인식은 높지만 국제

사회의 공동 문제에 대한 우리 국민의 인식과 접근은 매우 뒤떨어져 있기 때문이다.

우리 입장과 형편이 어떠하든 오갈 데 없는 순수한 난민에 대한 문호는 언제든 열어놓아야 한다. 인종·종교 등을 차별하지 않고 적극 포용하는 열린 사회의 가치를 존중하는 것이 성숙한 선진사회이기 때문이다. 동시에 인도적 관점에서 국제사회의 공동 문제에 대해 책임의식과 연대감을 갖는 것도 중요한 일이다.

그러나 난민 문제는 누구도 쉽게 결정할 수 없는 매우 민감한 문제다. 자칫 법적·제도적 장치나 원칙을 제대로 세우지 않은 채 난민을 받아들일 경우 부작용이 커질 수밖에 없다. 극단적인 예로 난민 틈에 테러 위험인물들이 뒤섞여 들어와 파리 테러와 같은 불상사가 국내에서도 발생할 가능성을 완전히 배제할 수 없다. 불법 체류를 목적으로 난민 신청을 악용하는 사례도 많아 신중하게 접근해야 한다. 정부는 이 같은 변수들을 충분히 감안해 난민 수용 문제에 대해 해결책을 찾고 난민 관리도 철저히 할 필요가 있다.

(「매일신문」 2015. 11. 21 사설)

2) 도덕적 딜레마 상황과 인성 덕목 찾기

존중과 배려의 영역에서 제시된 도덕적 딜레마 상황은 4개이다. 제시된 상황의 시대는 각각 다르다. 〈사례 1〉은 『논어論語』에서 초집抄集 했으므로 기원전 5세기이며, 이 상황은 공자가 제자들의 인물평을 진행하는 과정에서 나타났다. 〈사례 2〉는『퇴계전서退溪全書』에 나오는 시이므로 16세기인데, 이때 퇴계의 나이는 51세로 치사귀전致仕歸田하여 고향에서 문인들과 연작시連作詩를 지으며 한가롭게 보내고 있을 때이다. 〈사례 3〉과 〈사례 4〉는 최근의 기사이다. 제시된 딜레마 상황에서 시대적 간극은 매우 크지만, 인성교육의 덕목으로서 존중과 배려는 시공을 초월한 보편적 가치를 지닌다. 보편적 가치라는 측면에서 도덕적 딜레마 상황과 인성 덕목을 탐색해본다.

〈사례 1〉은 과유불급過猶不及이나 과공비례過恭非禮에 대한 딜레마이다. 〈사례 1〉에서 보는 것처럼 지나치게 친절한 예의는 오히려 예의에 어긋남을 언급한 것이다. 이는 나중에 맹자에 의해 비례非禮로 발전되었다. 즉, "대인은 예가 아닌 예와 의가 아닌 의를 하지 않는다(非禮之禮 非義之義 大人弗爲 ·『孟子』離婁)"라는 데서 비례非禮가 유래되었다. 비례지례非禮之禮는 얼핏 보기에 예에 어긋나지 않은 듯 보이지만 실제로 예에 어긋나는 일을 가리킨다. 그리고 과공過恭과 비례非禮를 연결시킨 사람은 송宋나라 때의 이천伊川 정이程頤였다. 정이는 비례지례의 뜻을 묻자 "공손은 본래 예의 이지만, 지나친 공손은 예의가 아닌 예의이다(恭本爲禮 過恭是非禮之禮也)."라고 대답했다. 이후에 주자는 이를 과공비례過恭非禮라고 말했다.

일찍이 공자도 "지나친 칭찬의 말이나 비위를 맞추기 위한 얼굴빛, 그리고 지나친 공경함은 부끄러운 행동이다(巧言令色足恭 丘亦恥之 ·『論語』公冶長)."라고 말했다. 이처럼 타인에 대한 존중과 배려를 위한 예의라 할지라도 상대방에게 지나치면 사사로운 욕망에 의한 행동으로 비칠 수 있다.

〈사례 2〉는 인욕의 억제에 관한 딜레마이다. 인간의 본성은 순선지미純善至美하지만, 잠시라도 수양하지 않으면 인욕은 다시 돋아난다. 〈사례 2〉에서 전학顓學은 "내가 보건대 다만 분노 억누르기를 산을 부러뜨리

듯 하고, 욕망 억제하기를 골짜기를 채우듯 하며, 선善으로 옮기는 것을 바람처럼 빨리 하고, 잘못 고치기를 번개처럼 굳세게 하기만 하면 된다(某 看來 只是懲忿如摧山 窒慾如塡壑 遷善如風之迅 改過如雷之烈 ·『朱子語類』周易 巽卦)."라는 데서 나온 말인데, 여기서는 인간의 욕망을 제거하기란 참으로 어려운 일이란 것을 비유했다. 혈전血戰은 "힘껏 한 번 이해하는 것을 혈전하듯 한 번 하면 이는 괴로움을 참는 것 같다."는 말이 될 것이다. 혈전은 다름이 아니라 사람이 능히 할 수 있는 것이며, 이는 자기를 이기는 공부를 말하는 것이다(痛理會一番如血戰 相似言耐辛 血戰非他 人所能與 此以克己工夫而言 ·『朱子語類』要存論)."에서 유래했다.

〈사례 2〉에서 산경山徑은 산에 난 작은 길을 말한다. 맹자는 "산길의 지름길은 잠시만 사용하면 길이 생기고, 잠시만 사용하지 않으면 띠풀이 그것을 막아버린다. 지금 띠풀이 그대의 마음을 꽉 막고 있는 것이다(山徑之蹊 間介然用之而成路 爲間不用 則茅塞之矣 今茅塞子之心矣 ·『孟子』盡心 下)."라고 말했다. 이는 사람의 본성을 잠시라도 수양하지 않으면, 인욕에 의해 순선한 마음이 가리는 것을 비유한 것이다. 그리고 야화춘풍野火春風은 중국 당唐나라의 시인 백거이白居易가 지은 「부득고원초궁별賦得古原草送別」의 한 구절이다. 즉 "들불을 놓아도 다 타지 않고[野火燒不盡], 봄바람 불면 다시 돋아나네[春風吹又生]"라는 데서 유래했다. 야화野火는 들판의 마른 풀을 태우기 위해 지르는 불을 말한다. '야화춘풍'은 들불을 놓아도 풀이 완전히 타서 없어지지 않고, 봄이 되면 다시 파릇파릇 돋아나는 것을 묘사한 구절이다. 이 구절 역시 인욕이나 사악邪惡은 쉽게 근절되지 않음을 비유한 것으로 해석할 수 있다. 인간은 인욕의 사사로움을 극복해야만 지선한 천리를 온전히 유지할 수 있다. 그러므로 인간은 항상 지선과 인욕의 경계에서 딜레마를 느끼고, 이율배반적인 상황에서 고민한다.

〈사례 3〉은 존엄사(death with dignity)에 관한 딜레마이다. 존엄사는 환자가 자의에 의해 죽음을 선택할 수 있는 권리를 의미한다. 대형 병원이나 호스피스 병동에는 죽음에 직면한 수많은 '중환자'가 있는데, 이들에게 생명의 일시적인 연장을 위해 최첨단 의료기술을 동원하여 '무의식적인 생명'을 지탱시키고 있다. 그러다가 마지막에 심폐소생술을 시도하다가 안 되면 죽음에 이르게 된다. 하지만 심폐소생술의 윤리적인 문제는 논외論外로 하더라도 과연 이것이 죽음에 직면한 환자에게 바람직한 것인가에 대해서는 치열한 논의가 필요하다. 왜냐하면 인간은 편안하게 죽음을 맞이할 수 있는 권리가 있기 때문이다. 즉, 환자의 의사 결정을 존중하여 환자가 인간으로서의 존엄과 가치 및 행복추구권을 행사하도록 해야 한다.

요즘에는 병원에서 말기 암 환자에게 DNR에 대한 동의를 받기 시작했다. DNR이란 'Do Not Resusitation'의 약자로서, 직역하면 '소생술을 사용하지 마시오'라는 의미이다. 이는 회복 불가능한 사망의 단계에 이른 환자에게 특별한 사정이 없는 한 연명치료를 중단할 수 있는 권리를 부여한다는 취지이므로 대단한 사건이 아닐 수 없다. 이 사건의 토대는 존엄사법이다. 우리나라는 존엄사법이 2016년 1월에 국회를 통과하여 2년의 유예기간을 거친 후 2018년부터 시행하기로 되어 있다. 이 존엄사법에서 생명존중과 고통 경감이라는 배려의 딜레마가 감지된다.

〈사례 4〉는 난민 수용에 따른 사회적 문제에 대한 딜레마이다. 시리아 난민은 정부군과 반군의 대립에서 시작되었다. 시리아의 정부군은 전체 인구의 약 13%에 불과한 소수의 시아파이며, 반군은 다수의 수니파이다. 정부군이 다수의 수니파를 견제하기 위해 군대와 비밀경찰 무카라바트를 양성하여 강압적 독재정치를 유지했다. 이에 2011년 3월, 시리아

남부 지역의 학생들이 벽에 반정부 낙서를 써놓았다는 이유로 체포돼 고문을 받게 되었다. 이를 계기로 시민은 알 아사드 정권의 퇴출을 요구하며 민주주의와 자유의 보장을 요구했고, 당시 정부군의 과잉대응으로 전국적인 반정부운동이 촉발되었다. 이로 말미암아 시리아 내전이 일어났고, 시리아인이 고국을 버리고 세계를 유랑함으로써 난민이 발생했다.

난민을 수용하는 것은 인간에 대한 존중과 배려의 원리 때문이다. 즉, 모든 인간은 인종이나 지역에 관계없이 존중과 배려의 대상이다. 또한 인도적 관점에서 국제사회의 공동 문제에 대해 책임의식과 연대감을 갖는 것도 중요한 원칙이다. 그러나 만약 난민 중에서 한 명이라도 테러를 야기한다면, 인간에 대한 존중과 배려가 오히려 해악이 될 수도 있다. 실제로 2016년 1월에 독일에서 난민에 의한 성폭행 사건이 있었고, 터키에서는 이슬람국가(IS) 조직원이 난민을 가장하여 자살폭탄 테러를 일으킨 바 있다. 이처럼 존중과 배려가 오히려 해악이 될 수 있으니, 딜레마가 아닐 수 없다.

3) 인성 덕목으로 도덕적 딜레마 상황 타개하기

〈사례 1〉~〈사례 4〉는 존중과 배려의 딜레마 상황으로 제시된 예이다. 존중과 배려는 인간존중의 원리이며, 인간을 인격적인 존재로 대우하는 원칙이기도 하다. 또한 존중과 배려는 공동체적 삶의 준칙이며, 인간의 사회적 관계를 상호 인정하는 윤리이기도 하다. 〈사례 1〉은 예의와 관련된 존중과 배려이며, 〈사례 2〉는 상징적인 시적 운율로서 인욕의 억제를 노래한 인간본성에 관한 존중과 배려이다. 그리고 〈사례 3〉과 〈사례 4〉는 인간의 기본권에 관한 존중과 배려이다. 결국 이들 사례에서 볼 수 있듯이 존중과 배려의 윤리가 실천될 때 지선의 경지에 도달할 수 있고, 그렇지 않다면 인욕에 빠질 수 있다. 그러므로 우리는 존중과 배려의 덕목으로 딜레마를 타개할 수밖에 없다.

■ 존중과 배려의 덕목으로 도덕적 딜레마 상황 타개하기

유학의 교육목적은 천리天理를 순선하게 보존하여 성학聖學의 완성에 이르기 위함이다. 그 수양 방법으로 공자는 구인성덕求仁成德을, 맹자는 구방심求放心을, 주자는 존천리存天理 알인욕遏人欲을 제시했다. 또한 퇴계는 거경궁리와 덕성함양을 수양 방법으로 강조하면서 도덕적 인격완성을 도모했다. 이는 『대학』의 공부원리인 명덕明德, 친민新民, 지선至善과 직결된다. 특히 지선은 천리의 본연을 함양하고 인욕을 억제하여 최고의 선에 도달한 상태를 말한다. 그러나 인간의 본성이 순선하지만은 않아 인욕의 맹아萌芽는 언제든지 가능하다.

주자는 "천리와 인욕에는 어느 정도 비율이 있다. 천리가 본래 많지만, 인욕도 이 천리 안에서 나온다. 비록 인욕이라 해도 인욕 안에는 원래 천리가 있다(天理人欲分數有多少 天理本多 人欲便也是天理裏面做出來 雖是人欲 人欲中自有天理 ·『朱子語類』卷13, 學7 力行)."고 했다. 그러므로 사람의 마음에 천리가 가득하면, 인욕은 저절로 없어질 수 있다. 인성교육은 이 점을 간파하여 학문하는 사람에게 반드시 이것을 체인體認하고 성찰省察하도록 해야 한다. 천리와 인욕은 시비판단의 문제와 직결된다. 마땅히 학문하는 사람은 마음속의 시비선악을 판단하여 좋은 이치와 바람직한 것은 더욱 밝혀야 하고, 나쁜 것은 제거해야 한다. 즉 의리와 이익, 선과 악, 옳음과 그름 같은 것이 마음속에 뒤섞인 채 구별되지 않게 두어서는 안 된다.

이상理想이 현실을 유도하는 힘이 그만큼 완벽하지 못하다는 것이 인간세상의 실정이다. 그러나 인간의 본성이 무엇이냐는 물음에 대답하기보다는 실제 인간성의 노출된 현상이 이러하니 그것을 어떤 이상상理想像으로 만들 것인가에 더 많은 관심을 가져야 한다. 이것이 바로 인간행동의 가소성可塑性이다.

■ 존중의 덕목으로 도덕적 딜레마 상황 타개하기

존중은 마음가짐의 원리이므로 타인에 대한 존중은 처세법의 제일 조건이다. 그러나 〈사례 1〉에서 알 수 있듯이, 타인에 대한 맹목적이고 과도한 존중은 오히려 예의에 어긋날 뿐만 아니라 상대방을 난처하게 할 수 있다. 상대방에게 지나치게 친절한 것은 인간본성에 바탕을 두고 한 행동이 아니라 어떤 의도된 목적에 기인된 행동일 수 있다. 예컨대 상대방에게 과도한 친절을 제시함으로써 자신의 사회적 및 경제적 이익을 추구하기 위한 계획된 행동일 수 있다. 이는 지선의 행동이 아니라 인욕의 행위이다.

〈사례 2〉는 매우 상징적인 의미의 인욕에 관한 상황이다. 〈사례 2〉에서 퇴계는 인간의 욕망을 산골짜기에 비유했고, 인욕을 억제하는 것은 산골짜기를 메우는 행위로 설명했다. 또한 산골짜기를 메우는 행위를 '혈전'으로 상징하며 극기복례로 인욕을 제거해야 한다고 했다. 퇴계는

'혈전'이라는 다소 과격한 용어를 사용하면서 사욕적이고 이기적인 인욕을 전투적 자세로 물리치고자 했다. 아울러 산에 난 작은 오솔길은 사람이 다니지 않으면 쉽게 띠풀이 돋는 것처럼 사악한 인욕도 방심하면 금방 발생한다고 했다. 그 이유는 인욕의 속성이 끈질기고 잠시라도 수양하지 않으면 다시 생긴다고 생각했기 때문이다.

〈사례 1〉과 〈사례 2〉에서 볼 수 있듯이, 인욕은 언제나 사람의 심성에 존재할 수 있다. 인욕을 억제하기 위해 존심양성이 필요하며, 거경궁리의 수양 방법이 요구된다. 이것은 인간 내면에 깊이 자리 잡고 있는 순선한 마음을 밝혀 지선한 상태로 유지하는 것이다. 『어린 왕자』에는 "중요한 것은 눈이 보이지 않는다."라는 구절이 있다. 이처럼 바람직한 인간관계의 깊숙한 곳에는 '존중'이라는 보이지 않는 가치가 존재한다. 인간 본성에 바탕을 둔 존중은 순선지미이며, 처세법의 제일조건이다. 그러므로 과공비례와 인욕의 도덕적 딜레마는 존중의 가치로 해결될 수 있다.

■ 배려의 덕목으로 도덕적 딜레마 상황 타개하기

인간행동은 내면의 동기, 정신, 마음가짐의 산물이다. 그렇기 때문에 인간행동은 내면적 심리상태와 불가분의 관계이다. 우리가 상대방을 이해하고 배려한다는 것은 상대의 의견에 무조건 동의하거나 상대방을 일방적으로 옳다고 말하는 것이 아니라 그 사람의 말과 행동을 인격적으로 존중하거나 배려해준다는 의미이다. 상대방의 입장, 그 사람이 옳다고 믿고 있는 사실을 충분히 그럴 수 있다고 귀 기울이고 받아들인다는 뜻이다.

〈사례 3〉은 인간의 기본권과 관계되는 존엄사에 대한 도덕적 딜레마이다. 주지하다시피 존엄사란 불치의 병이나 장애로 인해 의식 불명이나 심한 고통 상태에 있는 환자에 대해 연명만을 목적으로 하는 치료를 중지하고 인간으로서의 명예를 유지하면서 죽을 수 있게 해야 한다는 견해이다. 이는 생명윤리와 관련된 원리 중에서 자율성 존중의 원칙이다. 즉, 의사가 일방적으로 환자의 진료를 결정하는 것이 아니라 환자의 자율적의견에 따라 진료 행위를 해야 한다. 환자는 스스로 결정할 권리를 가진다. 그렇다고 반드시 환자의 결정이 모두 윤리적 효력이 발생하는 것은 아니다. 예컨대 정신병자의 의견이나 의식이 없는 말기 암 환자의 경우에는 환자의 의견을 전부 수용할 수 없다. 이때 존엄사와 인간생명의 존중이라는 도덕적 딜레마에 빠진다. 〈사례 4〉는 최근 국제적 문제로 대두되고 있는 난민 문제이다. 난민은 인간으로서 모든 국가에서 관심을 가져야 할 인도적인 문제이다. 하지만 난민 중에서 테러와 관련된 사람이 포함되어 테러가 발생했다면, 인간 존중과 배려의 윤리는 심각한 도덕적 딜레마에 놓이게 된다.

〈사례 3〉과 〈사례 4〉는 모두 배려의 윤리로서 극복될 수 있는 도덕적 딜레마이다. 배려란 상대방의 입장에서 경청하고 이해하며 행동하는 것이다. 마찬가지로 존엄사도 생명연장의 가치보다는 환자의 입장을 고려하여 자기결정권을 존중하고 환자를 배려하는 것이 우선되어야 한다. 단순한 생명연장은 절차적 정당성도 확보할 수 없을 뿐만 아니라 개인의 선택이라는 자유의 최고선을 박탈하는 행위이기 때문에 바람직하지 않다. 난민 문제는 경우에 따라 테러라는 극한의 상황을 야기할 수 있지만, 그것 때문에 인간으로서의 생명과 고귀함이 박탈될 수 없다. 국제사회에서 난민 문제를 수용하지 않으면, 그들은 바닷가 혹은 길거리에서 생명의 존엄성을 무참히 짓밟힐 것이다. 존엄사이든 난민 문제이든 인간생명의 가치에서 논의되어야 하고, 마땅히 인간존중의 정신에서 논의될 때 인간은 인간에 대한 배려를 최우선의 가치로 삼는다고 할 수 있다.

4.
상리相利인가, 편리片利인가?

맹자는 "인간은 금수와 다를 바가 거의 없다(人異於禽獸者 幾希)."고 했다. 본능적 욕망만을 두고 본다면 그렇게 볼 수 있다. 맹자가 인간과 금수를 동일선상에 두고 있지만, 이 말 속에는 금수와 변별될 수 있는 근본적 차이를 전제로 하고 있다. 인간은 선善이라는 도덕적 본성을 지녀 인의예지를 실천함으로써 온전한 인간의 길인 의義를 구현한다는 점에서 금수와는 대별될 수밖에 없다. 금수와 다른 성선性善을 타고 의의 길을 걷지만 사사로운 욕망에 미혹되어 의를 버리고 사리私利에 빠져드는 것 또한 인간의 한 모습이다. 그런 점에서 공자는 군자와 소인의 차이를 의義와 이利로 구분한 것이다. 공자가 소인을 두고 이해利害에 밝다고 하여 폄하한 것은 물질적 가치인 이利에만 경도되어 도덕적 가치인 의義를 멀리하여 사욕에 빠져들기 때문이다. 이러한 이利는 맹자 이후 정신적 가치에 해당하는 의義에 대치되는 개념으로 파악함으로써 본성을 저해하는 부정적 시각으로 나타나고 있다.

이利가 맹자 이후 의義와 대치되는 개념으로 설정되어 사욕私欲이나 물욕物欲을 견제하기 위한 방편으로 사용되었지만 이利의 본래적 의미는 의義와 함께하는 것이다. 주역에서 원형이정元亨利貞을 언급함에 있어 "이 利는 의義에 화함(利者 義之和也)"이라고 했고, 주역 건괘乾卦 본의本義에 "이利 는 생물의 이룸이니 물건이 각기 마땅함을 얻어 서로 방해하지 않는다. 그러므로 때에 있어서는 가을이 되고 사람에게 있어서는 의義가 되어 그 분수의 화합을 얻음이 된다(利者 生物之遂 物各得宜 不相妨害 故於時爲秋 於人則爲義 而 得其分之和)."고 했다. 공자가 이利를 부정적으로만 보지 않은 이유를 여기 에서 찾을 수 있다. 공자는 "부富가 추구할 만한 것이라면 비록 말몰이를 하는 직업이라도 하겠다. 그러나 추구할 만한 것이 못 된다면 내가 가고 자 하는 길을 가겠다(富而可求也, 雖執鞭之士 吾亦爲之 如不可求 從吾所好)."고 함으로 써 정당하게 취득한 부富, 즉 이利에 대해서는 긍정적으로 보았다. 의義로 써 이利를 낳고 이利로써 백성을 고르게 한다면 의義와 이利는 상보적 관계 가 되어 이利는 의義를 바탕으로 하는 인간 상호 간의 공리公利가 되는 것 이다.

앞서 언급한 이利에 대한 본질적 의미를 통해 이 장에서는 윤리적 측 면에서 바람직한 이利의 추구가 무엇인지를 상리공생相利共生과 편리공생片 利共生으로 나누어 살펴본다. 상리공생(mutualism)과 편리공생(commensalism)은 생물학 용어이다. 상리공생은 서로 다른 종의 생물이 상호작용을 통해 서로 이익을 주고받는 경우를 뜻하며, 편리공생은 둘 이상의 개체가 함 께 살아가고 있을 때 두 개체 중 하나는 이익을 얻고 다른 하나는 영향을 받지 않는 공생관계이다. 생물학에서 사용되는 용어를 차용한 것은 소통 과 협동을 상리공생과 편리공생의 관점에서 살펴보고자 하기 때문이다. 소통과 협동이 온전하게 교류될 때 공리公利에 해당하는 상리공생을 누릴 수 있으리라 보지만 때로는 상황적 논리가 이를 어긋나게 할 수 있다. 이 런 점을 고려하여 구체적 사례를 통해 상리공생과 편리공생을 상황논리적 관점에서 진단해보도록 한다.

1) 사례 제시

〈사례 1〉

(1)

나는 독일 병사들이 그들 방어선 안의 아군 소총 사정거리 내에서 태연하게 걸어 다니는 모습을 보고 깜짝 놀랐다. 아군 병사들도 그것을 보고 신경을 쓰지 않는 것 같았다. 나는 나중에 우리가 이 지구地區를 맡게 되면 이런 것부터 뜯어 고쳐야겠다고 마음먹었다. 그건 있을 수 없는 일이었다. 병사들은 현재 전쟁을 하고 있다는 사실을 까맣게 잊은 듯했다. 양측 모두 '공존공영共存共榮' 정책을 철석같이 믿고 있는 게 분명하다.

(Dugdale, G., 『Langemarck and Cambrai』)

(2)

A중대와 함께 차를 마시고 있는데 갑자기 바깥에서 시끄럽게 고함치는 소리가 들려서 무슨 일인가 나가보았다. 우리 병사들과 독일군이 각기 자기들 진지 위에 올라가 있었다. 그런데 갑자기 일제 사격이 가해졌다. 하지만 다친 사람은 아무도 없었다. 양측 모두 내려왔고 우리 병사들이 독일군에게 욕을 해대기 시작했다. 그때 갑자기 용감한 독일군 한

명이 진지 위로 뛰어 올라가더니 이렇게 외쳤다. "이 일에 대해 우리는 정말 미안하게 생각한다. 아무도 다치지 않았기를 바란다. 그건 우리 잘못이 아니었다. 빌어먹을 프러시아 포병놈들 때문이다."

(Rutter, Owen, ed.,

『The History of the Seventh (Services) Battalion The Royal Sussex Regiment 1914-1919』)

〈사례 2〉

"동무들, 여러분은 설마 우리 돼지들이 자기들끼리만 잘 먹고 잘 살기 위해, 또는 무슨 특권을 행사하기 위해 그러는 것이라 생각하진 않겠지요? 사실은 우유, 사과를 싫어하는 돼지들도 많아요. 나도 싫어합니다. 그런데 우유와 사과에는 돼지의 건강에 절대적으로 필요한 물질들이 포함되어 있어요. 동무들, 이건 과학적으로 밝혀진 일입니다. 우리 돼지들은 머리 쓰는 노동에 종사하고 있습니다. 이 농장의 경영과 조직은 전적으로 우리 돼지들에게 달려 있습니다. 우리는 밤낮으로 여러분의 복지를 보살펴야 합니다. 그러므로 돼지들이 우유를 마시고 사과를 먹어야 하는 것은 바로 여러분의 이익을 위해서입니다. 돼지들이 그 의무를 수행하지 못하면 어찌되는지 아십니까? 존스가 다시 오게 돼요. 존스가! 그래요, 존스가 다시 오게 됩니다! 그러니까 동무들" 이 대목에서 스퀼러는 거의 호소하듯 말했다. 그는 이리저리 왔다 갔다 하면서, 그리고 꼬리를 탈탈 털며 말을 계속했다. "그러니까 동무들, 여러분 중에 설마 존스가 되돌아오길 바라는 분은 없겠지요?"

동물들에게 아주 완전히 확실한 것이 하나 있다면 그것은 아무도 존스가 되돌아오는 것만은 원치 않는다는 사실이었다. 일이 그런 식으로 설명되고 보니 동물들로선 더 이상 할 말이 없었다. 돼지들이 우선 건강해야 한다는 것의 중요성은 너무도 명백해 보였다. 그렇게 해서 우유며 바람에 떨어진 사과(그리고 나중에는 익은 사과들까지도)는 모두 돼지들의 몫이어야 한다는 데 더 이상 아무 군말 없는 합의가 이루어졌다.

(조지 오웰, 『동물농장』)

〈사례 3〉

임금피크제 – 고용안정 · 청년고용 '두 마리 토끼 잡기' 딜레마

청년은 마땅한 일자리가 없고, 근로자는 장시간 노동에 허덕이고 있다. 비정규직은 차별에 울고, 여성은 일과 가정 어느 것도 제대로 돌보기 어려운 현실에 시름한다. 정부는 노동시장 개혁에 사활을 걸겠다며 '양보와 타협'을 주문하고 나섰다. 하지만 불황 속에서 살아남아야 하는 근로자들에겐 아직 남의 얘기일 뿐이다. 노 · 사, 노 · 노, 노 · 정 간 첨예한 입장 차이로 뚜렷한 해법을 찾지 못하는 동안 현장의 고통은 더욱 커져만 간다.

◇ 정년 늘었지만 유쾌하지는 않다＝차모(57) 씨는 건설기계 생산업체 공장에서 굴착기 조립 일을 한다. 30년간 해온 일이지만 요즘 들어 마음고생이 심했다. 업무 특성상 무거운 부품을 들어야 하는 경우가 많은데 나이가 들면서 부쩍 힘이 부쳐서다.

올해 57세인 차 씨는 임금피크제가 도입되지 않았다면 곧 정년퇴직

해야 했다. 2012년 이 회사는 정년을 59세로 늘리는 대신 58세에 기존 임금의 80%, 59세에 70%만 받는 임금피크제에 노조와 합의했다. 덕분에 차 씨는 2년 더 다닐 수 있게 됐다.

차 씨는 "처음엔 정년이 늘어난대서 기뻤지만 지금은 유쾌한 것만은 아니다."며 속내를 털어놨다. 그는 "줄어든 임금은 큰 문제가 아니다. 나이를 먹었는데 노동 강도는 줄지 않아 차라리 회사를 그만두고 굴착기 운전을 하고 싶다."고 했다.

임금피크제 도입이 능사는 아니다. 차 씨처럼 정년이 늘어나도 업무에 흥미를 잃거나 부담을 느끼는 경우가 있다. 직책과 관련된 딜레마도 존재한다. 인사 적체를 해소하기 위해 정년연장 대상자의 기존 직책을 거둬들이면 숙련된 근로자들이 단순 업무에 종사하게 될 수도 있다. 정년연장 대상자가 기존 직책을 유지하면 인사 적체 심화로 젊은 근로자의 근로 의욕이 저하될 수도 있다.

◇ 한 편의점 프랜차이즈 업체는 지난해 업계 최초로 임금피크제를 도입했다. 기존 55세 정년을 60세로 5년 늘리는 대신 55세에 기존 임금의 65%만 받는 것을 시작으로 해마다 5%씩 임금을 줄여 59세에는 45%를 받기로 노사가 합의했다.

이 회사 경영기획팀 곽모⑶⑨ 씨는 당시 노사협의회 근로자위원으로 사측과 임금피크제 도입을 협의했다. 곽 씨는 "처음엔 정년연장을 남의 일로만 느끼던 젊은 직원들이 이제는 취지를 이해한다."며 "나도 아직 정년이 20년 남았지만 안정적인 근무 여건이 마련됐다고 생각한다."고 말했다.

경영관리본부 관계자는 "임금피크제 도입으로 절감된 인건비를 향

후 신규 인력 채용에 쓸 방침"이라며 "정년연장 대상자들은 경험과 노하우를 살릴 수 있는 업무에 배치했다."고 전했다. 현재 이 회사에는 임금 피크제로 정년이 연장된 사원 3명이 감사실과 물류센터 등에서 일하고 있다.

(「한국일보」, 2015. 8. 11. 신훈 기자)

〈사례 4〉

日 안보법제 통과, '전쟁을 원하는 나라' 기우일까?
'동북아 안보 대립 격화될 것'

한韓 · 미美 · 일日 · 중中 온도차

아베 정부는 안보법제의 정당성을 중국의 군사적 대두와 북한의 핵미사일 개발 등 동아시아의 안보 위협 요소 제거로 들며, 보다 '적극적인 평화주의'를 실천하겠다고 강조했다. 물론 북한과 대치하고 있는 우리나라에 한 · 미 · 일 대북 공조가 대북 억제력 향상에 도움이 될 수 있다는 긍정적 효과도 있어 일본의 재무장을 부정적으로만 바라볼 필요는 없다는 시각도 있다.

하지만 평화헌법은 제국주의 침략 야욕으로 제2차 세계대전을 일으키고 한국을 식민 지배했던 전범국 일본에 일종의 쇠고랑 같은 제약이었다. 적절한 과거사에 대한 사과와 반성 없이 재무장을 도모하는 일본에 대해 한국의 입장에서는 경계심이 드는 것이 사실이다. 하지만 한일 관계 악화를 우려하는 미국의 의향을 의식한 우리나라는 다소 어중간한 입

장을 보였다. 한국 외교부 대변인은 한국 정부는 평화헌법 견지를 바란 다는 것과 자위권 행사 시 한국의 요청 · 동의가 필요하다는 점을 강조할 따름이었다. 우리나라 입장에서는 북한의 위협을 근거로 한 일본의 집단 자위권 행사가 도리어 한국에 대한 반격으로 이어질 가능성을 배제할 수 없다. 안보법제가 통과되자마자 우리나라 언론들은 일제히 한반도 유사 시 자위대가 한국의 동의 없이 파병될 수 있는가 여부에 대한 규정이 불 분명하다고 지적해왔다.

이런 가운데 21일 「니혼게이자이신문」이 10월 20일 한민구 국방장 관과 나카타니 겐(中谷元) 일본 방위상의 한 · 일 국방장관 회담에서 일본 자위대의 북한지역 진입 시 한국 정부의 사전 동의 문제에 대한 대화 내용 을 공개했는데, 나카타니 방위상이 "한국의 지배가 유효한 범위는 휴전선 의 남쪽"이라며 사실상 거부 의사를 밝힌 것으로 나타났다. 이에 21일 국 방부 대변인은 "북한 영역과 관련된 문제는 한 · 미동맹, 한 · 미 · 일 협동 의 틀 내에서 협의되어야 할 사안으로 유사시 우리의 국익이 반영될 수 있도록 한 · 미 · 일 협동(DTT)을 통해 일본의 군사 활동은 조율될 것"이라고 밝혀 여전히 일본과 안보에 대한 의견 조율이 필요함을 시사했다.

(조운, 2015. 11 「MeCONOMY Magazine」)

2) 도덕적 딜레마 상황과 인성 덕목 찾기

사례 네 가지는 전쟁 상황과 명저 그리고 신문 기사를 인용하여 소통과 협동의 관점에서 상리공생과 편리공생의 관계를 보여준다. 〈사례 1〉은 Dugdale, G.의 『Langemarck and Cambrai』(1932)와 Rutter, Owen 등의 『The History of the Seventh (Services) Battalion The Royal Sussex Regiment 1914-1919』(1934) 가운데서 인용한 것이고, 〈사례 2〉는 조지 오웰의 『동물농장』(1945)에서 인용한 것이다. 〈사례 3〉은 2015년 8월 11일자 신문에서, 〈사례 4〉는 2015년 11월에 발간된 매거진에서 자료를 가지고 왔다. 인용한 글은 전쟁 상황과 문학작품, 그리고 현재 우리 사회 및 대외적 역학관계에서 빚어진 상황들을 제시한 것이다. 네 가지 사례를 들어 소통과 협동의 관점을 통해 공생 과정에서 드러날 수 있는 도덕적 딜레마 상황을 어떻게 이해하고 받아들여야 할 것인지 조명해본다. 이를 위해 먼저 각 사례에 나타난 인물이나 사건 당사자의 입장에서 도덕적 딜레마를 추출하기로 한다.

〈사례 1〉은 전쟁이라는 폭력적 상황에서 전혀 예상치 못한 소통과 협동을 통해 공생의 길을 모색한 실제 상황을 보여준다. 전쟁은 이해관계 속에서 시작되어 살상이 합법적으로 허용된다. 이 과정에서 빚어지는 폭력성과 이기성은 무수한 살육과 방화, 그리고 무자비한 폭행을 야기한다. 상대의 저항능력을 없애는 일이 전쟁의 목적이므로 상대에 대한 화해와 이해는 이적행위利敵行爲에 해당한다. 상대의 의지를 강제하고 우리의 뜻을 무력으로 강요하는 것이 전쟁의 본질이라면 적을 마주하고 있는 상황에서 당연히 적은 섬멸의 대상이 되어야 한다. 서로를 죽여야만 하는 긴박한 전황 속에서 적군과 공생을 도모하는 것이 바람직한 것인지, 전쟁 종식을 위해 적군을 격멸해야 하는 것이 바람직한 것인지 선택의 기로에 설 때가 있다. 이처럼 전쟁이란 피할 수 없는 상황에서 무엇을 선택해야 할지 딜레마에 빠지게 한다.

소통과 협동이라는 인성 덕목에 견주어 사례를 살펴본다. 사례의 배경은 제1차 세계대전 당시 서부전선에서 몇 치의 영토를 놓고 치열하게 전투를 벌이는 상황이다. (1)의 내용은 전투 현장임에도 불구하고 공존하는 병사들에 대한 지휘관의 비판적 시각을 보여준다. (2)의 내용은 서로에게 총격전을 벌이지만 살상을 위한 사격이 아님을 상대측에 전달하고 있다. 제1차 세계대전 당시 800km에 해당하는 서부전선 여러 곳에서 적군끼리 서로 전투를 자제하는 일이 허다했다. 사례는 그에 해당하는 전선이다. 전쟁의 목적과 의도를 고려한다면 (1)의 영국군 참모의 생각이 바람직할 수 있다. 모든 전선에서 치열하게 전투를 펼치는 것은 빠른 전쟁 종식을 목적에 두고 있다. 그렇다면 참모의 생각은 장기적으로 볼 때 서로에게 상리공생의 길을 열어놓는 셈이 된다. 이런 관점에서 본다면 (2)에서 이루어지는 소통과 협동은 자신들만의 안위를 위한 편리공생이 될 수 있다. 반면 (2)의 관점에서 본다면 상반될 수 있다. 적군과의 소통과 협동이 전쟁 자체의 회의론을 불러와 전쟁을 종식할 수 있는 계기를 만들 수 있다. 특히 전쟁을 의도한 이기집단의 편리공생을 와해시킬 수 있어 오히려 바람직한 상리공생을 이끌어낼 수 있는 것이다.

〈사례 2〉는 돼지인 나폴레옹이 농장주 존스 부부를 축출하고 동물농장을 장악한 후 이상주의자인 스노볼까지 제거한 다음 간교한 스퀼러를 대변자로 내세워 동물들을 설득하는 장면이다. 나폴레옹을 대리한 스퀼러의 설득은 인간으로부터 동물농장을 지키려는 동물들 간 소통과 협동을 통한 상생의 길을 모색하는 것이다. 이는 존스의 복귀를 막는다는 점에서 일치된 합의이며, 그들만의 이상적 사회 건립이라는 목적성을 고려한다면 스퀼러의 설득은 정당한 변론이 된다. 그러나 상생의 길이 모두를 위한 것인지 재고해야 한다. 스퀼러의 말에는 공동체를 위한다는 명분을 담고 있지만 언제든지 돼지들로 상정되는 지배계급의 이익만을 위한 수단으로 전락할 가능성을 내포하고 있다. "모두 돼지들의 몫이어야 한다."는 대목은 공동체가 강조하는 상리공생을 가장한 전체주의의 편리공생을 염두에 둔 것이다. 인용문의 상황에서 판단할 때 다른 동물들이 스퀼러의 설득에 동의하고 협동하는 것을 상리공생으로 봐야 할지, 돼지들(지배계급)만의 이익을 추구하는 편리공생으로 봐야 할지 선택을 남겨두고 있다.

소통과 협동이라는 인성 덕목에 비추어 사례를 살펴볼 때, 상황적 측면에 따라 상리공생과 편리공생으로 나누어 선택할 수 있으리라 본다. 상황을 인용문으로 국한한다면 돼지와 다른 동물들은 인간이라는 공동의 적을 두고 있는 처지이다. 공동의 적을 눈앞에 두고 있는 상황이라면 동물들은 계층을 초월하여 공생이라는 공동의 이익을 위해 소통과 협동이 필요한 시점이다. 현실적 상황에서 존스의 복귀를 막아낼 수 있는 돼지들의 임무를 고려할 때 그들에게 더해지는 이익은 정당한 것이며, 그에 따른 협동은 상리공생을 위한 필요조건이 되는 셈이다. 그러나 인용문 속에는 공동체주의를 훼손하는 특권의식이 감추어져 있다. 공동체를 위한다는 명분 아래 그들(돼지들)만이 특별한 대우를 받아야 하는 이유를 강조하고 그 타당성을 설득하고 있다. 이는 이상적 사회를 꿈꾸던 혁명의 타락성을 엿볼 수 있는 장면이라는 점에서 상리공생을 빙자한 편리공생으로 볼 수밖에 없는 근거가 된다. 상황적 논리에서 어떻게 보아야 할지 선택할 문제이다.

〈사례 3〉은 요즘 우리 사회에서 화두가 되고 있는 임금피크제에 따른 딜레마 상황을 보여주는 신문 기사이다. 불황 속에서 살아남아야 하는 지금의 노동현장에서 임금피크제를 바라보는 근로자들의 인식은 다를 수밖에 없다. 비록 노사 간의 소통과 협동을 통한 상생적 입장에서 임금피크제를 도입했지만 이를 받아들여야 하는 근로자의 입장은 사뭇 다르게 나타난다. 신문 기사는 임금피크제를 적용하는 회사 직원을 대상으로 그들의 목소리를 들려주고 있다. 그들은 정년이 늘었다는 점에서 일단 찬성의 입장이지만 노동 강도와 직책에 따라 입장을 달리한다. 현장 노동의 경우 임금피크제 실행 후 업무 집중도와 근로 의욕의 저하라는 부정적 측면을 보였다면, 내직의 경우 안정적인 근무 여건이 마련됐다는 긍정적 신호를 보였다. 회사의 입장대로라면 후자는 숙련된 인력의 확보와 신규 인력 수용이라는 점에서 노사 모두 바람직한 상리공생의 방향으로 나아간다. 하지만 전자는 고령 인구의 일자리 창출이라는 상리공생의 본래적 목적보다 기업의 인건비 부담 감소와 인력의 탄력적 활용에 악용될 소지가 있어 사측의 편리공생이라는 시각을 배제할 수 없다. 그런 점에서 임금피크제의 도입은 상리냐 편리냐 하는 대척된 시각이 비등하여 딜레마 상황에 놓일 수밖에 없다.

소통과 협동이라는 인성적 덕목에 비추어볼 때 임금피크제를 어떻게 적용하느냐에 따라 상리공생과 편리공생이 확연히 구분될 소지가 다분하다. 임금피크제의 긍정적 측면을 그대로 수용한다면 분명히 상리공생의 길을 열어놓는 것이 된다. 정년연장은 장년층의 실업을 완화시킬수 있으며 숙련된 기술과 노하우를 현장에 적용할 수 있어 일의 효율성을 높일 수 있다. 뿐만 아니라 장년층의 삭감된 임금으로 청년들의 취업증가로 이어질 수 있다는 점에서 분명히 노사 모두 상리공생이 되는 것이다. 그러나 소통과 협동을 빌미로 임금피크제를 사측의 편리공생으로전용한다면 그에 따른 피해는 근로자가 고스란히 떠안게 된다. 즉 임금피크제는 근로자의 임금 삭감을 위한 목적으로 악용될 수 있으며, 정년이 늘어난 만큼 신규 채용을 줄일 수 있는 빌미를 제공한다. 그렇다면 임금피크제는 상리공생이라는 본래의 취지와 달리 기존 근로자의 희생을바탕으로 한 사측의 편리공생으로 경도될 수밖에 없다. 그런 점에서 임금피크제는 운용에 따라 상리와 편리의 딜레마를 내포하고 있는 것이다.

〈사례 4〉는 일본의 안보법제 통과에 따른 관련 당사국 간의 이해관계를 보여주고 있다. 일본의 안보법제 통과는 한반도에서 자위대의 역할을 확대하는 법적 기반을 마련한 셈이 되어 우리 입장에서는 일본의 재무장은 군사적 팽창이라는 경계심을 늦출 수 없게 한다. 특히 한반도 유사시 자위대가 한국의 동의 없이 파병할 수 있다는 여지를 열어놓아 일본의 군사력 팽창은 위협적일 수밖에 없다. 한편 일본과의 안보협동은한국보다 앞선 군사 정보를 공유할 수 있다는 점과 한반도 유사시 일본이 주일미군의 병참기지 역할을 한다는 점에서 일본과의 안보협동을 마다할 수 없는 입장이다. 문제는 협동의 진정성에 달려 있다. 동북아의 안보 위협 요소 제거를 들어 적극적인 평화주의 실천을 내세우지만 진정한소통과 협동을 발판으로 주변국과의 상리공생의 길을 걷느냐에 달려 있다. 과연 안보법제 통과에 따른 일본의 군사적 재무장이 진정 소통과 협동을 통한 상리공생을 위한 것인지, 정치·경제적 이익을 위한 편리공생의 길을 트기 위한 발판인지 이를 지켜보는 우리의 입장에서는 딜레마가 아닐 수 없다.

일본의 안보법제 통과에 따른 군사적 팽창을 소통과 협동의 인성 덕목에 비추어 상리와 편리의 딜레마 상황을 점검해본다. 분명한 것은 일본의 안보법제 통과가 군사적 측면에서 위협적이라는 점은 부인할 수 없는 사실이다. 이는 과거사에 대한 적절한 반성 없이 이루어진 재무장이라는 점에서 그들의 역사적 행적을 상기하게 하는 대목이다. 극우주의 망언과 더불어 재무장을 통한 강한 일본에 대한 갈망, 전쟁이 가능한 나라 등으로 각인되는 일본이라는 점에서 그들이 말하는 적극적 평화주의 실천의 진정성에 의문이 간다. 그런 점에서 볼 때 평화주의를 내세워 주변국과 소통과 협동의 팔을 내밀어 상리공생을 도모하지만, 그 이면에는 군사력 강화를 통해 자국의 이익을 극대화하려는 편리공생의 속성이 강하게 내비친다.

그러나 안보법제를 통한 일본의 군사적 증진을 무조건 부정적으로만 볼 수 없다. 경제 대국으로 성장한 일본이 그에 걸맞은 역할을 담당하는 것은 당연한 일이다. 다시 말해, 일본이 전후 평화헌법을 준수하고 국제사회에서 공동의 번영을 위해 노력한 사실을 폄하할 수만은 없다. 일본의 군사력 증강이 국제법 준수 그리고 지역과 국제 안보활동에 더 적극적 역할을 자임하기 위한 것이라면 주변국과의 상리공생을 도모하는 것이 된다. 군사력 증강은 주변국에 늘 위협적일 수밖에 없다. 칼을 어떻게 쓰느냐에 따라 활검活劍이 될 수도 있고 살검殺劍이 될 수도 있다. 일본의 안보법제라는 칼을 어떻게 평가해야 할지 딜레마가 아닐 수 없다.

3) 인성 덕목으로 도덕적 딜레마 상황 타개하기

소통과 협동은 인간관계를 올바르게 유지할 수 있게 하는 기본 덕목이라는 점에서 이견이 있을 수 없다. 문제는 공생이 이利와 결합될 때 상리相利와 편리片利로 나누어져 도덕적 딜레마 상황을 연출하는 데 있다. 이利가 의義와 상보적으로 나아갈 경우는 상리공생相利共生의 길을 걷지만, 의義와 멀어질 때는 사욕私欲이 개입되어 편리공생片利共生으로 나아갈 여지를 열어놓게 된다. 〈사례 1〉~〈사례 4〉는 소통과 협동이 의義의 길을 동반하느냐 그렇지 않으면 사욕私欲에 매몰되느냐에 따른 상리와 편리의 딜레마 상황을 보여준다. 이러한 딜레마 상황을 소통과 협동이라는 인성 덕목으로 조합과 분리를 통해 타개하려는 시도는 난해할 수 있다. 협동은 소통을 전제로 하기에 어느 하나의 덕목을 방법론으로 적용하기가 마땅치 않을 수 있으나 상황논리에 따라 소통과 협동을 적용한다면 적절한 타개책이 나올 수 있다.

소통과 협동은 상호 간의 관계 속에서 이루어기 때문에 양측의 입장을 우선적으로 이해하는 것이 중요하다. 상리와 편리의 딜레마 상황이 발생하는 까닭은 양측에게 주어진 당면한 문제를 어떻게 받아들이느냐에 달린 것이다. 여기에 더해 소통의 주체가 어떤 관계냐에 따라 협동의 양태는 달라질 수 있다. 대등한 관계 속에서 이루어지는 소통이라면 협동을 통한 결과는 상리공생으로 나아갈 확률이 높다. 반면 소통의 주체가 힘의 불균형을 가질 경우 비록 소통을 통한 협동이라고 하지만 상리공생이 될 수 없다. 이처럼 협동이 소통의 결과물이라는 점을 감안할 때 각 사례에 따른 도덕적 딜레마 상황을 해결하기 위해서는 소통의 주체를 중심으로 이루어지는 협동이 어떤 상관성을 가지느냐를 밝힘으로써 그 상황을 타개할 수 있을 것이다.

■ 소통과 협동의 덕목으로 도덕적 딜레마 상황 타개하기

협동은 소통을 전제로 한다는 데 이견은 없다. 문제는 소통의 주체가 어떤 관계로 맺어졌는가에 따라 협동이 다른 양상을 보일 수 있다는 것이다. 대등한 주체로서의 소통은 상호 이해를 통해 가장 합리적인 방법을 찾아 상리相利가 될 수 있는 방향으로 나아갈 것이다. 이 경우 협동은 자발적이며 자연스럽게 이루어질 수밖에 없다. 그러나 소통의 주체가 대등한 관계가 아니라 힘의 불균형을 갖고 있다거나 종속적인 관계로 구성되었다면 상황은 달라진다. 비록 합의에 따른 협동이라 할지라도 이는 자발적 협동이 아니라는 점에서 상황에 따라 언제든지 파기될 수 있는 여지가 있다. 소통과 협동은 개인이든 집단이든 서로에게 관여된 문제를 해결하는 데 있어 가장 바람직한 방법이다. 그러나 현실에서는 상황에 따라 다양한 양태의 소통과 협동이 이루어지며 그 결과 또한 상리와 편리로 나눠지게 된다. 이상적인 방법은 수평적 관계에서 상호 신뢰를 통한 소통이 전제가 되어 상리공생을 위한 협동으로 나아가는 데 있다. 이때 중요한 것은 소리小利를 배척하고 의義에 근거한 대리大利를 향한 소통과 협동이 필요하다.

온전한 소통은 역지사지易地思之가 되어 진심이 교통해야 한다. 그 진심이 의義와 함께하여 하나를 이룰 때 진정한 상리공생의 길을 갈 수 있는 것이다. 이에 비추어 사례를 살펴보면, 〈사례 1〉~〈사례 4〉는 표면적으로는 모두 상리공생을 지향하고 있다. 그러나 이면에는 각 상황의 논리에 따른 소통과 협동이므로 진정한 상리공생만을 보여주지 않고 있다. 〈사례 1〉은 전쟁이라는 극한 상황에서 이루어진 소통과 협동의 상리공생이고, 〈사례 2〉는 공동체 유지를 명분으로 협동을 요구한 측면이 강하므로 편리공생이며, 〈사례 3〉은 노사 간의 소통과 협동에 따른 상리공생이나 편리공생을 내포하고 있으며, 〈사례 4〉는 국가 간의 소통과 협동을 통한 상리공생을 지향하나 각자의 상황논리에 따라 언제든지 편리공생으로 나아갈 수 있다. 그런 점에서 비록 소통과 협동에 의한 공생의 길을 도모할지라도 상황논리에 따라 언제든 다른 길을 걸을 수 있어 문제를 내포하고 있다.

네 가지 사례 가운데 〈사례 1〉만이 동병상련의 처지에 따른 이심전심의 소통이 만들어낸 협동이라 할 수 있다. 그런 점에서 다른 사례에 비해 온전한 상리공생을 지향한다고 하겠다. 문제는 서로 대치하여 전투를 벌이는 상황에서 상대군相對軍과의 상리공생이 무조건 바람직하다고 볼 수 있느냐는 것이다. 전쟁을 수행해야 하는 군인이기에 싸워야 하지만 전쟁을 일으킨 주범은 따로 있으며 그 목적은 소리小利를 위한 것이다. 의義를 상실한 전쟁에는 명분이 있을 수 없다. 그렇게 본다면 전장의 군인들이 도모한 소통과 협동의 상리공생은 정당성을 확보한 셈이 된다. 그 정당성이 전쟁 무용론으로 나아갈 수 있게 한다면 바랄 것이 없겠지만 전쟁의 장기화로 이어질 수 있으며, 이곳과 다른 전선에서는 더 격한 전투를 촉발시킬 수 있음을 고려해야 한다. 사례와 같은 상리공생이 800km에 해당하는 서부전선에서 일제히 일어난다면 이상적인 소통과 협동의 결과물이 되겠지만 그럴 가능성은 희박하다. 그렇게 본다면 이는 그들만의 상리공생으로 비칠 수 있다. 비록 그런 문제점은 안고 있지만, 작은 불씨 하나가 평야를 태우듯 이심전심의 소통과 협동이 모두를 위한 상리공생의 길을 도모할 수 있는 단초가 되기에는 충분하다고 본다.

■ 소통의 덕목으로 도덕적 딜레마 상황 타개하기

소통은 화자와 청자가 만들어내는 상호작용이다. 화자와 청자는 역할을 달리하지만 항상 동체가 되어 상대를 헤아리고 진심을 전달할 때 진정한 소통이 이루어진다. 오늘날에는 소통이라는 말이 일상화되었지만 타자를 위한 소통이라기보다는 자신을 위한 소통으로 나아가는 경우가 많다. 특히 힘의 논리를 바탕으로 한 소통일 경우 소통을 빙자한 약자에 대한 폭력으로 이어질 수 있다. 우리 사회에서 이루어지는 다양한 협동을 볼 때 소통에 의한 협동이라는 명분을 내세우지만 실상 갑을 관계에 따른 일방적 수용인 경우가 허다하다. 소통을 통한 협동이 문제 해결에 있어 가장 바람직한 방향이라는 데는 누구도 부인할 수 없다. 협동을 통한 진정한 상리공생의 길을 가기 위해서는 제대로 된 소통이 전제되어야 한다. 호혜적 관계와 수평적 시선으로 상대를 헤아릴 때 소통은 본래의 의미를 찾을 수 있다. 이런 소통이 전제될 때 협동은 상리를 위해 자연스럽게 서로를 돕게 되는 것이다.

소통의 부재나 일방적 소통은 단절이나 고립을 초래한다. 쌍방향의 소통이 이루어졌다 하더라도 수직적 관계에서는 한쪽으로 기울 수밖에 없는 상황이 상존한다. 그런 점에서 소통은 문제 해결이 아니라 또 다른 문제를 초래하는 도덕적 딜레마를 안고 있다. 앞서 제시한 네 가지 사례를 통해 소통에 의한 도덕적 딜레마 상황의 타개 방법을 찾아본다. 〈사례 1〉의 (2)는 염화미소拈華微笑 같은 무언無言의 소통이 이루어낸 협동이며, 〈사례 2〉는 일방적 소통에 의해 만들어진 협동이며, 〈사례 3〉은 수직적 관계의 소통에 따른 협동이며, 〈사례 4〉는 그들만의 소통에 따른 협동 방안을 제시한 것이다. 이렇게 볼 때 〈사례 1〉만이 온전한 소통에 의한 협동으로 나아간 것이다. 〈사례 3〉의 경우는 〈사례 2〉와 〈사례 4〉에 비해 상호 간의 이해를 바탕으로 한 소통에 따른 협동이라는 점에서 바람직하지만, 그 형평성에 있어 기우는 쪽은 늘 약자의 몫임을 보여주고 있다.

네 가지 사례 중 소통에 의한 도덕적 딜레마를 가장 잘 보여주는 〈사례 3〉을 통해 타개책을 살펴본다. 〈사례 3〉의 임금피크제는 쌍방향 소통에 의한 합의로 이루어진 협동체계라 할 수 있다. 노사 간 소통을 통해 서로의 이익을 보장해주었다는 점에서 일견 모범적인 상리공생의 모습을 보여준다. 소통에 의한 협동의 결과물로서의 임금피크제는 지금의 사회 · 경제적 분위기에서는 적절한 보상책으로 비친다. 여기서 생각해 볼 점은 협동의 결과물을 만들어내기까지의 소통을 어떻게 보아야 하느냐는 것이다. 분명히 외견상 정당한 절차를 밟고 다양한 의견 수렴을 통한 소통에 기반을 두어 임금피크제를 도입했다는 점에서 그 과정을 문제 삼을 수 없다. 이 경우 소통에 의한 딜레마는 외부적 요인에 있다고 하겠다. 즉, 임금피크제에는 청년층과 장년층의 심각한 실업 문제를 해결하는 가장 적절한 대안책이라는 암묵적 공감대가 깔려 있다. 이런 상황이라면 노사 간의 소통은 제한적일 수밖에 없다. 소통의 장을 마련했다고 하지만 근로자 측의 입지는 제한적이며 정해진 길로 갈 수밖에 없다. 조삼모사朝三暮四의 선택이 주어진 상황에서 이루어진 소통이기에 소통의 결과물은 약자에게 있게 마련이다. 진정한 소통은 약자에 대한 배려에서 출발해야 한다. 약자에 바탕을 둔 조사모사朝四暮四를 위한 열린 소통이 이루어질 때 진정한 상리공생으로 나아갈 수 있을 것이다.

■ 협동의 덕목으로 도덕적 딜레마 상황 타개하기

협동은 집단적 사고나 가치의 상호작용 위에 힘을 합하여 서로 돕는 것이다. 협동에서 '동同'은 물리적·외적 힘만을 말하는 것이 아니라 협동 집단의 가치와 정신 그리고 정리情理 같은 내적 힘까지 포함되어 있다. 그런 점에서 집단 간의 진정한 협동이 이루어지기 위해서는 집단 내부에서 발현되는 정신적 가치나 호혜적 정신의 상호 교류가 우선적이다. 서로에 대한 이해와 신뢰가 쌓일 때 서로의 마음과 힘을 합쳐 도울 수 있는 것이다. 협동의 본의本義에 따라 힘을 합쳤다면 그 결과는 당연히 상리공생相利共生으로 갈 것이지만, 협동이 협동자 간의 불균형 내지 불평등한 조건하에서 이루어졌다면 이는 편리공생片利共生으로 이어지게 된다. 특히 협동을 위한 과정에서 물리력物理力이 작용했다면 그 협동은 자발성에 의한 것이 아니라 명령과 복종에 의해 이루어졌으므로 저항을 불러온다. 협동이 창조적 힘을 갖춘 상리相利가 되기 위해서는 정의正義와 선善을 바탕으로 한 도덕적 책임이 요구된다.

협동의 주체가 정당성을 확보하여 의義에 기반을 둔 상리공생相利共生으로 나아갈 때 가장 바람직한 협동 모델이 될 수 있다. 제시한 사례 네 가지는 소통을 통한 협동의 길을 보여주고 있으나 그 과정을 상황에 따라 진단하면, 호혜적 관계에서 서로의 마음과 힘이 모여져 이루어진 협동은 〈사례 1〉 정도에 그친다. 〈사례 2〉의 경우는 상리相利나 호혜互惠와는 동떨어진 강요된 협동이다. 상황을 고려할 때 협동 외에는 동물들이 취할 수 있는 대안이 없기 때문이다. 〈사례 3〉은 소통에 의해 합의된 협동이지만 힘의 논리에 따라 언제든 편리공생으로 나아갈 수 있어 온전한 호혜적 협동에는 미치지 못한다. 〈사례 4〉는 협동의 주체가 바라보는 시각과 이해관계에 따라 언제든지 해체될 수 있는 협동이다. 그런 점에서 상호 신뢰를 바탕으로 한 호혜적 협동은 〈사례 1〉에 불과하다. 〈사례 3〉의 경우도 협동 당사자 간의 굳건한 신뢰관계를 구축하여 상호 혜택이 확실해진다면 상리공생으로 나아갈 수 있다.

네 가지 사례 가운데 〈사례 4〉는 협동에 의한 도덕적 딜레마를 잘 보여주는 예가 될 수 있다. 협동은 호혜성을 바탕으로 상리공생을 추구하기 위해서다. 이때 전제가 되어야 할 것이 의義다. 의가 배제된다면 비록 호혜적 협동일지라도 편리공생片利共生으로 나아갈 수 있으므로 협동의 본질에 위배될 수 있다. 〈사례 4〉의 경우가 딜레마 상황을 연출하는 것은 협동 주체 간에 다양한 이해관계가 맞물려 있기 때문이다. 안보법제 통과에 따른 일본의 군사적 팽창은 주변 및 관련 당사국 간에 첨예한 이해관계가 맞물려 협동 과정에서 여러 문제에 봉착할 여지가 다분하다. 특히 대립각을 보이고 있는 미·중 관계를 고려할 때 일본과의 협동은 딜레마가 아닐 수 없다. 미·중 대립 구도로 인한 편 가르기로 나아갈 경우 동북아 안보에 위협이 될 수 있으므로 한국과 일본의 역할은 더욱 중요하다. 그러한 중임을 제대로 수행하기 위해서는 신뢰를 바탕으로 한 협동이 절대적이다. 양국 간에 진정한 협동을 성사시키기 위해서는 각자의 몫이 있다. 일본은 전범국에서 평화수호국이라는 신뢰를 구축해야 하고, 한국은 적대적 동맹관계를 끊고 일본을 동북아 안정을 위한 진정한 파트너로 받아들여야 한다. 한국과 일본이 상호 간의 진정한 신뢰관계 구축을 마련할 때 협동은 상리공생을 이룰 수 있으며 비로소 공동의 선善을 실현할 수 있다.

제5부

인성 덕목의
실천 방안

지식을 습득하는 일도 중요하나, 실천하는 일은 더욱 중요하다. 순자는 "아는 것은 행하는 것만 못하다(知之不如行之 · 『荀子』儒效)."고 했고, 퇴계는 "비록 천 편의 글을 외우고 머리가 희도록 경전을 이야기한들 행하지 않으면 무슨 보탬이 있겠는가?(雖誦盡千編 白首談經 亦何益哉 · 『退溪全書』言行錄, 卷1. 讀書)"라고 했다. 순자와 퇴계는 서로 다른 시대를 살았지만, 알기만 하고 실천하지 않는 선비들을 꾸짖기 위해 비슷한 발언을 했다. 이 발언은 오늘날에도 여전히 유효하다. 인성 덕목을 지식으로만 가르치거나 배우려고 하는 자들이 적지 않기 때문이다. 어떻게 실천해야 하는가? 자세, 환경, 가치에 초점을 맞추어 실천 방안을 제시해보기로 한다.

1.
자세 정비: 도덕적 주체의식의 확보 노력

　　인간은 자아에 대해 끊임없이 질문한다. 자신에 대한 끊임없는 반성적 사유는 사회적 관계 속에서 자신의 존재론적 의미를 확인할 수 있게 한다. 인간은 자신이 누구인지를 정확하게 인지할 때 정신적 존재로서 자신을 조절할 수 있는 조절자로서 주체의식이 확립되는 것이다. 자신의 정체성을 정확하게 인지하고 객관적으로 유지할 수 있다는 것은 건강한 자의식을 지녔다는 의미가 된다. 자신을 제대로 이해하고 평가하지 못할 경우 문제가 생길 수 있다. 즉 자기만을 강조할 경우 자기중심적 이기성에 빠질 수 있으며, 편협한 자신만의 생각에 집착하여 상대의 의견이나 입장을 고려하지 않는 배타성을 지닐 위험성을 내포하게 된다. 그런 점에서 건강한 자아의식을 가진다는 것은 자신뿐만 아니라 인간관계에서도 중요한 기준점이 될 수 있다.

　　인성이 잘 갖추어진 사람은 올바른 자아의식을 가졌다. 건전한 자아의식을 가진 사람은 자신에 대한 이해를 바탕으로 자신을 소중히 여길 줄 안다. 자신을 소중히 여긴다는 것은 자기 자신을 존중하고 스스로 도덕적인 인간이 되고자 노력한다는 것을 의미한다. 만약 도덕적 주체로서지 못하면 인간은 늘 사사로운 욕망에 사로잡혀 인도人道에서 벗어나 사욕邪欲에 빠져들게 된다. 도덕적 인간으로 그 자리를 지키기 위해서는 항상 타고난 본성인 선善을 마음에 두고 살아야 한다. 마음을 어떻게 부리느냐에 따라 인의예지의 덕을 갖춘 인간이 될 수 있느냐 없느냐가 결정되기 때문이다. 마음이 행동주체가 되어 본연지성의 회복을 위해 진력을 다할 때 인의예지는 자연스럽게 제자리를 찾게 되어 순선純善한 본성을 갖춘 전인全人이 되는 것이다. 전인은 가만히 있어서는 될 수 없다. 그런 점에서 공자와 맹자는 주체의 자발적 능동성을 요구하고 있다.

공자는 "사람이 도를 넓힐 수 있는 것이지, 도가 사람을 넓히는 것이 아니다(人能弘道 非道弘人 · 『論語』衛靈公)."라고 하여 자발적이고 능동적인 실천을 강조했다. 도는 도 자체일 뿐 사람에게 작용하지 않는다. 도의 실현 주체인 사람이 도를 확장해야 한다. 능동적이고 자발적인 실현 주체가 없다면 도는 도일 뿐이다. 그렇다면 사람이 자발적으로 넓혀야 할 도는 무엇인가? 도는 둘로 나누어진다. 도를 사물의 당연한 이치로 보는 경우와 인륜과 일상생활 사이에서 마땅히 행해야 하는 것으로 보는 경우다. 전자가 사물의 당연지리當然之理라면 후자는 인륜의 당연지리當然之理이다. 어느 것이든 사람이 깨치고 실천해야 할 도이다. 도를 지각하여 넓히고 키울 수 있는 주체는 사람에게 있는 것이지 작위作爲가 없는 도가 사람을 키울 수 있는 것은 아니다.

주체자로서의 역할은 공자의 다음 글에서도 강조되고 있다. "성품은 서로 비슷하나 무엇을 익히느냐에 따라 서로 멀어진다(性相近也 習相遠也 · 『論語』陽貨)."고 하여 주체자로서의 능동적 역할을 말하고 있다. 성性을 이理라고 한다면 성性은 선善한 것이 되어 타고난 성품은 선善에서 출발한다. 그런데 선에 어떤 습관이 더해지냐에 따라 선이 될 수도 있고 악이 될 수도 있다. 그런 까닭에 공자는 극기복례克己復禮를 강조했다. 인간은 본심의 온전한 덕德인 인仁을 타고났지만 일신의 사욕私欲에 의해 언제든지 파괴될 수 있다. 사욕을 물리치고 인仁으로 나아가는 주체는 오로지 자신이다. 자신의 마음에 있는 도덕적 본질을 모두 발휘하여 사욕을 깨끗이 비울 때 본심의 덕은 다시 내 몸에 온전하게 갖추어질 수 있게 된다.

맹자 또한 도덕적 주체로서 능동적 자발성을 강조했다. 맹자는 "인의예지가 밖으로부터 나를 녹여서 들어온 것이 아니요, 나에게 고유한 것이지만 사람들이 생각하지 못할 뿐이다. 그런 까닭에 구하면 얻고, 버리면 잃는다(仁義禮智 非由外鑠我也 我固有之也 弗思耳矣 故 曰求則得之 舍則失之 ·『孟子』告子 上)."라고 하여 순선純善한 본연지성을 스스로 찾아 구하기를 요구하고 있다. 사람이 불선不善으로 가는 이유를 스스로 인의예지仁義禮智를 생각하여 구하지 않았기 때문으로 보았다. 맹자는 생각하고 구해야 할 주체를 인심人心에 두어 능동적 주체로서 마음의 역할을 중시했다. 이는 맹자와 공도자公都子의 대화를 통해 엿볼 수 있다.

공도자가 맹자에게 묻기를, "똑같은 사람인데 누구는 대인大人이 되고 누구는 소인小人이 되는 이유가 어디에 있습니까?" 했다. 맹자가 답하길 "귀와 눈이라는 기관은 생각하지 못하여 물건에 가려지니, 사물에 접하게 되면 그것에 끌려가게 마련이다. 마음이라는 기관은 생각할 수 있으니, 생각하면 사리를 알 수 있고 생각하지 못하면 얻지 못한다. 이것은 하늘이 나에게 부여한 것이다(公都子問曰 鈞是人也 義從其大體 諒從其小體 何也 曰 耳目之官 不思而蔽於物 物交物 則引之而已矣 心之官則思 思則得之 不思則不得也 此天之所與我者 ·『孟子』告子 上)."

맹자는 대인이든 소인이든 인간이라면 누구나 하늘이 부여한 도덕적 본심을 지니고 있다고 보았다. 문제는 귀와 눈은 생각할 수 있는 지각 능력이 없어 외물에 휘둘려 도덕적 본심을 잃을 수 있다는 것이다. 이에 반해 마음은 생각을 통해 도덕적 주체를 확립시킬 수 있어 사욕이나 물욕에서 벗어나 본성을 회복하고 실천할 수 있게 한다. 따라서 대체大體인 마음을 따를 때 대인大人이 될 수 있으며, 소체小體인 눈과 귀를 따를 때 소인이 되는 것이다. 주체자로서의 마음을 강조하여 외물에 휘둘리지 말 것을 강조하고 있다.

이렇듯 공자와 맹자는 전인全人이 되기 위해 본연지성의 회복을 위한 주체의 자발적이고 능동적인 실천을 요구하고 있다. 실천으로 옮겨야 할 방법이 필요한데 성誠이 바로 그것이다. 『중용中庸』에서는 성誠을 다음과 같이 말하고 있다.

> 성誠은 하늘의 도이고, 정성스럽게 하는 것은 사람의 도이다(誠者 天之道也 誠之者 人之道也).

> 오직 천하에 지극히 성실해야 그 성性을 다할 수 있으니, 그 성을 다하면 곧 사람의 성을 다할 수 있고, 사람의 성을 다하면 곧 만물의 성을 다할 수 있다(惟天下至誠 爲能盡其性 能盡其性 則能盡人之性 能盡人之性 則能盡物之性).

성誠은 하늘의 도이므로 진실하여 망령됨이 없다[眞實無妄]. 반면 인도人道로서의 성지誠之는 진실무망하지 못해 사람이 마땅히 행해야 할 일이다. 천도와 본성의 회복을 위해서는 지성至誠이 요구된다. 지성은 본성의 회복을 넘어 타인에게 미치며, 다시 만물에까지 다다르게 되어 마침내 천지와 더불어 참여할 수 있게 된다. 천지화육天地化育에는 이르지 못할지라도 자신에게 지극한 정성을 돌리면 천도를 보전하여 선善을 굳건하게 잡을 수 있다. 성지자誠之者는 하늘로부터 품수한 성을 진실하게 실현해야 하는 우리 자신이다. 지극한 정성이 자신에게 이루어질 때 인욕은 물러가고 그 자리에 천리를 보존할 수 있게 되는 것이다.

순선純善의 본성을 타고난 인간이지만 구하고 찾지 않으면 언제든지 악의 나락으로 떨어지고 만다. 오늘날과 같이 다양한 유혹이 상존하는 상황에서는 언제든 인욕의 사사로움에 빠져들 수 있다. 사욕에 노출돼 위태롭기만 한 인심人心을 바로잡기 위해서는 정성을 다해 정신을 하나로 모아 집중해야 한다. 늘 중정中正한 마음을 견지하여 물처럼 스며드는 사욕을 제거할 때 도덕적 주체로서의 역할을 하게 되는 것이다. 남명 조식이 말년에 자신이 지녔던 성성자惺惺子를 제자인 동강 김우옹에게 주면서 한 말은 오늘을 사는 우리에게 깊은 울림을 준다. 우리도 도덕적 주체의식이라는 성성자 하나를 늘 가슴에 품고서 그 맑은 울림에 항상 귀를 기울여야 하겠다.

이 방울의 맑은 소리가 항상 공경하고 경계하도록 깨우침을 주니 차고 다니면 매우 좋을 것이다. 내가 귀중한 보물이라 생각하여 주는 것이니 잘 보전하겠는가? 이것이 의대 사이에 있으면서 조금이라도 움직이면 경계하고 꾸짖고 책망해주니, 경외하고 삼가서 이 방울에 죄를 짓는 일은 하지 말라(此物淸響 解警省人 佩之覺甚佳 吾以重寶與汝 汝其堪保此否 又曰 此物在汝衣帶間 凡有動作 規警誚責 甚可敬畏 汝其戒懼 無得罪於此子也 · 『南冥先生集』卷4, 補遺 行錄〔金宇顒〕).

2.
환경 조성: 교육과 사색의 체험 여건 조성

　역사는 '삼간三間'에 의해 만들어지는 결과물이다. 삼간은 시간, 공간 그리고 인간이다. 이는 "지금 여기에 우리가 있다."라고 하는 본질적인 존재의 이유이기도 하다. '지금'이라는 시간의 표현은 역사의식의 인식이며, '여기'라는 공간의 언표言表는 사회의식의 지각이다. 시간과 공간의 존재 위에 '인간'의 흔적을 만들어가는 과정이 바로 역사歷史이다. 그렇기 때문에 모든 역사는 시간과 공간에 아로새겨진 인간의 역사役事이다.

　삼간의식에 의하면, 전통문화는 우리 선조들이 지녀온 삶의 형식을 구조화한 것이며, 오랫동안 전승된 정신문화의 현재적 발현이라 할 수 있다. 삼간의식으로 발현된 전통문화는 그 형식의 다양성에도 불구하고 면면綿延히 계승되었고 끊임없이 온고지신溫故知新의 방법으로 전수되었다. 그중에서도 우리의 교육정신은 태산교악泰山喬嶽처럼 높은 봉우리로 존재하여 역사歷史를 역사役事했다.

　인간은 역사 속에서 역사를 창조하는 위대한 존재이다. 그리고 인간만이 역사를 소유·향유한다. 그러므로 인간에게 시간의식처럼 스스로 인간임을 나타내는 조건은 없다. 모든 인간은 저마다 고뇌의 시간을 가지고 있듯이, 모든 민족은 그들 나름대로 역사의 시간을 지니고 있다. 헤겔은 이를 시대정신 혹은 역사의식이라 했다. 즉 헤겔은 시대정신을 역사과정과 결부시켜 보편적 정신세계로 해석했고, 개개의 인간정신을 초월하는 절대적 가치로 여겼다.

흔히 현대사회를 권위와 이성, 그리고 신앙과 사랑의 상실시대라고 한다. 삶의 모든 현상에서 위대했던 것은 이미 전설이 되었으며, 좀처럼 감동적인 모습을 발견할 수 없다. 교육적 사표로서 존숭하고 의지할 성현이 부재하며, 인간의 원초적인 존재자에 대한 그리움의 표상이 사라졌다. 이런 현상으로 말미암아 교육과 사색의 시간은 '손안의 기기'라고 할 수 있는 전자기기로 대체되었고, 그 결과 정신적 황폐화가 가속되고 있다.

교육과 사색의 시간이 부족한 현대사회에서는 교육의 본질에 대한 논의가 필요하다. 교육은 본질적으로 자아실현이다. 자아실현이란 인간의 개성을 발견하고 존중하는 일이다. 인간은 저마다 타고난 본성과 소질을 구비하고 있지만, 사람에 따라 그 소질과 능력이 저마다 다른 비율을 지녔다. 따라서 개인이 지니고 있는 소질과 능력을 최대한으로 실현하는 것이 교육의 본질이다. 자아실현의 의미를 전통유학은 수기치인修己治人으로 설명했고, 현대사회의 교육에서는 전인양성全人養成으로 치환했다.

한편, 유학의 지향점은 '글하는 사람을 가르침'으로써 문예적 교양인을 양성하려는 현세적이며 합리주의적 윤리를 바탕으로 하며, 정치적인 행위를 실천하려는 데 있다. 즉, 유학의 예교적인 측면과 정교적인 측면을 동시에 달성하여 수기치인修己治人의 목표를 성취하는 것이 유학의 본질이다. 수기치인의 교육적敎育的 이상理想은 입지立志를 최우선으로 한다.

학문하는 사람에게 있어 입지는 자아실현을 위한 자신과의 약속이며, 성학聖學을 달성하려는 원대한 포부이다. 일찍이 횡거橫渠 장재張載 는

「사위구四爲句」에서 "천지를 위하여 뜻을 세우고, 백성을 위하여 도를 세우고, 옛 성인을 위하여 학문을 이어받고, 만세를 위하여 태평한 세상을 열어야 한다(爲天地立心 爲生民立道 爲去聖繼絶學 爲萬世開太平·『張子全書』第14篇)."고 주장하여 학문에 대한 자신의 입지를 천명했다. 주자는 "배우는 사람은 뜻을 세우는 것이 가장 중요하다. 이른바 뜻이란 의지와 기개 같은 것으로 다른 사람을 압도하는 것을 말하는 것이 아니라 요순을 배우려고 하는 것이다(學者大要立志 所謂志者 不道將這些意氣去蓋他人 只是直截要學堯舜·『朱子語類』卷8, 學2 總論爲學之方)."라고 했다.

퇴계 이황李滉은 일의 선행조건으로 입지를 언급했고, 그것을 근본으로 삼았다. 즉, "사람이 무엇을 하려면 반드시 뜻을 세워서 근본을 삼아야 한다. 뜻이 서지 않으면 일을 할 수 없다. 그리고 비록 뜻을 세웠다 하더라도 만약 공경함의 실천을 통하여 이를 붙잡아주지 않는다면, 역시 이 마음이 들떠서 중심을 가지지 못하여 할 일 없이 세월만 보낼 것이니 결국은 빈말이 되고 말 것이다(人之爲事 必立志以爲本 志不立 則不能爲得事 雖能立志 苟不能居敬以持之 此心亦泛然而無主 悠悠終日 亦只是虛言·『退溪全書』言行錄 論持敬)."라고 말하면서 학문수양에서 입지가 중요하다고 했다. 또한 율곡栗谷 이이李珥도 "처음 배우는 이는 무엇보다 먼저 뜻을 세워야 한다. 반드시 성인이 되겠노라고 스스로 다짐하고, 조금이라도 자신을 하찮게 여기거나 중도에 물러설 생각을 하지 말아야 한다. 평범한 사람들도 성인처럼 그 본성은 동일하다(初學 先須立志 必以聖人自期 不可有一毫自小退託之念 皆衆人如聖人 其本性則一也·『栗谷全書』擊蒙要訣)."고 하여 입지의 중요성을 강조했다.

이처럼 입지는 유학의 교육적 인간상인 성인에 도달하기 위한 하나의 준거이며, 스스로에 대한 기약期約이다. 또한 입지는 학문수양을 위한 자각적 태도의 확립이며, 초지일관初志一貫하려는 정신적 자세이다. 입지가 견고하지 않으면 학문적 성취를 이룰 수 없으며, 유학의 궁극적 교육목표라 할 수 있는 '사람됨의 길'에 도달할 수 없다.

『논어論語』에 '학이불사즉망學而不思則罔이요, 사이불학즉태思而不學則殆'라는 말이 있다. 이는 공부만 하고 실천하지 않으면 그 공부는 쓸모없고, 실천하기를 생각만 하고 공부하지 않으면 그 실천은 위태롭다는 의미이다. 유학은 교육〔學〕과 실천〔思〕을 분리하지 않고 하나로 인식하여 병진竝進이나 호진互進의 관계로 설명했다. 특히 퇴계는 "반드시 그 일들을 잘 배워서 충실하게 실행해야 하고, 깊이 생각하고 충실하게 배워 상호 계발하여 서로가 유익해야 한다(故必學而踐其實 思與學 交相發 而互相益也·『退溪全書』聖學十圖. 進聖學十圖箚)."고 말했다. 즉 퇴계는 성인의 공부는 마음에서 구해야 하고, 반드시 깊이 생각하여 미묘한 것에까지 통달하면 충실하게 실행해야 한다고 주장했다.

맹자는 "마음을 수양하는 데는 욕심 없는 것보다 좋은 것이 없다. 그 사람 됨됨이가 욕심이 없고도 보존되지 못한 이가 있다면 그런 일은 결코 없을 것이고, 그 사람 됨됨이가 욕심이 많아도 보존됨이 있다면 그런 일도 결코 없을 것이다(養心莫善於寡欲 其爲人也寡欲 雖有不存焉者 寡矣 其爲人也多欲 雖有存焉者 寡矣·『孟子』盡心下)."라고 말했다. 즉 덕이 있는 인격이란 결국 마음을 수양해야 하는데, 마음을 수양하기 위해서는 욕심을 버리는 것이 급선무라고 했다.

주자는 "자신을 완성해야 비로소 다른 것을 완성할 수 있으니, 다른 것을 완성하는 것은 자신을 완성하는 데 달려 있다. 반드시 이와 같이 확충해나가야만 비로소 의리에 부합할 수 있다. 성현의 수많은 말들은 사람들이 우선 가까운 곳에서부터 공부해나가도록 가르친 것이다(成己方能成物, 成物在成己之中 須是如此推出 方能合義理 聖賢千言萬語 敎人且從近處做去·『朱子語類』卷8, 學

2 總論爲學之方)."라고 했다. 이는 반드시 세밀한 것에서부터 언행을 시작해야만 큰일을 성취할 수 있다고 보았다.

퇴계는 궁리의 공부를 '하학이상달下學而上達'로 생각했다. 즉, 일상생활에 필요한 기본적인 공부를 성취한 이후 우주심성에 관한 성리학 공부를 해야 한다고 강조했다. 일찍이 공자도 "군자는 근본에 힘써야 하며, 근본이 서야 세상의 이치가 생긴다(君子務本, 立本而道生·『論語』學而)."고 했다. 퇴계는 학문에 있어 가장 먼저 해야 할 것을 낮은 곳에서 시작하며, 쉽고 기본적인 일상생활에서 출발해야 한다고 보았다. 즉, "대체로 유자의 학문은 높은 곳에 오르려면 반드시 낮은 곳에서부터 시작하고, 먼 곳을 가려고 하면 반드시 가까운 곳에서부터 가야 한다. 무릇 낮은 데서부터 하고 가까운 데서부터 하는 것이 본디 멀고 느린〔迂緩〕 것 같지만, 이것을 버리고, 또 어찌 높고 먼 곳으로 가겠는가?(大抵儒者之學 若昇高必自下 若陟遐必自邇 夫自下自邇 固若迂緩 然舍此 又何自而爲高且遐哉·『退溪全書』自省錄, 答黃仲擧俊良論白鹿洞規集解)"라고 말했다. 이는 현대 교육이론에서 보면, 학습자의 능력과 발달단계를 고려한 교육 방법이라 볼 수 있다.

3.
가치 확립: 열린 사고와 전 지구적 공생 의지

　　오늘날 한국사회에는 여러 가지 갈등이 불거지고 있다. 가진 자와 가지지 못한 자, 한국인과 외국인, 연장자와 연하자 간의 '힘겨루기'가 흔하게 나타나는 갈등이다. 경제력, 피부색, 연령을 놓고 당사자들이 서로가 서로를 용납하지 못하기 때문에 갈등이 생길 수밖에 없다. 우위에 있는 자와 열세에 있는 자 사이에는 일종의 패러다임 같은 것이 있다. '지배-저항'의 패러다임이 그것이다. '지배-저항'의 패러다임이란 우위에 있는 자는 열세에 있는 자를 지배하고자 하고 열세에 있는 자는 우위에 있는 자에게 항거하고자 하는 사회적 관행이다. 부조리한 사회적 관행을 일소하지 않는 한 갈등은 자꾸만 커져나갈 터이고, 그만큼 한국사회는 병들게 될 터이다. 문제를 해결하기 위해서는 무엇을 어떻게 해야 하는가?

　　외국에서 기발한 정책이나 사상을 도입한다고 해서 문제가 해결되지는 않는다. 한국사회의 갈등은 대부분 사회 구성원의 그릇된 인식, 가치관, 세계관으로 인해 발생하므로 먼저 그릇된 인식, 가치관, 세계관부터 고쳐야 한다. 그릇된 인식, 가치관, 세계관은 그릇된 인성에서 기인한다. 맹자의 성선설에 의거할 때 원래부터 그릇된 인성이 있었던 것은 아니다. 인간은 생득적으로 선한 본성을 지녔으나, 형기形氣에서 발하는 인욕으로 인해 본성이 악하게 되었을 따름이다. 현재는 악할지언정 원래는 선했으므로 노력 여하에 따라 얼마든지 선해질 수 있다. 원래부터 선하다고 할 때 어떻게 선한지를 명확하게 알아야 한다. 어떻게 선한지를 명확하게 알아야 원래의 선한 지점으로 회귀하기가 용이하기 때문이다. 원래 어떻게 선한지에 대해서는 동양의 성리학자들이 많이 논급했으므로 구체적으로 점검해보기로 한다.

우선, 성즉리설性卽理說을 들 수 있다. 성즉리설은 인간의 본성이 곧 천리라고 하는 학설이다. '성性'에는 두 가지 성격이 담겨 있다. 우주적 보편성과 순선무악純善無惡의 성격이 그것이다. 어느 사물에나 내재한 이理를 성性이라고 하기 때문에 우주적 보편성을 지니고, 태어날 때부터 성性이 악기惡幾 없이 선기善幾만 있다고 하기 때문에 순선무악의 성격을 지닌다. 성性은 원래 선하지만, 악해질 소지가 있다. 주자에 의하면 사람이 태어날 때 이理를 부여받은 후에야 성性이 되고 기氣를 부여받은 후에야 형질을 갖추게 되므로 성은 형질의 근원인 기를 떠날 수 없다. 기는 선할 수도 있고 악할 수도 있으니 기의 영향을 받는 성은 악으로부터 자유롭지 못하다. 이처럼 성이 기의 영향을 받기는 하나, 그 기능은 위대하다. 우주적 보편성과 순선무악의 성격을 지니기 때문에 기의 영향을 차단하고 수양을 철저히 하면 선기善幾를 우주 전체로 확장시킬 수 있다.

그다음으로, 이일분수설理一分殊說을 들 수 있다. 이일분수설은 만물을 관장하는 보편법칙이 개별적 계기를 통해 분화하여 개개의 사물이나 현상의 특수한 법칙이 된다고 하는 정이程頤의 이론이다. 보편법칙은 천리이고 개개의 사물이나 현상은 보편법칙을 동일하게 부여받았기 때문에 본질적인 측면에서는 동일성을 지닌다. 개개의 사물이나 현상의 차이

점은 형질의 측면, 즉 기의 측면에서만 설명될 수 있다. 주자는 정이의 이일분수설을 존재론과 우주론의 차원에서 정치하게 갈고 다듬었다. 즉 우주 본체로서의 태극과 만물의 성性을 각기 통체일태극統體一太極과 각구일태극各具一太極이라고 하며, 만물의 본질이 우주의 본체에서 기원한다는 점을 확실하게 밝혔다. 이일분수설에 입각할 때, 구체적 사물이나 현상은 서로 다를지언정 본질적인 측면에서는 동일성을 지닌다. 이런 원리는 사람과 사람 사이뿐만 아니라 사람과 사물 사이에도 예외가 아니다.

　　성性의 차원에서 볼 때, 이일분수설은 성즉리설을 해명하는 의의를 지닌다. 다시 말해, 이일분수설은 "인간의 본성이 왜 천리와 동일성을 지니는가?"라는 물음에 "세계만물을 관장하는 보편법칙이 개별적 계기를 통해 분화하기 때문에 인간의 본성과 천리가 동일성을 유지할 수 있다."는 답변을 준다. 이렇게 보면 성性의 차원에서는 겉모습이 아무리 달라도 차이점이 있을 수 없다. 동중서董仲舒는 성性 그 자체에 차이가 있다고 하며 성性을 상上·중中·하下로 구별하기도 했지만, 정통 유학의 궤도에서는 비켜나 있다. 공자의 '상지하우론上智下愚論'을 성性의 품격론으로 오인한 데서 엉뚱한 논리가 나왔다. 동중서의 견해는 미풍에 불과하다. 후대 성리학자들은 동중서가 기질을 성性으로 견강부회했다고 결론을 내리며, 공맹孔孟과 정주程朱의 인성론을 정설로 받아들이고 있다. 홍대용의 표현을 빌리면, 정통 유학에서 언급하는 성性은 어디까지나 '인물균人物均'이다.

　　성性이 동일하다면 기질까지 동일하다고 여겨야 할지가 관건이다. 물론, 성性이 동일하다고 해서 기질까지 같다고 할 수 없다. 기질의 경우, 인간과 인간끼리도 서로 다르다. 인간은 모두 정기正氣를 품수했지만, 정기에도 청淸·탁濁·수粹·박駁이 있기 때문에 상지上智, 중인中人, 하우下愚

의 차등이 있다. 세 가지 등급이 우열관계를 나타내느냐 하면 그렇지는 않다. 노력 여하에 따라 등급이 바뀐다는 점에서 등급으로 인간 간의 우열을 거론할 수는 없다. 등급은 현 상태의 노력이 어느 정도인지를 알려주는 지표일 따름이다. 한편, 인간과 사물 간에는 차등이 있다. 정기를 품수한 인간과는 달리, 사물은 편기偏氣를 품수했다. 정기를 품수한 인간과 편기를 품수한 사물 간에는 차등이 있을 수밖에 없다. 사물이 노력해도 인간의 지각 능력을 따라잡을 수는 없으므로 기질 차원에서 볼 때 모든 사물은 모든 인간에 비해 열등하다고 할 수 있다.

기질의 차원에서 인간과 사물 간에 차등이 있다면, 인간이 사물을 지배해도 되느냐 하는 문제가 생긴다. 결론부터 범박하게 말하면, 그렇지 않다. 인간과 사물 간의 차등은 인간에게 도덕적 의무가 있다는 의미일 뿐 인간이 사물을 지배해도 된다는 의미는 아니다. 성현이 제시한 물아일체物我一體니 천인합일天人合一이니 하는 도덕적 지표가 그런 점을 나타낸다. 인간과 사물 간의 차등이 지배관계를 나타낸다면 '물아일체'나 '천인합일'은 존립할 수 없다. 우주의 모든 개체가 대등한 입장에서 하나가 되어야 한다는 당위성이 성현의 입을 통해 나타났다고 볼 때, 그런 당위성을 떠맡을 주체가 누구일지는 자명하다. 두말할 필요 없이 기질의 차원에서 사물을 앞서는 인간이 그 주체가 되어야 한다. 정황이 이렇다면, 인간은 자기 갱신의 노력뿐만 아니라 동류인 사물과 함께해야 하는 이중의 도덕적 의무를 부여받았다고 할 수 있다.

이상의 논의를 종합할 때, 어느 한 존재가 다른 어느 존재보다 더 가치 있다고 할 수는 없다. 어느 존재든 간에 천명天命으로서의 성性을 동일하게 지니고 태어났기 때문이다. 성性은 같되 기질에서 앞서는 존재에게는 오히려 도덕적 의무가 부여된다. 인간이 정기를 품수했다고 하여 이

중의 도덕적 의무를 진다는 점을 상기해봄직하다. 하지만 현재의 정황은 그렇지가 못하다. 이중의 도덕적 의무를 자각하기는커녕 자기가 타인보다 더 가치 있다고 여기는 경우가 비일비재하다. 흔히 이런 현상을 놓고 자기애自己愛를 추구하기 때문이라고 진단하지만, 과연 자기애를 제대로 추구하고 있는지조차 의심스럽다. 동양의 인론仁論에 비추어보면, 자기 자신을 사랑할 경우에는 다른 대상에게로 사랑을 미루어간다고 한다. 뒤집어 말하면, 다른 대상에게로 사랑을 미루어가지 않는 자는 자기 자신을 사랑할 줄도 모른다고 할 수 있다. 자기 자신도 사랑하지 못하면서 다른 존재를 들먹인다면 그 자체가 무지요 만용의 소치다.

인성론으로 본 동양의 정신은 한마디로 말해 광대화해廣大和諧이다. '광대화해'란 "삼라만상이 총체적으로 조화를 이룬다."는 뜻이다. 장재張載의 「서명西銘」에 의거하면 '우주적 가족주의'이다. "하늘을 아버지로 칭하고 땅을 어머니로 칭한다. 나는 여기서 미미한 존재로서 그 가운데 혼합되어 살아있다. …… 모든 백성은 나의 형제이고 만물은 나와 같이한다(乾稱父 坤稱母 予玆藐焉 乃混然中處 …… 民吾同胞 物吾與也 · 『張子全書』 書銘)."에서 그런 점이 드러난다. '나 자신'이 천지만물과 일체가 되면서 인仁을 구현한다고 하므로 인간에게 부여된 도덕적 의무는 다름 아닌 광대화해로서의 '인仁의 구현'이다. 도덕적 의무는 생득적으로 주어져 있으니, 성性이 천명이라고 자각하는 인간만이 '인仁의 구현'을 도덕적 과제로 삼을 수 있다. '인仁의 구현'을 도덕적 과제로 받아들이지 않아도 그만이지만, 받아들이지 않는다면 인간답게 산다고 할 수 없다.

인간답게 살기 위한 목표를 시쳇말로 정리하면, '열린 사고와 전 지구적 공생 의지'가 된다. 인간과 인간뿐만 아니라 인간과 사물까지 동일하다고 보므로 '열린 사고'라 할 수 있고, 광대화해로서의 인仁을 구현하고자 하므로 '전 지구적 공생 의지'라 할 수 있다. 어떻게 하면 목표에 접근할 것인가? 인성이 어떤 특징을 지녔는지 모르면 목표에 접근할 수 없기 때문에 인성이 어떤 특징을 지녔는지부터 먼저 알아야 한다. 위에서 논의한 바를 정리하면, 우주적 보편성과 순선무악의 성격을 지녔다는 점, 천리와 동일하다는 점, 기氣로 인해 악해질 소지가 있다는 점이 된다. 이와 같은 인성의 특징을 인식할 때, 인간은 자기에게 부여된 도덕적 의무를 자각하고 인간답게 사는 길을 확보하게 된다. 요컨대 인간에게는 두 갈래의 서로 다른 길이 제시되어 있다. "인간답게 살 것인가, 짐승처럼 살 것인가?"

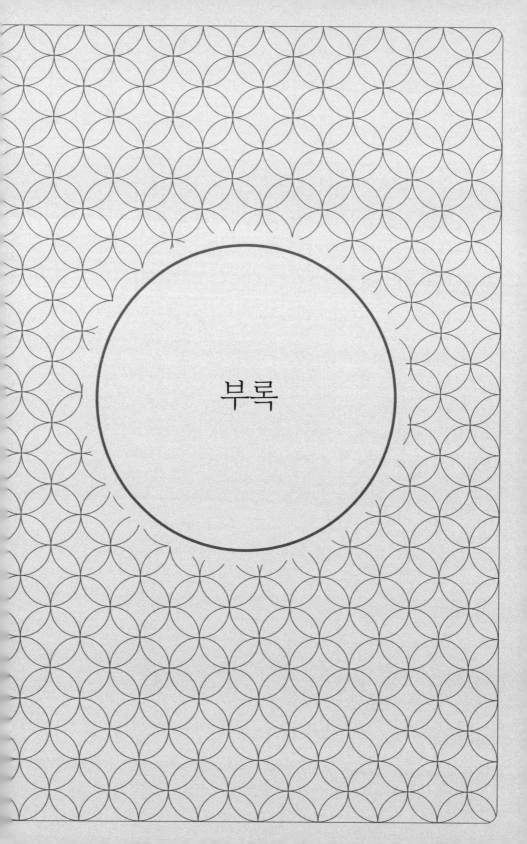

부록

1.
교육부 제공「인성교육진흥법」

제1조 목적

이 법은「대한민국헌법」에 따른 인간으로서의 존엄과 가치를 보장하고「교육기본법」에 따른 교육이념을 바탕으로 건전하고 올바른 인성人性을 갖춘 국민을 육성하여 국가·사회의 발전에 이바지함을 목적으로 한다.

제2조 정의

이 법에서 사용하는 용어의 뜻은 다음과 같다.

1. '인성교육'이란 자신의 내면을 바르고 건전하게 가꾸고 타인·공동체·자연과 더불어 살아가는 데 필요한 인간다운 성품과 역량을 기르는 것을 목적으로 하는 교육을 말한다.
2. '핵심 가치·덕목'이란 인성교육의 목표가 되는 것으로 예禮, 효

．, 정직, 책임, 존중, 배려, 소통, 협동 등의 마음가짐이나 사람됨
과 관련되는 핵심적인 가치 또는 덕목을 말한다.

3. '핵심 역량'이란 핵심 가치·덕목을 적극적이고 능동적으로 실천
또는 실행하는 데 필요한 지식과 공감·소통하는 의사소통능력
이나 갈등해결능력 등이 통합된 능력을 말한다.

4. '학교'란 「유아교육법」 제2조 제2호에 따른 유치원 및 「초·중등
교육법」 제2조에 따른 학교를 말한다.

제3조 다른 법률과의 관계

인성교육에 관하여 다른 법률에 특별한 규정이 있는 경우를 제외하
고는 이 법에서 정하는 바에 따른다.

제4조 국가 등의 책무

① 국가와 지방자치단체는 인성을 갖춘 국민을 육성하기 위하여 인
성교육에 관한 장기적이고 체계적인 정책을 수립하여 시행하여
야 한다.

② 국가와 지방자치단체는 학생의 발달 단계 및 단위 학교의 상황과
여건에 적합한 인성교육 진흥에 필요한 시책을 마련하여야 한다.

③ 국가와 지방자치단체는 학교를 중심으로 인성교육 활동을 전개
하고, 인성 친화적인 교육환경을 조성할 수 있도록 가정과 지역

사회의 유기적인 연계망을 구축하도록 노력하여야 한다.

④ 국가와 지방자치단체는 학교 인성교육의 진흥을 위하여 범국민
적 참여의 필요성을 홍보하도록 노력하여야 한다.

⑤ 국민은 국가 및 지방자치단체가 추진하는 인성교육에 관한 정책
에 적극적으로 협동하여야 한다.

제5조 인성교육의 기본방향

① 인성교육은 가정 및 학교와 사회에서 모두 장려되어야 한다.

② 인성교육은 인간의 전인적 발달을 고려하면서 장기적 차원에서
계획되고 실시되어야 한다.

③ 인성교육은 학교와 가정, 지역사회의 참여와 연대 하에 다양한
사회적 기반을 활용하여 전국적으로 실시되어야 한다.

2.
교육과정평가원 제공「창의적 체험활동」

1) 성격

창의적 체험활동은 교과 이외의 활동으로서 교과와 상호 보완적 관계에 있으며, 앎을 적극적으로 실천하고 나눔과 배려를 할 줄 아는 창의성과 인성을 겸비한 미래지향적 인재 양성을 목적으로 한다. 창의적 체험활동은 기본적으로 자율성에 바탕을 둔 집단 활동의 성격을 지니고 있으며, 집단에 소속된 개인의 개성과 창의성도 아울러 고양하려는 교육적 노력을 포함한다.

창의적 체험활동 교육과정은 자율활동, 동아리활동, 봉사활동, 진로활동의 4개 영역으로 구성된다. 각 영역별 구체적인 활동 내용은 학생, 학급, 학년, 학교 및 지역사회의 특성에 맞게 학교에서 선택하여 융통성 있게 운영할 수 있다. 여기에 제시되는 영역과 활동 내용은 권고적인 성격을 띠고 있으며, 학교에서는 이보다 더 창의적이고 풍성한 교육과정을 선택과 집중하여 운영할 수 있다.

초등학교의 창의적 체험활동에서는 학생의 기초생활습관의 형성,

공동체 의식의 함양, 개성과 소질의 발현에 중점을 둔다. 중학교의 창의적 체험활동에서는 남과 더불어 살아가는 태도의 확립, 자신의 진로에 대한 탐구, 자아의 발견과 확립에 중점을 둔다. 고등학교의 창의적 체험활동에서는 학습자의 다양한 욕구를 건전한 방향으로 유도하고, 원만한 인간관계를 형성하며 진로를 선택하여 자아실현에 힘쓰도록 하는 데 중점을 둔다.

창의적 체험활동에서는 학생의 자주적인 실천 활동을 중시하여 학생과 교사가 공동으로 협의하거나 학생들의 힘으로 활동 계획을 수립하고 역할을 분담하여 실천하게 한다. 아울러 지역과 학교의 독특한 문화 풍토를 고려하여 특색 있고, 인적·물적 자원과 시간을 폭넓게 활용하여 융통성 있게 운영하는 것이 중요하다.

2) 목표

학생들은 창의적 체험활동에 자발적으로 참여하여 개개인의 소질과 잠재력을 계발·신장하고, 자율적인 생활 자세를 기르며, 타인에 대한 이해를 바탕으로 나눔과 배려를 실천함으로써 공동체 의식과 세계 시민으로서 갖추어야 할 다양하고 수준 높은 자질 함양을 지향한다.

① 각종 행사, 창의적 특색 활동에 자발적으로 참여하여 변화하는 환경에 적극적으로 대처하는 능력을 기르고, 공동체 구성원으로서의 역할을 수행한다.

② 동아리활동에 자율적이고 지속적으로 참여하여 각자의 취미와 특기를 창의적으로 계발하고, 협동적 학습능력과 창의적 태도를 기른다.

③ 이웃과 지역사회를 위한 나눔과 배려의 활동을 실천하고, 자연환경을 보존하는 생활습관을 형성하여 더불어 사는 삶의 가치를 깨닫는다.

④ 흥미와 소질, 적성을 파악하여 자기 정체성을 확립하고, 학업과 직업에 대한 다양한 정보를 탐색하여 자신의 진로를 설계하고 준비한다.

3) 내용 및 교수 · 학습 방법

가. 내용 체계

영역	성격	활동
자율활동	학교는 학생 중심의 자율적 활동을 추진하고, 학생은 다양한 교육 활동에 능동적으로 참여한다.	– 적응 활동 – 자치 활동 – 행사 활동 – 창의적 특색 활동 등
동아리활동	학생은 자발적으로 집단 활동에 참여하여 협동하는 태도를 기르고 각자의 취미와 특기를 신장한다.	– 학술 활동 – 문화 예술 활동 – 스포츠 활동 – 실습 노작 활동 – 청소년 단체 활동 등

봉사활동	학생은 이웃과 지역사회를 위한 나눔과 배려의 활동을 실천하고, 자연환경을 보존한다.	– 교내 봉사활동 – 지역사회 봉사활동 – 자연환경 보호 활동 – 캠페인 활동 등
진로활동	학생은 자신의 흥미, 특기, 적성에 적합한 자기 계발 활동을 통하여 진로를 탐색하고 설계한다.	– 자기 이해 활동 – 진로 정보 탐색 활동 – 진로 계획 활동 – 진로 체험 활동 등

나. 영역별 내용 및 교수 · 학습 방법

이 교육과정에서 제시한 각 영역별 활동 내용은 예시적 기준이므로 학생의 발달 단계, 학교 실정 및 지역 특성 등을 고려하여 목표 달성에 적합한 내용을 선정, 운영할 수 있다.

(1) 자율활동

가) 목표
① 전 · 입학과 진급 등에 따른 생활변화에 적응하고 이를 주도하는 능력을 길러 원만하고 즐거운 학교생활을 한다.
② 다양한 협의 및 실천 경험을 통해 문제를 합리적으로 해결할 수 있으며, 민주적인 의사 결정의 기본 원리를 익힌다.
③ 학급과 학교에서 일어나는 제 문제에 대해 적극적으로 참여하여 협의하고 실천함으로써 협동심과 유대감을 기

른다.

④ 교내외에서 실시되는 여러 행사의 의의와 중요성을 이해하고, 행사에 자발적으로 참여하여 학교와 지역사회의 발전을 위해 노력하는 태도를 가진다.

⑤ 학급, 학년, 학교의 특성 및 학습자의 발달 단계에 맞는 다양한 특색 활동을 계획하고, 이에 참여함으로써 자신감과 창의성을 기른다.

⑥ 학교의 전통을 계승하고 이를 창의적으로 발전시키려는 노력을 통해 소속감과 애교심을 기른다.

나) 활동별 내용

① 적응 활동
  - 입학, 진급, 전학 등에 따른 적응 활동 등
  - 예절, 질서 등의 기본생활습관 형성 활동, 축하, 친목, 사제동행 등
  - 학습, 건강, 성격, 교우 등의 상담 활동 등

② 자치 활동
  - 1인 1역, 학급회 및 학급 부서 활동 등
  - 학생회 협의활동, 운영위원 활동, 모의 의회, 토론회 등

③ 행사 활동
  - 시업식, 입학식, 졸업식, 종업식, 기념식, 경축일 등
  - 전시회, 발표회, 학예회, 경연대회, 실기대회 등
  - 학생건강체력평가, 체격 및 체질 검사, 체육대회, 친선 경기대회, 안전생활 훈련 등

- 수련활동, 현장학습, 수학여행, 학술조사, 문화재 답
사, 국토순례, 해외문화체험 등
④ 창의적 특색 활동
- 학생 특색 활동, 학급 특색 활동, 학년 특색 활동, 학교
특색 활동, 지역 특색 활동 등
- 학교 전통 수립 활동, 학교 전통 계승 활동 등

다) 교수·학습 방법
① 학생들의 자발적이고 자율적인 활동이 되도록 해야 하
며, 그 활동이 바람직하고 창의적인 방향으로 이루어지
도록 지도한다.
② 모든 구성원이 골고루 참여할 수 있는 기회를 제공하고,
다양한 의견을 존중하여 참여의식을 높이며 소속감을 가
지게 한다.
③ 학생 전원이 학급 생활에 필요한 한 가지 이상의 일을 분
담하여 자율적으로 실천하게 하되, 필요할 경우 역할을
교체하여 다양한 경험을 가지도록 한다.
④ 행사 활동의 계획 수립, 준비, 시행, 반성 등에 있어서 학
생들이 적극적으로 참여하도록 지도하고, 적절한 역할
분담을 통하여 자치적인 운영이 되도록 한다.
⑤ 행사 계획을 수립할 때에는 행사명, 목적, 시기, 장소, 대
상, 행사 과정, 역할 분담, 유의점, 배치도, 상황 변동 시
의 대책 등을 충분히 고려하고, 필요에 따라 사전 답사
및 사전 교육을 실시한다.

⑥ 학교 행사의 실시에서 필요한 경우 지역사회와의 연계성을 고려하되, 지역사회의 요청에 의한 학교 행사는 그 교육적 가치를 충분히 검토하여 선택적으로 운영할 수 있다.

⑦ 학생들이 교실과 교내를 벗어나 다양한 실생활과 자연을 접하여 호연지기를 기를 수 있는 기회를 적극 마련한다.

(2) 동아리활동

가) 목표

① 흥미, 취미, 소질, 적성, 특기가 비슷한 학생들로 구성된 활동 부서에 자발적으로 참여하여 창의성과 협동심을 기르고, 원만한 인간관계를 형성한다.

② 다양한 활동에 참여하여 자신의 잠재 능력을 창의적으로 계발 · 신장하고, 자아실현의 기초를 닦는다.

③ 여가를 선용하는 생활습관을 형성한다.

④ 지역 내 학교 간 각종 동아리 경연대회를 통해 우의를 다지는 협동과 공정한 경쟁을 익히도록 한다.

나) 활동별 내용

① 학술 활동

- 외국어 회화, 과학 탐구, 사회 조사, 탐사, 다문화 탐구 등

- 컴퓨터, 인터넷, 신문 활용, 발명 등

② 문화 예술 활동

  - 문예, 창작, 회화, 조각, 서예, 전통예술, 현대예술 등

  - 성악, 기악, 뮤지컬, 오페라 등

  - 연극, 영화, 방송, 사진 등

③ 스포츠 활동

  - 구기운동, 육상, 수영, 체조, 배드민턴, 인라인스케이
    트, 하이킹, 야영 등

  - 민속놀이, 씨름, 태권도, 택견, 무술 등

④ 실습 노작 활동

  - 요리, 수예, 재봉, 꽃꽂이 등

  - 사육, 재배, 조경 등

  - 설계, 목공, 로봇제작 등

⑤ 청소년 단체 활동

  - 스카우트연맹, 걸스카우트연맹, 청소년연맹, 청소년적
    십자, 우주소년단, 해양소년단 등

다) 교수 · 학습 방법

① 학생의 취미, 흥미, 적성, 요구, 학교 실정 및 지역 특성
  등에 알맞은 활동 부서를 조직하고, 모든 학생에게 자세
  히 안내한다.

② 학교는 학생의 희망을 존중하여 활동 부서를 조직한다.

③ 교사가 주도적인 역할을 하지 않도록 유의하여 학생 중
  심의 흥미롭고 창의적인 운영을 도모한다.

④ 학생의 개성과 소질을 최대한 신장시키기 위하여 방과

후 및 휴업일, 방학 중에도 활동을 지속적·집중적으로
운영할 수 있다.

⑤ 동아리활동의 각종 프로그램을 활성화시키기 위하여 교
내외의 인적 자원, 물적 자원을 적극 활용한다. 특히 지
역사회 인사와 학부모의 자발적 봉사 협동을 통해 동아
리활동이 이루어질 수 있도록 이를 장려한다.

⑥ 동아리활동을 활성화시키기 위해 교내 및 학교 간 경연
대회, 전시회, 발표회, 봉사활동과 연계 등을 적극 추진
한다.

(3) 봉사활동

가) 목표

① 타인을 배려하는 너그러운 마음과 더불어 사는 공동체
의식을 가진다.

② 나눔과 배려의 봉사활동 실천으로 이웃과 서로 협동하는
마음을 기르고, 호혜 정신을 기른다.

③ 지역사회의 일들에 관심을 가지고 참여함으로써 사회적
역할과 책임을 분담하고, 지역사회 발전에 이바지하는
태도를 가진다.

나) 활동별 내용

① 교내 봉사활동

– 학습부진 친구, 장애인, 병약자, 다문화가정 학생 돕

기 등

② 지역사회 봉사활동

　- 복지시설, 공공시설, 병원, 농·어촌 등에서의 일손 돕
　　기 등

　- 불우이웃돕기, 고아원, 양로원, 병원, 군부대에서의 위
　　문 활동 등

　- 재해 구호, 국제 협동과 난민 구호 등

③ 자연환경 보호 활동

　- 깨끗한 환경 만들기, 자연 보호, 식목 활동, 저탄소 생
　　활 습관화 등

　- 공공시설물, 문화재 보호 등

④ 캠페인 활동

　- 공공질서, 교통안전, 학교 주변 정화, 환경 보전, 헌혈,
　　각종 편견극복 등에 대한 캠페인 활동 등

다) 교수·학습 방법

① 봉사활동의 참된 의미와 가치를 인식시키고 미래 생활과
　도 연계되도록 지도한다. 효율적이며 진정한 봉사활동이
　될 수 있도록 사전 교육을 실시하며, 관련 정보를 충분히
　수집하고 면밀한 계획을 세워 추진한다.

② 봉사활동의 내용은 학교나 지역사회의 여건을 고려, 학
　교 재량으로 선정하여 융통성 있게 운영할 수 있다.

③ 학생들의 처지와 능력 수준에서도 봉사가 가능하며, 보
　람을 느낄 수 있도록 하기 위해 서로 협동하는 기회를 만

들고, 특히 동아리활동의 성과를 봉사활동에 적극 활용
한다.

④ 활동의 전 과정이 교육적 의미를 가질 수 있도록 활동의
계획과 과정 및 결과에 대한 사후 평가를 실시하고, 이를
향후의 활동 계획 수립에 반영한다.

⑤ 지역사회 유관 기관 및 봉사 단체와 협조 체제를 유지하
여 효율적인 봉사활동이 이루어지도록 한다.

(4) 진로활동

가) 목표

① 자신의 특성, 소질과 적성, 능력 등을 이해하고, 이를 바
탕으로 자신의 정체성을 확립하고 자신만의 독특한 진로
를 탐색한다.

② 각종 검사, 상담을 통해 진로 정보를 탐색하고 자신의 진
로를 계획한다.

③ 진로와 직업 선택의 중요성을 인식하고, 자신의 적성과
소질에 맞는 진로를 탐색 · 설계한다.

④ 학업과 직업 세계를 이해하는 직업체험활동 기회를 통해
진로를 결정하고 준비한다.

나) 활동별 내용

① 자기 이해 활동

– 자기 이해 및 심성 계발, 자기 정체성 탐구, 가치관 확

립 활동, 각종 진로 검사 등

② 진로 정보 탐색 활동

　－ 학업 정보 탐색, 입시 정보 탐색, 학교 정보 탐색, 학교 방문 등

　－ 직업 정보 탐색, 자격 및 면허제도 탐색, 직장 방문, 직업 훈련, 취업 등

③ 진로 계획 활동

　－ 학업 및 직업에 대한 진로 설계, 진로 지도 및 상담 활동 등

④ 진로 체험 활동

　－ 학업 및 직업 세계의 이해, 직업 체험 활동 등

다) 교수·학습 방법

① 학생이 자신에 대한 충분한 이해를 바탕으로 자신의 진로를 개척하려는 태도를 갖게 한다.

② 학생의 인성, 적성, 진로 성숙도 등 다양한 측면을 파악할 수 있는 각종 검사를 실시하고 그 결과에 대해 필요한 상담을 실시한다.

③ 진로 관련 상담 활동은 담임교사가 하는 것을 원칙으로 하되, 특히 중등학교에서는 학생의 진로와 가장 밀접한 교과교사를 진로지도교사로 하여 학생 개인별 혹은 집단별 진로 상담에 도움을 주도록 한다. 진로활동 내용에 따라서는 상담 교사나 전문적 소양을 가진 학부모 또는 지역사회 인사의 협조를 받는다.

④ 학생의 학업 진로, 직업 진로에 대한 진로 계획서를 작성하고 꾸준히 수정하는 활동을 실시한다.

⑤ 진로 선택에 중요한 시기를 맞고 있는 중등학생의 경우 '직업과 진로' 과목과 연계하여 지도한다. 특히 중학교 3학년에서 고교 진학과 고교 1학년에서 진로에 따른 교과목 이수 및 고교 3학년에서 학업 혹은 직업 선택을 지도하는 데 중점을 둔다.

⑥ 학교 및 지역사회 인사, 지역사회 시설 등을 활용하여 장래에 학생들이 선택하게 될 학업과 직업에 대해 탐구하고, 직접 체험할 수 있는 기회를 제공한다.

4) 운영 및 지원

① 창의적 체험활동에 배당된 시간(단위) 수는 영역별로 학생의 요구, 학교 및 지역의 특성을 고려하여 학교의 재량으로 배정하되, 학생의 발달 단계를 고려하여 학교 급별, 학년별로 활동 영역 및 내용을 선택하여 집중적으로 운영할 수 있다.

② 창의적 체험활동의 운영의 효율성을 높이기 위해 관련 교과 및 창의적 체험활동의 하위 영역 간에 통합하여 편성 · 운영할 수 있다.

③ 창의적 체험활동 운영 계획은 학생들의 흥미와 소질, 학교와 지역사회의 실정을 고려하여 작성하되, 계획을 수립하고 운영하는 과

정에서 학생들의 의사가 적극적으로 표현되어 반영되도록 한다.

④ 창의적 체험활동은 학교의 필요에 따라 기준 시간(단위)보다 더 많은 시간을 확보하여 운영할 수 있으며, 시간 운영은 통합, 집중 등 다양한 방식으로 융통성 있게 할 수 있다.

⑤ 활동의 내용, 조직 단위, 장소, 시설 등 규모와 여건을 고려하여 정일제, 격주제, 전일제, 집중제 등과 같이 융통성 있게 운영할 수 있다.

⑥ 자율활동의 국토 순례 활동, 봉사활동, 진로 체험 활동 등은 활동의 특성에 따라 방학 기간을 이용하여 집중 운영할 수 있다.

⑦ 입학 초기 적응활동은 창의적 체험활동의 자율활동 중 '적응활동'의 일부로 편성하여 지도한다. 특히 초등학교 1학년과 사춘기 학생들의 적응활동을 위한 적절한 교육 프로그램을 개발하여 적용한다.

⑧ 학교와 교사, 학생의 요구와 필요에 따른 범교과 학습과 자기주도적 학습을 창의적 체험활동의 영역과 연계하여 운영할 수 있다.

⑨ 지역사회의 인적 · 물적 자원을 최대한 활용하기 위하여 창의적 체험활동 영역별로 활용 가능한 인사, 시설, 기관, 자료 등의 자원 실태를 파악하고, 다양한 활동 프로그램을 개발하여 창의적으로 운영한다.

⑩ 시 · 도 교육청 및 지역 교육청은 창의적 체험활동을 운영하는 데 필요한 지도자, 보조자 등의 인적 자원과 제반 시설, 설비, 자료 등의 물적 자원 및 프로그램을 지원한다.

⑪ 시 · 도 교육청 및 지역 교육청은 창의적 체험활동 지도 자료 및 프로그램의 개발 및 보급, 연수 과정의 개설, 연구학교의 운영 등

을 통하여 각급 학교의 창의적 체험활동 운영과 개선을 지원한다.

5. 평가

① 학교와 지역사회의 실정 및 교육 목표에 비추어 적합하게 이루어
지도록 평가한다.

② 교육 목표의 설정, 평가 장면의 선정, 평가 도구의 제작, 평가의
실시 및 결과 처리, 평가 결과의 해석 및 활용의 절차를 고려하여
평가한다.

③ 각 영역별로 평가 관점을 마련하고 참여도, 협동도, 열성도 및 그
이외의 활동 실적 등이 골고루 반영되도록 평정 척도를 작성, 활
용한다.

④ 학생의 자기 평가, 상호 평가, 활동 및 관찰 기록, 질문지, 작품
분석, 포트폴리오 등 다양한 방법으로 평가한다.

⑤ 평가 결과는 평소의 활동 상황을 누가 기록한 자료를 토대로 학
생의 활동 실적, 진보의 정도, 행동의 변화, 특기 사항 등을 담임
또는 담당 교사가 수시로 평가한다.

⑥ 학생이 창의적 체험활동에 참여한 정도와 성과를 지속적으로 기
록하고, 학교가 제공한 창의적 체험활동 프로그램의 특성을 상세
히 기록하여 상급학교 진학 자료로 활용되도록 한다.

⑦ 학생 개개인의 성장, 발달, 변화를 평가하여 그 결과를 학생의 계
속적 진보와 계발을 돕는 자료로 활용함은 물론, 학급 또는 학교

차원에서 전체 집단의 성장, 발달, 변화 등을 평가하여 지도 방법 개선 자료로 활용한다.

⑧ 프로그램 평가에는 운영 계획, 운영 과정, 운영 결과 등이 포함되도록 하며, 평가 결과는 차후 창의적 체험활동 계획 수립 및 운영의 개선 자료로 활용한다.

참고문헌

원전

『大學』	『論語』	『孟子』	『中庸』	『詩經』
『書經』	『禮記』	『孝經』	『春秋左氏傳』	『國語』
『韓非子』	『荀子』	『莊子』	『道德經』	『二程全書』
『朱子語類』	『晦庵集』	『近思錄』	『菜根譚』	『明心寶鑑』
『三綱行實圖』	『三國史記』	『三國遺事』	『圃隱集』	『靜菴集』
『毅菴集』	『南冥先生集』	『退溪全書』	『栗谷全書』	『星湖僿說』
『習齋先生文集』	『修堂集』	『靑莊館全書』		

저서

김무진 외, 『한국 전통사회의 의사소통체계와 마을문화』, 계명대출판부, 2006.

김원준, 『채마밭에서 캐낸 가언(정몽주의 사상)』, 보고사, 2013.

김태완, 『책문』, 소나무, 2004.

노기영, 『소셜미디어와 협동사회』, 한울아카데미, 2012.

신태수, 『인성, 세상을 바꾸는 힘(정몽주 인성론)』, 보고사, 2013.

신태수 · 김원준 외, 『동양 고전독서이론 용어 해설집』, 영남대학교출판부, 2013.

오천석 엮음, 『노란 손수건 1, 2, 3』, 샘터, 1999.

이남철, 『먼저 사람이 되어야 한다』, 포은선생숭모사업회, 2014.

이동기, 『사람됨의 길은 예절이다』, 보고사, 2013.

이왕주, 『철학, 영화를 캐스팅하다』, 효형출판, 2007.

이정배 외 14인, 『현대 생태 신학자의 신학과 윤리』, 대한기독교서회, 2006.

정순목, 『퇴계평전』, 지식산업사, 2006.

최근덕 외 6인, 『유학사상』, 성균관대학교 출판부, 2004.

한상복, 『배려』, 위즈덤하우스, 2006.

라인홀드 니버 저, 남정우 역, 『도덕적 인간과 비도덕적 사회』, 대한기독교서회, 2005.

로버트 엑설로드 저, 이경석 역, 『협동의 진화』, 마루벌, 2009.

뤼방 오지아 저, 최정수 역, 『딜레마』, 다산북스, 2013.

마이클 샌델 저, 이창신 역, 『정의란 무엇인가』, 김영사, 2011.

마키아벨리 저, 송우 역, 『군주론』, 여명출판사, 2002.

모티머 J. 애들러 저, 최홍주 역, 『개념어 해석』, 모티브북, 2007.

에리히 프롬 저, 차경아 역, 『소유냐 존재냐』, 까치, 2007.

윌리엄 파운드스톤 저, 박우석 역, 『죄수의 딜레마』, 양문, 2004.

장 자크 루소 저, 김중현 역, 『에밀』, 한길사, 2009.

키케로 저, 허승일 역, 『의무론』, 서광사, 2006.

톨스토이 저, 채수동 역, 『인생이란 무엇인가』, 동서문화사, 2008.

플라톤 저, 박종현 역주, 『국가(politeia)』, 서광사, 2007.

논문

강유경, 「한국음악에 있어 거문고의 위상—인격함양과 인성교육의 위상을 중심으로」, 『음악교육연구』 41, 2012.

권상우, 「퇴계의 여가활동과 도덕교육」, 『사회사상과 문화』 22, 동양사회사상학회, 2010.

김광섭, 「조선후기의 변화된 投壺格과 여가취미 양상 연구」, 『대동문화연구』 84, 성균관대 대동문화연구원, 2013.

김기봉, 「역사의 소통과 소통의 역사학」, 『시민인문학』 21, 경기대 인문과학연구소, 2011.

김원준, 「退溪 船遊詩를 통해 본 '樂'과 '興'」, 『퇴계학논집』 9, 영남퇴계학연구원, 2011.

김인, 「공동체주의와 덕의 추구」, 『도덕교육연구』 26, 한국도덕교육학회, 2014.

김진윤, 「중국고대사상에서 利의 의미」, 『정치정보연구』 12, 한국정치정보학회, 2009.

류성태, 「동양의 인성론 연구―중국의 인성론 전개를 중심으로」, 『원불교사상과종교문화』, 원광대 원불교사
    상연구원, 2015.

류재철, 「주희의 격물치지론에 비추어본 도덕과 교육의 성격」, 『윤리교육철학』 7, 윤리철학교육학회, 2007.

박승관, 「한국사회와 소통의 위기」, 한국언론학회 심포지움, 한국언론학회, 2011.

박영민, 「청량산 유산과 도덕적 주체의 웅혼미 추구」, 『한자한문연구』 2, 고려대 한자한문연구소, 2006.

박영진, 「유가의 도덕적 인성론 연구」, 『율곡사상연구』 12, 율곡학회, 2006.

송태옥 · 김태영, 「인성교육을 위한 인터넷 기반의 협동적 딜레마 해결 학습모형」, 『교육과학연구』 31, 이화
    여대 교육과학연구소, 2000.

안용진, 「孔子의 義利思想 硏究」, 『유교사상문화연구』 27, 한국유교학회, 2006.

안재호, 「맹자의 인성 개념에 대한 주자학적 해석」, 『유교사상문화연구』 51, 한국유교학회, 2013.

엄진성, 「퇴계철학에 나타난 즐거움의 의미」, 『유교사상문화연구』 54, 한국유교학회, 2013.

원영호, 「〈중용〉의 '誠' 개념에 대한 생성론적 해석」, 『사회사상과 문화』 19, 동양사회사상학회, 2009.

유희성, 「맹자의 도덕창조론」, 『양명학』 19, 한국양명학회, 2007.

윤석민, 「『韓非子』 '利'의 사회적 관계 동인과 '法'의 비폭력」, 『양명학』 37, 한국양명학회, 2014.

이범준 · 조성겸, 「사회적 소통의 진단방식에 대한 비판적 고찰」, 『언론과 사회』 22, 성곡언론문화재단,
    2014.

이상익, 「道學思想과 疏通의 政治」, 『정치사상연구』 13, 한국정치사상학회, 2007.

이용운, 「맹자의 보편적 인성론」, 『중국학연구』 65, 중국학연구회, 2013.

이은호, 「인간의 주체적 자각으로서 誠개념 심화」, 『유교사상문화연구』 32, 한국유교학회, 2008.

이진수 · 송일훈, 「퇴계 이황의 〈投壺〉와 충무공 이순신의 〈弓術〉에 보이는 文 · 武의 〈身體修養論〉」, 『한국
    체육과학회지』 16, 한국체육과학회, 2007.

전숙경, 「교육적 의사소통의 의미와 성격」, 『교육철학』 45집, 2009.

정상봉, 「유학에서의 효와 그 현대적 의의」, 『인문과학논총』 34, 건국대 인문과학연구소, 2000.

장승희, 「인성의 본질과 인성교육의 방향」, 『윤리교육연구』 37, 한국윤리교육학회, 2015.

정순우, 「퇴계 주리철학의 公共적 성격」, 『한국학논집』 47, 계명대 한국학연구원, 2012.

정진영, 「향약, 퇴계가 꿈꾼 이상사회」, 『안동학연구』 21, 한국국학진흥원, 2013.

조남욱, 「유가에서 지향하는 즐김[樂]의 경지에 관한 연구」, 『유교사상문화연구』 28, 한국유교학회, 2007.

조원일, 「맹자 인성론의 '惡' 문제에 대한 소고」, 『중국인문과학』 51, 중국인문학회, 2012.

최숙기, 「인성교육을 위한 독서 지도 방안」, 『청람어문교육』 47, 청람어문학회, 2013.

최진석, 「장자: 지식과 놀이」, 『동양철학연구』 16, 동양철학연구회, 2010.

한관종, 「시민성 함양을 위한 사회과 협동학습 전략」, 『사회과교육연구』 12, 한국사회교과교육학회, 2005.

한상복, 「한국인의 공동체의식」, 『정신문화연구』 5, 한국학중앙연구원, 1982.

한양명, 「안동지역 양반 뱃놀이(船遊)의 사례와 그 성격」, 『실천민속학연구』 12, 실천민속학회, 2008.

[기타] 참조한 인터넷 사이트(검색엔진)

네이버

구글

다음

위키피디아

기타 블로그

찾아보기